レベルアップ日本語文法

許明子・宮崎恵子　著
Heo Myeongja, Miyazaki Keiko

くろしお出版

はじめに

　初級レベルで基本的な文法知識については習ったものの、実際の日常場面では上手に話せない、日本語の上達が実感できない、文法は固くて難しい、という学習者の声をよく聞きます。日本語力の向上が実感できず、中級の壁の高さを感じる学生も多いようです。日本語でコミュニケーションを行うためには、文法知識を学ぶだけではなく、実際の日常場面で文法項目がどのように使われるかを意識しながら各項目の基本的な意味や使い方や機能を学ぶことが大事です。

　そこで、楽しく文法の勉強ができ、習った文法を実際に使える力をつけるために、実用的な文法教科書を開発しました。本教科書の目的は、正確な文法の意味の理解だけではなく、実際の日常場面で使えるように、運用能力をつけることにあります。そのために、文法の基本的な意味についてはもちろん、類似表現との違いや使い分け、コミュニケーションを行うときの役割等についても、きめ細かく説明し、たくさんの例文をあげました。例文では身近な場面を設定し、よく目にしたり耳にしたりするものを数多く提示し、日常の場面ですぐに応用できるようにしました。

　また、勉強した文法項目の理解が確認できるように様々なタイプの練習問題を設けました。それぞれの練習問題を通して文法知識の確認だけではなく、話す練習、読む練習、書く練習を同時に行うことができ、運用力の向上にもつながると思います。日本語能力試験等を準備している学生には練習1、練習2を通して文法項目の正確な理解が確認でき、語彙力をアップさせることもできます。

　本教科書を出版するまで、自作教材を開発して実際に授業で使用しながら学生からの質問や要望を取り入れて改訂を続けてきましたが、4年が経って出版されることになりました。この教科書で学んだ多くの学生から「文法っておもしろい」「文法が好きになった」「使い方が分かってきた」という声が聞かれるようになりました。間違った所や理由について文法用語を使って説明できるようになり、日本語で話すときも正確さに注意を払って話すようになったという学生が増えました。コミュニケーションを意識した文法教育、話す・読む・書く能力も同時に伸ばすことができる文法教育の必要性を感じています。

　本教科書を使いながら様々なご意見をくださった先生方、学生の皆さんに心より感謝申し上げます。授業では、学生の皆さんからたくさんの質問をいただき、文法教育の現場に必要なものは何かを考えさせられる貴重な時間となりました。先生方や学生の皆さんのおかげで、ご要望に応えられる実用的な文法教科書が開発できたと思います。

　本教科書が出版されるまで編集担当の市川麻里子さんと原田麻美さんには一方ならぬお世話になりました。本教科書は学習者と教師の両方の観点から必要だと思われる内容を取り入れながら改訂を続けてきたため、学習項目が非常に多いものになりました。学習項目や内容の精査から、教科書全体の構成や各課のレイアウトはもちろん、文法説明や練習問題、解説に至るまで詳細に渡って何度も貴重なご意見をいただきました。中級文法の奥深さを改めて感じることができる大変有意義な機会となりました。心から感謝申し上げます。

　この教科書がコミュニケーション能力を向上させるための中級レベルの文法教育の在り方を考える上で一つのきっかけになれば幸いです。

2013年秋　許明子・宮崎恵子

目次 CONTENTS

◎はじめに i　◎本教科書で勉強するみなさまへ iv
To the Student vi ／致使用本教科书的各位 viii ／본 교과서로 공부하는 여러분에게 x
◎この教科書をお使いになる先生方へ xii

1	指示詞（しじし）	2
2	助詞（じょし）	12
3	複合助詞（ふくごうじょし）	22
4	の・こと・もの	32
5	原因・理由（げんいん・りゆう）	40
6	目的・可能・願望（もくてき・かのう・がんぼう）	50
7	いく・くる	60
8	する・なる	70
9	テ形と否定形（けい・ひていけい）	80
10	名詞修飾（めいししゅうしょく）	88
11	並列（へいれつ）	98
12	時の表現（とき・ひょうげん）	108

13	授受表現 じゅじゅひょうげん	118
14	尊敬語・謙譲語 そんけいご　けんじょうご	128
15	尊敬表現・謙譲表現・丁寧表現 そんけいひょうげん　けんじょうひょうげん　ていねいひょうげん	138
16	否定表現 ひていひょうげん	148
17	仮定表現 かていひょうげん	158
18	複合動詞 ふくごうどうし	170
19	自動詞と他動詞 じどうし　たどうし	180
20	結果・状態 けっか　じょうたい	192
21	受身 うけみ	202
22	使役・使役受身 しえき　しえきうけみ	210
23	推量・伝聞 すいりょう　でんぶん	220
24	判断・義務 はんだん　ぎむ	234

◎文法用語解説　p.244
ぶんぽうようごかいせつ
Glossary of Grammatical Terms /
文法用语解说 / 문법용어 해설

◎索引　p.254
さくいん
Index / 索引 / 색인

◎提出課順リスト　p.259
ていしゅつかじゅん
List of Topics in Order of Chapter Appearance
各课内容目录 / 제출과 순서 리스트

◎凡例　Reference/ 用例 / 범례

iii

本教科書で勉強するみなさまへ

●本書の特徴

　初級レベルで勉強したことがある、知っていると思う文法項目でも、実際には使えなかったり、正確な使い分けができなかったりするケースが多いと思います。初級から中級へ、中級から上級へと日本語の勉強を続けていくためには、文法の正確さ、語彙や表現の豊かさが必要です。

　この教科書は、初級レベルで勉強した基本的な内容について復習しながら、さらにレベルアップし、実際の生活で正しく使えるようになることを目指しています。

　第1課から第10課では、「まずは確認」で初級で学習した基本的な意味を説明し、「レベルアップ」で使い方や類似表現などについて説明しました。

　第11課から第24課では、「確認」でその課の文法的な知識を説明し、「さらにレベルアップ」で類似表現や使い分け、用法などについてさらに丁寧に説明しました。

　本教科書は文法項目について知識として知っているだけでなく、実際の生活で使える力を身につけるために、実際の日常の場面で使える表現や例文をたくさん取り上げました。各文法項目が日本の生活の中でどのように使われているかを考えながら勉強してください。

●本書の内容と構成

　この教科書は24課で構成されていますが、前半の第1課から第10課では形の変化が少ない文法項目を中心に、後半の第11課から第24課では形の変化が多い動詞に関連する文法項目を取り上げました。各課は次のように構成されています。

　以下に各セクションのねらいと内容を説明します。

活動	ねらい	内容
スタート・トーク	自分が持っている文法知識の振り返り	絵を見て、その絵の状況ではどんな表現が使えるか考え、会話を作ってみる
この課の表現	各課で取り上げる項目の意識化	各課で勉強する項目を確認する
まずは確認 [第1課～第10課]	初級レベルで学習した基本的な意味の確認	学習項目についての初級レベルの基本的な意味、使い方を確認する
確認 [第11課～第24課]	中級レベルで必要な意味、使い方の理解	中級レベルで必要な文法知識を確認し、意味や使い方を確認する
練習1	基本的な意味、活用の確認	動詞の活用や表現の基本的な使い分けを練習する二択問題

レベルアップ [第1課〜第10課]	中級レベルで必要な文法項目、使い方、使い分けのポイントの理解	各項目の用法、関連のある文法項目の整理、一緒に使いやすい表現、類似表現との使い分けについて確認する
さらにレベルアップ [第11課〜第24課]	中級レベルから上級レベルで必要な文法項目の理解	各項目のさらに詳しい用法、文法的特徴、使い方の制限、類似表現との使い分けについて確認する
↓ 練習2	使い分けなどの正確な文法理解の確認	使い分け、語彙の確認、類似表現との違い、コミュニケーション上の問題等を確認する四択問題
↓ 文作り	場面による文法運用力、産出能力の向上、正確さの確認	学習項目を使った文作りや文完成の練習を通して、使い方の定着を図る
↓ 間違い探し	学習した文法項目の意識化	間違いやすい誤用を意識化し、正しい使い方を確認する
↓ 用例見つけた!	学習モチベーションの高揚、維持	実際の文章(生教材)での学習項目の使われ方を見る
↓ クロージング・トーク	その課のまとめ	「スタート・トーク」の内容をショート・ストーリーで読む。声を出して読んだり、暗記したりして、この課の内容を復習する

※ただし、第2課は練習1〜6、第18課は練習1〜3、第19課は練習1〜4

●学習の進め方

　各課の「まずは確認」「確認」で取り上げている文法項目の説明を例文とともに読み進め、「練習1」で確認してください。そして、「レベルアップ」「さらにレベルアップ」で類似表現や使い分け、用法を理解し、「練習2」「文作り」「間違い探し」「用例見つけた!」で確認してください。練習問題を解いたら別冊の解答で答えを確認し、分からないところがあれば本冊に戻って説明をもう一度読んで確認してください。「文作り」は与えられた言葉から文脈や場面を想像し、適切な文を完成してください。解答に一例がありますから自分の書いた文と比べてみてください。「用例見つけた!」は言葉の意味を確認しながら読み進めてみてください。「クロージング・トーク」は声を出して読み上げたり、暗記して言ったりしてみてください。

●語彙について…

文法解説の中の難しい語彙(旧日本語能力試験の2級レベル以上の語彙)には右側に英語、中国語、韓国語訳をつけました。例文の中にも難しい言葉が含まれていますが、辞書を引いて語彙の意味を確認してください。

●ルビについて…

読み方が難しい語彙(旧日本語能力試験の2級レベル以上の漢字)にはルビをつけました。中級レベルでは知らない言葉に出あうことも多くなると思います。辞書を引きながら、語彙を増やしていく練習に役立つと思います。

●文法用語解説について…

基本的な文法用語について、解説を入れました。「→?p.000」のマークに従って参照ページをご覧ください。

●凡例について…

活用形を「凡例」で示しました。「→凡例」に従ってご覧ください。

To the Student

● Purpose of this Textbook

When studying Japanese it is often the case that the student encounters situations involving grammar points studied at the beginner level and recalls having studied them but in fact struggles when trying to use the material in real life situations. When continuing to study Japanese, making the jump from the beginner to intermediate and intermediate to advanced levels accurate use of grammar as well as effective use of a wide vocabulary is essential.

This textbook aims to review the fundamentals of Japanese grammar learned at the beginner level while simultaneously striving to push the student further, seeking accurate use in daily life.

In chapters 1 through 10, the 「まずは確認 (First, Let's Recall)」 section explains the basic meanings previously studied at the beginner level. The 「レベルアップ (Level Up)」 section proceeds to explain nuanced usages and similar phrases of these patterns.

In chapters 11 through 24 the grammatical points for the chapter are explained in the 「確認 (Check Your Understanding)」 section. The 「さらにレベルアップ (Take the Concept Further)」 section explains in greater detail similar expressions, case specific differentiation and rules for use.

This textbook provides many examples and expressions used in daily life to help the student go beyond having only knowledge of the grammar structures to gain the ability to accurately use them in actual contexts.

● Contents and Structure of this Textbook

This textbook is divided into 24 chapters. The first part, encompassing chapters 1 through 10, focuses on grammatical points that have only small changes in structure. The latter half, chapters 11 through 24, provides grammatical patterns that take on many forms and have relevance to many verbs.

Below is an explanation of the purpose and function of the sections within each chapter.

Chapter Section	Purpose	Function
スタート・トーク Opening Dialogue	Review of the student's grammatical knowledge	Evaluates the student's pre-existing knowledge of the chapter's material. First look at the picture. Think about what kind of expressions can be used in the situation depicted in it. Then try to construct a conversation.
この課の表現 This Chapter's Expressions	Building consciousness of the patterns provided in each chapter	Clarifies the objectives of each chapter
まずは確認 First, Let's Recall [第1課～第10課]	Review of the fundamental meaning studied at the beginner level	Assesses the student's understanding of previously studied fundamental grammar patterns
確認 Check Your Understanding [第11課～第24課]	Determines comprehension of the usage and meanings essential for the intermediate level	Verifies the necessary grammatical knowledge and then also veriyfies its meaning and usage
練習1 Practice 1	Basic meaning and function check	Two option multiple-choice practice of verb conjugation and grammar function

レベルアップ Level Up [第1課〜第10課]	Understanding the grammatical patterns, their use and the proper function necessary for the intermediate level	Clarifies the rules of use, necessary adjustments for related patterns and presents easy to use phrases and proper use of similar phrases for each grammar pattern
さらにレベルアップ Take the Concept Further [第11課〜第24課]	Comprehension of grammar points needed to move up from the intermediate level to the advanced level	Fosters awareness of deeper rules of use, characteristics, limitations and differentiation between similar phrases for each grammatical pattern in the text
練習2 Practice 2	Verifies accurate understanding of the chapter's material	Four option multiple-choice practice for checking proper use, vocabulary, differences between similar expressions, and mistakes in communication contexts of the studied patterns
文作り Sentence Writting	Evaluates ability to apply the concept and improves sentence productivity and accuracy	Measures the student's grasp of the grammatical patterns provided in each section through the sentence construction and sentence completion exercises
間違い探し Error Search	Constructs a deeper consciousness of the grammatical patterns studied in the chapter	Checks for the correct usage of material and develops an awareness for easy to make mistakes
用例見つけた！ Real Life Examples!	Encourages and maintains motivation to study	Examines how the topics covered are used in actual contexts (raw materials)
クロージング・トーク Closing Talk	A summary of the chapter	Summarizes the material. The contents of the「スタート・トーク」are read as a short story. The student should review the contents of the chapter by reading it out loud or by memorizing it.

※ Exceptions to the above structure are Chapter 2 Exercises 1-6, Chapter 18 Exercises 1-3 and Chapter 19 Exercises 1-4

● How to Use this Textbook

For each chapter, first read the topics that are presented in the「まずは確認」and「確認」sections and then check your understanding in the「練習1」section. Next, read through the「レベルアップ」and「さらにレベルアップ」sections to increase your understanding of similar expressions and different uses and rules of the chapter topics. Check your understanding again in the「練習2」「文作り」「間違い探し」「用例見つけた！」sections. After completing the practice problems, check your answers in the answer section of the supplementary book. If you do not understand the answer return to the explanation in this textbook and try again. In the「文作り」section complete the sentence based on the words provided, taking into account the context of the situation. The answer section provides one possible correct example to compare with your answer. Next read the「用例見つけた！」section, reflecting on the meaning as you proceed. Finally, try reading the「クロージング・トーク」section out loud or committing it to memory.

● **About Vocabulary**⋯   English, Chinese, and Korean translations are provided in the right hand margin for difficult vocabulary used in the explanation (vocabulary beyond the former Level 2 of the Japanese-Language Proficiency Test). The example sentences also include some difficult vocabulary. It is recommended that the student use a dictionary for these words.

● **About kanji reading help (rubi)**⋯   Hiragana is written above the kanji that have difficult readings (for words beyond the former Level 2 of the Japanese-Language Proficiency Test). In the intermediate level one often encounters unfamiliar words. Using a dictionary to check the meanings of unfamiliar words is a good practice for increasing one's vocabulary.

● **About the Grammatical Terminology Explanation**⋯   An explanation of fundamental grammatical terms is included in this text. For these terms consult the reference page as indicated by the「➡？p.000」mark.

● **About the Explanations**⋯   The forms of verb and adjective conjugation are provided in the「凡例」section. Please consult the reference as indicated by the「→凡例」mark accordingly.

致使用本教科书的各位

◉本书的特点

在初级阶段曾经学习过的、自己以为已经掌握的文法项目，在实际中不能使用或无法正确使用的例子有很多。为了从初级到中级、从中级到高级持续的学习日语，掌握正确的文法、词汇及丰富的表现方法是必须的。

本教科书的目的是，在复习初级阶段学习过的基础内容的同时，进一步提高运用能力使其能在实际生活中正确使用。

第1课到第10课，在「まずは確認(首先是确认)」中说明初级阶段学习过的基本内容，在「レベルアップ(提高水平)」中对于使用方法或类似表现等进行说明。

第11课到第24课，在「確認(确认)」中对本课的文法知识进行说明，在「さらにレベルアップ(进一步提高水平)」中对于类似表现、使用区别及用法等进行进一步的详细说明。

本教科书对于文法项目并不单单只是作为知识去了解，而是作为实际生活中能够运用的能力去学习。因此本教科书中例举了许多日常生活中能够使用的表现方法及例文等。请一边思考各个文法项目在生活中是如何使用的，一边进行学习。

◉本书的内容及结构

本教科书共24课，第1课至第10课，以变形较少的文法项目为中心。第11课至第24课则例举了与变形较多的动词相关的文法项目。以下是各课的构成。

以下对于各个部分的目的及内容进行说明。

活　動	目　的	内　容
スタート・トーク 开始・会话	回顾自己所掌握的文法知识	看图，思考在此情况下可以使用何种表现，并试作会话。
この課の表現 这一课的表现方法	使学习者意识到各课所例举的学习项目。	确认各课的学习项目。
まずは確認 首先是确认 [第1課～第10課]	在初级阶段学习过的基本含义的确认。	确认学习项目在初级阶段中的基本含义及使用方法。
確認 确认 [第11課～第24課]	在中级阶段所必要的含义及使用方法的理解。	确认在中级阶段必要的文法知识，并确认其含义及使用方法。
練習1 练习1	基本含义及词尾变化的确认。	双项选择题，练习动词的词尾变化或表现方法的基本使用区别。

レベルアップ 提高水平 [第1課～第10課]	理解在中级阶段所必要的文法项目、使用方法及使用区别的要点。	整理各个项目的用法及关联的文法项目，对容易一起使用的表现方法及类似表现的使用区别进行确认。
さらにレベルアップ 进一步提高水平 [第11課～第24課]	从中级阶段到高级阶段所必要的文法项目的理解。	确认各个项目的更进一步用法、文法特征、使用方法的限制以及与类似表现的区别。
練習2 练习2	确认例如使用区别等的文法理解是否正确。	四项选择题，对于使用区别、词汇确认、与类似表现的区别及交流上的问题进行确认。
文作り 造句	提高不同场合的文法运用能力以及表述能力并确认其正确性。	通过造句或完成句子的练习，来达到完全掌握使用方法的目的。
間違い探し 改错	使学习者意识到学到的文法项目。	使学习者意识到容易造成的误用从而确认正确的使用方法。
用例見つけた！ 寻找例句	学习动机的高扬和维持。	阅读在实际文章(现实教材)中学习项目的使用方法。
クロージング・トーク 结束・会话	本课总结。	将「スタート・トーク」中的内容写为短篇故事来读。通过发出声音朗读或背诵来复习本课内容。

※但是，第2课含练习1～6、第18课含练习1～3、第19课含练习1～4。

●学习的进行方法

将各课的「まずは確認」「確認」中出现的文法项目的说明与例文一起读后，在「練習1」中确认。然后，理解「レベルアップ」「さらにレベルアップ」中的类似表现、使用区别及用法，在「練習2」「文作り」「間違い探し」「用例見つけた！」中确认。完成练习问题后，在别册的答案中确认，如有不明确的地方请返回本书中再一次阅读说明。在「文作り」中请用所给单词想象文脉或场合来完成适当的句子。请试着将自己所写的句子与答案中的例句对比。请一边确认「用例見つけた！」中词语的含义一边阅读下去。请发出声音来朗读或试着背诵「クロージング・トーク」。

●有关于词汇… 对于文法解说中较难的词汇(旧日本语能力考试2级以上的词汇)，在右侧标注了英语、中文、韩语解释。例文中也包含了较难的词汇，请查字典来确认词汇的意思。

●关于注音假名… 对读法较难的词汇(旧日本语能力考试2级以上的汉字)标注了注音假名。在中级阶段会遇到许多不认识的词汇。查阅字典对于增加词汇量的练习非常有帮助。

●关于文法用语的解说…对基本的文法用语进行了解说。请根据「➡❓p.000」标志在参照页查阅。

●有关于凡例… 活用形用「凡例」来显示。请根据「→凡例」浏览。

본 교과서로 공부하는 여러분에게

●본 책의 특징

　초급 레벨에서 공부한 적이 있거나, 알고 있다고 생각하는 문법 항목이라도, 실제로는 정확하게 알고 있지 않거나, 올바르게 구별해서 쓰지 못하는 경우가 많이 있습니다. 초급에서 중급으로, 중급에서 상급으로 일본어의 공부를 계속하기 위해서는, 문법의 정확한 이해와 함께, 풍부한 어휘와 표현력이 필요합니다.

　이 교과서는, 초급 레벨에서 공부한 기본적인 내용에 대해서 복습하면서, 더욱 레벨을 높여서, 실제의 생활에서 올바르게 사용할 수 있게 되는 것을 목표로 하고 있습니다.

　제 1 과에서 10 과까지는, 「まずは確認(우선은 확인)」에서 초급에서 공부한 기본적인 의미를 설명하고, 「レベルアップ(레벨 업)」에서 사용법이나 유사표현 등에 대해서 설명했습니다.

　제 11 과에서 24 과까지는, 「確認(확인)」에서 그 과의 문법적인 지식을 설명하고, 「さらにレベルアップ(더욱 레벨 업)」에서 유사표현이나 특징, 용법 등에 대해서 상세히 설명했습니다.

　본 교과서는 문법항목에 대해서 지식으로 알고 있는 것만이 아니라, 실제 생활에서 사용할 수 있는 능력을 향상시키기 위해서, 일상 생활에서 사용할 수 있는 표현이나 예문을 많이 게재했습니다. 각 문법항목이 일본의 생활에서 어떻게 쓰이고 있는지를 생각하면서 공부해 주세요.

●본 책의 내용과 구성

　본 교과서는 24 과로 구성되어 있습니다만, 전반의 제 1 과에서 제 10 과까지는 형태의 변화가 적은 문법 항목을 중심으로 하고, 후반의 제 11 과에서 제 24 과에서는 형태의 변화가 많은 동사에 관련있는 문법 항목을 실었습니다. 각 과는 다음과 같이 구성되어 있습니다.

　아래에 각 섹션의 목표와 내용을 설명하겠습니다.

활 동	목 표	내 용
スタート・トーク 스타트 토크	자신이 가지고 있는 문법 지식의 확인	그림을 보고, 그 그림의 상황에서 어떤 표현을 쓸 수 있는지 생각하면서, 회화를 만들어 본다
この課の表現 이 과의 표현	각과에서 배우는 항목의 의식화	각과에서 배우는 항목을 확인한다
まずは確認 우선은 확인 [第1課~第10課]	초급 레벨에서 공부한 기본적인 의미의 확인	학습항목에 대한 초급 레벨에서의 필요한 의미, 특징, 사용 방법을 확인한다
確認 확인 [第11課~第24課]	중급 레벨에서 필요한 의미, 특징, 사용 방법의 이해	중급 레벨에서 필요한 문법을 확인하고, 의미나 사용 방법을 확인한다
練習1 연습1	기본적인 의미, 활용의 확인	동사의 활용이나 표현의 기본적인 특징과 구별하는 방법을 확인하는 연습 문제, 둘 중 하나를 선택하는 문제

レベルアップ 레벨 업 [第1課~第10課]	중급 레벨에서 필요한 문법 항목, 사용 방법, 구별 방법에 대한 포인트의 이해	각 항목의 용법, 관련이 있는 문법 항목의 정리, 같이 사용하는 경우가 많은 표현, 유사 표현과의 구별법에 대해서 확인한다
さらにレベルアップ 더욱 레벨 업 [第11課~第24課]	중급 레벨부터 상급 레벨에서 필요한 문법 항목의 이해	각 항목의 보다 더 상세한 용법, 문법적인 특징, 사용하는 방법의 제한, 유사 표현과의 구별 법에 대해서 확인한다
練習2 연습 2	구별하는 방법의 정확한 문법 이해의 확인	구별하는 방법, 어휘의 확인, 유사 표현과의 상이점, 커뮤니케이션상의 문제점 등을 확인하는 선택형의 문제
文作り 문장 만들기	장면에 따른 문법의 운영 능력, 산출 능력의 향상, 정확성의 확인	학습 항목을 사용한 문장의 작성이나 문장을 완성시키는 연습을 통해서 사용 방법의 정착을 도모한다
間違い探し 틀린 곳 찾기	학습한 문법 항목의 의식화	틀리기 쉬운 오용을 의식화해서, 올바른 사용법을 확인한다
用例見つけた！ 용례 찾았다！	학습 동기의 고양, 유지	실제의 문장 (생교제) 에서의 학습 항목의 사용법을 확인한다
クロージング・トーク 클로징 토크	그 과의 정리	「スタート・トーク」의 내용을 짧은 스토리로 읽는다. 소리를 내서 읽거나, 암기하거나 해서, 이 과의 내용을 복습한다

※단, 제2과는 연습 1~6, 제18과는 연습 1~3, 제19과는 연습 1~4

●학습을 진행하는 방법

각 과의 「まずは確認」「確認」에서 설명하는 문법항목을 예문과 함께 읽고 나서, 「練習1」에서 확인해 주세요. 그리고, 「レベルアップ」「さらにレベルアップ」에서 유사 표현과 사용 방법, 용법을 이해하고, 「練習2」「文作り」「間違い探し」「用例見つけた！」에서 확인해 주세요. 연습 문제를 풀고 나서, 별책의 해답으로 답을 확인하고, 모르는 곳이 있으면 본 책으로 돌아 가서 설명을 한 번 더 읽고 확인해 주세요. 「文作り」는 주어진 어휘나 문맥이나 장면을 상상해서 적절한 문장을 완성하세요. 해답에 한 예가 있으니까 자신이 만든 문장과 비교해 보세요. 「用例見つけた！」는 어휘의 의미를 확인하면서 읽어 보세요. 「クロージング・トーク」는 소리를 내서 읽어 보거나 암기해서 말 해 보세요.

●**어휘에 대해서**… 문법 해설 안에 있는 어려운 어휘 (구 일본어 능력시험 2급이상의 어휘) 에는 오른쪽에 영어, 중국어, 한국어의 번역이 있습니다. 예문 안에도 어려운 단어가 들어 있습니다만, 사전을 찾으면서 어휘의 의미를 확인해 주세요.

●**루비에 대해서**… 읽는 방법이 어려운 어휘 (구 일본어 능력시험의 2급이상의 한자) 에는 루비가 붙어 있습니다. 중급 이상에서는 모르는 단어에 접하는 경우도 많이 있을 것이라고 생각합니다. 사전을 찾으면서, 어휘를 늘이는 연습을 하는 것애 도움이 되리라고 생각합니다.

●**문법 용어 해설에 대해서**… 기본적인 문법 용어에 대해서, 해설을 넣었습니다. 「➡❓p.000」의 마크에 따라서 참조 페이지를 보세요.

●**범례에 대해서**… 활용형을 「凡例」에서 제시했습니다. 「→凡例」에 따라서 참조해 주세요.

この教科書をお使いになる先生方へ

●この教科書の特徴と使い方の例

　この教科書には、日常場面に応用できる文法説明や活動を取り入れました。また、学習者の語彙力の向上も一つの目的であるため、例文などでも難易度の高い語彙を使っています。コミュニケーション上の問題を意識して詳しく説明したり、類似表現の使い分けなどには専門的な内容も含まれています。できるだけ、学習者が自分で読んで理解できるように平易な文章を心がけましたので、学生には授業に来る前に知らない言葉を調べながら、文法説明を読んで練習問題の答えを書いてくるように勧めてください。自律学習を進めつつ、授業では練習問題の答え合わせや学生からの質問について一緒に考える時間を設けていただければと思います。

●この教科書を使った授業の一例

　1年間で30回授業(前期15回、後期15回)の場合、前期は第1課から第12課まで、後期は第13課から第24課までのそれぞれ12課分を行います。初回はオリエンテーション、学期の中ほどは中間テスト、最後の日は期末テストを行います。授業は週1回1コマ(90分)で、1課進めます。

　授業に来る前に、**その課の「まずは確認」「確認」の文法説明を読んで、練習問題(「練習1,2」「文作り」「間違い探し」)の答えを書いて予習してくるよう指導します**。授業では学習者の質問に答えたり、「レベルアップ」「さらにレベルアップ」の内容について確認しながら練習問題の答えを確認する活動を中心に行います。予習の仕方は、基本的には教科書の文法説明を読み、「スタート・トーク」を行い、すべての「練習問題」の問題を解いてくることです。分からない言葉は辞書を引いて調べてくるよう指導します。授業内では学生にどんどん答えを発表してもらって、解答の理由についても説明してもらうといいでしょう。

　以下は、1コマの授業の進め方の例です。(1コマ90分の場合)

スタート・トーク [約5分]	授業開始時に5分程度ウォーミングアップとしてやる活動です。ペアになり、絵のような場面ではどのような表現を使うのかを考え、会話を作ります。 実際の場面を想像し、自分の持っている日本語力を振り返りながら、その日の学習項目を意識化させることができます。
まずは確認 確認 [約10分]	説明されているポイントを学生に質問する形で確認します。 ここではその課の文法項目の基本的な意味や用法を丁寧に解説しています。その内容を次の「練習1」で確認してください。
練習1 [約10分]	活用や接続などの形態と、基本的な意味の確認ができます。基本的なことが理解できていれば立ち止まらずに進めます。
レベルアップ さらにレベルアップ [約20分]	内容を確認します。ここでは、コロケーション情報やコミュニケーション上の留意点、類似表現との使い分けなどについて説明しています。中級レベルの学生は新しい情報を習いたいと希望する学生が多いですが、「レベルアップ」「さらにレベルアップ」の内容を丁寧に説明することで、学習意欲が上がり、チャレンジする気持ちも強くなります。その内容を次の「練習2」で確認してください。

練習2 [約10分]	四択問題が中心です。用法や使い分けなどの確認ができますが、四択問題なので日本語能力試験等の対策にも有効に使えます。 ここでは、間違いが多い活用や、使い分けを確認する錯乱肢があるため、ひっかかる学習者もいますが、そこが押さえてほしいポイントですので間違った理由が分かるよう、そして正しい答えが選べるように時間をかけることが望ましいです。「練習1」「練習2」は教室で解答を確認しながら、学生に解答の理由について説明させると、さらに文法を意識して話せるようになるでしょう。
文作り [約15分]	この課で勉強したことが適切に産出できるかを確認します。 学習者からいろいろな内容の文が出たり、語彙や表現の適切さについて質問が出たりするかもしれません。ここはできるだけ時間(15～20分程度)をかけてください。基本的には、学習者に予習として文を完成させてくるよう指示し、授業では学生が作ってきた文を発表させ、文脈の理解、語彙の選択、表現のバリエーションなどについて話し合う時間を設けるのも有効です。
間違い探し [約10分]	間違いの箇所を確認し、間違いの理由を確認します。 学習者の実際の誤用例を参考にして作成しました。間違っている部分と理由、正しい表現について話し合ってみてください。学生が各文法項目の中で混乱しやすい部分や間違いが起こりやすい理由が分かると思います。学生が間違いを直すことによって同じ間違いをしないよう注意するようになります。
用例見つけた [約5分]	その課の項目が使われている生の文章を読みます。この活動を通して「分かった」「読めた」という成功経験を積み重ね、学習に目的や意欲を持ってもらいたいというねらいがあります。学習者にとって有益だと思われる日本事情や日本文化に関わるトピックを取り上げました。
クロージング・ トーク [約5分]	「スタート・トーク」と同じ場面を各課の最後に「クロージング・トーク」として提示しました。授業が終わる直前にコーラスしたり、暗記したり、ペア・リーディングすることによって復習の効果が期待できます。「クロージング・トーク」を「スタート・トーク」とシンクロさせることで、学習者の記憶に負担をかけず、この場面ではこの表現を使うということを自然に覚えられるでしょう。

●本書の仕様について

語彙について… 文法説明内の難しい語彙(旧日本語能力試験の2級レベル相当の語彙)には右側に英語訳、中国語訳、韓国語訳をつけました。例文の中にも難しい言葉が含まれていますが、辞書を引いて語彙の意味を確認してください。

ルビについて… 第1課から第10課は旧日本語能力試験3級レベル以上の漢字語彙に、第11課から第24課には同試験2級レベル以上の漢字語彙にルビをつけました。適宜、辞書を引いて意味を確認するよう指導してください。中級レベルでは知らない言葉に出あうことも多くなりますが、辞書を引きながら、語彙を増やしていく練習に役立つと思います。

文法用語について… 巻末に基本的な文法用語について、解説を入れました。本文中の「→❓p.000」マークに従い、必要に応じて参照ページをご覧ください。

凡例について… 活用形を「凡例」で示しました。本文中の「→凡例」に従い、必要に応じて、表紙裏の凡例をご覧ください。

レベルアップ
日本語文法

中級

1 … **10** …… 初中級レベル

11 … **24** …… 中上級レベル

1 指示詞

> スタート・トーク

次のような場面で、2人の会話はどうなるでしょうか。＿＿＿に適切な表現を書いて、会話を完成させてください。

〈倉庫で〉

① 電池はここに入っているかな？
② いいえ、a.＿＿＿箱じゃないですよ。
③ じゃ、b.＿＿＿ですか？
④ はい。しまもようの箱のとなりのc.＿＿＿箱です。

この課の表現
指示詞 「コ系」「ソ系」「ア系」「ド系」

 **まずは確認**

	指示詞			疑問詞
	コ系	ソ系	ア系	ド系
連体詞	この	その	あの	どの
	こんな	そんな	あんな	どんな
	こういう	そういう	ああいう	どういう
	このような／こんな	そのような／そんな	あのような／あんな	どのような／どんな
物	これ	それ	あれ	どれ
場所	ここ	そこ	あそこ	どこ
方向	こちら	そちら	あちら	どちら
	こっち	そっち	あっち	どっち
副詞	このように／こんなに	そのように／そんなに	あのように／あんなに	どのように／どんなに
	こう	そう	ああ	どう

疑問詞 ➡ p.246

連体詞 ➡ p.253

方向：direction, 方向, 방향

【指示詞とは】

話し手が聞き手に対して現場や文脈上の何かを指すときに使う言葉。

（1）現場指示

話し手と聞き手が話している現場で、人、物、場所を指す時に、コソアドの言葉（「コ系」「ソ系」「ア系」「ド系」）を使って表現する。

① 物・人

「コ系」＝ 話し手の近くにある物・人を指す。

「ソ系」＝ 聞き手の近くにある物・人を指す。

「ア系」＝ それ以外を指す。

- A：あのう、その電子辞書、ちょっと見せてもらえませんか。
  B：ああ、これですか。いいですよ。どうぞ。

② 聞き手の所有物

「ソ系」＝ 聞き手の洋服や身につけている物など、相手の持ち物を指す。

- 中村：田中さんはいつもそのネックレスをつけていますね。特別な物ですか。
  田中：ああ、これですか。母がくれた物なので大切にしているんです。

③ 場所（空間）

「コ系」＝ 話し手がいる場所、または話し手と聞き手が一緒にいる場所を指す。

「ソ系」＝ 話し手と聞き手から見て、中間にある場所を指す。

「ア系」＝ 話し手と聞き手から見て、遠くにある場所を指す。

- A：来週の打ち合わせの場所はここでいいですか。
  B：ええ、来週もここでやりましょう。

〈道で〉

- A：あのう、すみません。郵便局はここから遠いですか。
  B：いいえ、遠くないですよ。そこに白い建物があるでしょう。郵便局はその建物の1階です。

④ **方法・程度**

方法・やり方を説明するとき＝「こう／そう／ああ／どう」を使う。

程度を表すとき＝「こんなに／そんなに／あんなに／どんなに」を使う。

- 〈書道教室で〉
  筆はこうやって持ちます。えんぴつの持ち方でまっすぐ立てます。

- どんなに忙しくても毎日母に連絡している。

程度: degree/depth of something, 程度, 정도
やり方: method/way of doing something, 做法、方法, 하는 방식
表す: express/show, 表示, 나타내다

(2) 文脈指示

会話に出ている人、物、場所や、記憶の中にある人、物、場所などを指すときに、「コ系」「ソ系」「ア系」の言葉を使って表現する。

文脈指示: context indicator, 文脈指示, 문맥지시
記憶: memory, 记忆, 기억

① **両方が共有している内容**

「ア系」＝ 話し手と聞き手の両方が分かっていること、共有していることについて話すときに使う。

- A：今年はどこで花見をしましょうか。
  B：去年、一緒に行ったあの公園はどうですか。

共有する: to share, 共有, 공유하다
内容: content, 内容, 내용

② **両方が共有していない内容**

「コ系」＝ 話し手が考えていることや経験していることについて話すときに使う。

「ソ系」＝ 話し手と聞き手の両方が知らない、または、どちらか一方しか知らないことについて話すときに使う。

- この話は、まだ誰にも話していないんですが、実は、来年アメリカに留学したいと思っています。

- 佐藤：オウさん、初詣って、知ってる？
  オウ：いいえ、知りません。それ、何ですか？

一方: one side, 単方、一方, 한쪽, 한편

(3) 代名詞

「ソ系」＝ 話や文章の中で前に一度出た言葉の代わりに使う。

- 昨日、筑波山へ遊びに行きました。そこ(筑波山)で、田中さんに会いました。

- 昨日新しいコーヒーメーカーを買った。それ(新しいコーヒーメーカー)でコーヒーを入れて飲んでみた。とてもおいしかった。

代名詞 ➡ ❓ p.250

(4) 強調

「コ系」= 話や文章の導入のときに、話し手が示す内容に聞き手の注目を集めるために使う。

- <u>こちら</u>をご覧下さい。<u>これ</u>は、日本人の好きな料理について、1983年と2007年の調査の結果を比較したものです。好きな料理のトップは「すし」で、日本人の73％が「好き」と回答しています。

強調：emphasis, 强调, 강조
導入：insert, 导入, 도입
示す：to indicate, 指示, 显示, 나타내다
注目：caution, 注目, 주목

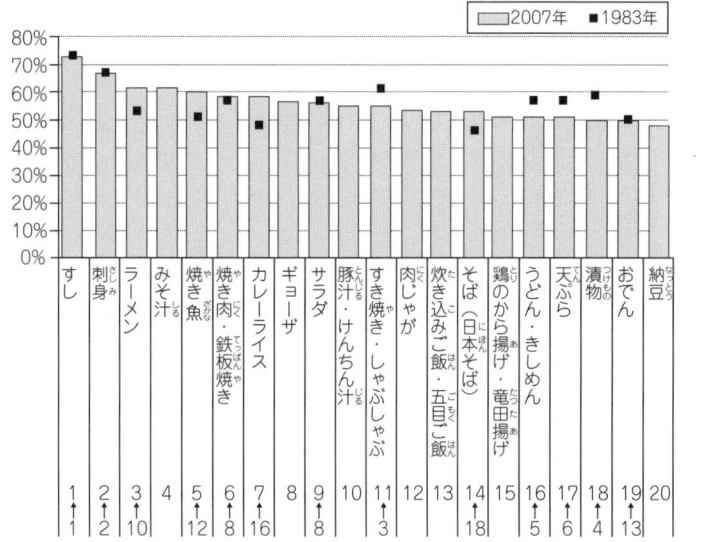

社会実情データ図録
NHK放送文化研究所世論調査部「日本人の好きな物」2008年、同「放送研究と調査」

練習1

▶次のa.とb.のうち、ふさわしいほうを選んでください。

1. A：大学の近くに新しいレストランがオープンしたけど、知ってる？
   B：えっ、（　　　）どこですか。

   a. それ　　　b. あれ

2. A：すみません、（　　　）、日本語でなんて言うんですか？
   B：ああ、それね、ホチキスって言うんですよ。
   A：そうですか。じゃあ、（　　　）はなんて言うんですか？
   B：それはね、定規って言うんですよ。

   a. これ　　　b. あれ

3. A：待ち合わせの場所、どこにしましょうか。

   B：駅前の喫茶店はどうですか。

   A：ああ、（　）なら、近くて便利ですね。

   a. そこ　　　　b. あそこ

4. A：木村さんは本当に親切ですね。

   B：ええ、ほんと。（　）やさしい人はあまりいないと思いますよ。

   a. そんなに　　b. あんなに

5. A：タイ焼きって、おいしいですね。

   B：えっ、（　）何ですか。魚ですか。

   a. それ　　　　b. あれ

6. 〈筑波山で〉

   A：ここは眺めがいいですね。

   B：ほんと。つくば市内が全部見えますね。

   A：あっ、（　）に富士山が見えますよ。

   B：ほんとうですね。筑波山から富士山が見えるなんて知りませんでした。

   a. そこ　　　　b. あそこ

7. A：ねえ、昨日、図書館で会った（　）人、紹介してくれない？

   B：えっ、田中さんのこと？

   A：うん、とても素敵な人だなと思って。

   a. その　　　　b. あの

8. 妹：もう、お兄ちゃんなんか大嫌い。（　）行って。

   兄：ごめん、ぼくが悪かったよ。機嫌直して。

   a. あっち　　　b. そっち

9. A：あのう、大変なときに、（　）お願いをするのは申し訳ないんですが。

   B：お願いってなんですか。

   a. こんな　　　b. そんな

10. 〈道で〉

    A：あのう、すみません。地下鉄の駅に行きたいんですが、ここから遠いですか。

    B：いいえ、すぐ（　）ですよ。

    a. そこ　　　　b. あそこ

レベルアップ

(1) 指示詞の形

① 複数の場合の表現

「これら／それら／あれら」を使うこともあるが、一般的には「これ／それ／あれ」を使う。

- これは私の本です。（1冊）
- これらは私の本です。（2冊以上）
- これはぜんぶ私の本です。（2冊以上）

② 丁寧な指示詞の表現

現場指示の場合

人： この人、その人、あの人、どの人
物： これ、それ、あれ、どれ
場所：ここ、そこ、あそこ、どこ

→ **丁寧な表現**
こちら、そちら、あちら、どちら

※「どの人」は「どなた」になる。

〈友だちを先生に紹介する〉
- オウ：田中先生、こちらは私の友だちの木村さんです。
  木村：はじめまして。オウさんの友だちの木村です。どうぞよろしくお願いします。
  田中先生：はじめまして。田中です。どうぞよろしく。

(2) 指示詞の使い方

① 疑問詞の使い分け

2つの中から1つを選ぶときは「どちら」、3つ以上の中から1つを選ぶときは「どれ」を使う。

人：2人の中から選ぶ＝**どちら／どっち**
　　3人以上の中から選ぶ＝**どの＋人(方)、誰、どなた**

物：2つの中から選ぶ＝**どちら／どっち、どちらの／どっちの＋名詞**
　　3つ以上の中から選ぶ＝**どの＋名詞、何、どれ**

- お二人は、どちらが年上ですか。
- 本がたくさんありますけど、木村さんの本はどれですか。
- チェック柄としまもようと水玉もようの中で、どの柄が似合いますか。

複数：plural, 复数, 복수
表現：expression, 表現、表达, 표현

使い分け：differentiation of use, 区別用法, 적절한 사용

1 指示詞

② 疑問詞の使い方

会話でいろいろな物の中から1つの物を選ぶときは、「何 → どれ → どちら／どっち」の順番で、1つの物を選ぶ。すでに2つまで選択しているときは、「何」「どれ」を省略することもある(→ A2、B2 の会話)。

〈ファミリーレストランで〉
- A1：ねえ、何、食べる？
  B1：うーん、今日はスパゲッティにしようかな。
  A2：わあ、いろいろなスパゲッティがあるね。どれにする？
  　　今日のおすすめは、ナポリタンと和風スパゲッティだって。
  　　どっちもおいしそう。どっちにしようかな。
  B2：私はナポリタン。

順番：order, 顺序, 순번
選択する：to choose, 选择, 선택하다
省略する：to shorten, 省略, 생략하다

③ 会話中の内容の共有

会話の中で、話し手が言った内容を聞き手も共有できるようになったとき、「ソ系」から「ア系」に変わることがある。

- A：この仕事は木村さんに頼みましょうか。
  B：えっ、その人、誰ですか？
  A：ほら、先月からバイトに来ている背の高い人ですよ。
  B：ああ、分かった…。あの人ですね。あの人なら、やってくれると思います。

練習2

▶ 次の a.～d. の中で、最もふさわしいものを選んでください。

1. A：今、持っている（　　）本、ちょっと見せてもらえますか。
   B：あ、これですか。どうぞ。
   a. その　　b. この　　c. これ　　d. それ

2. A：（　　）、日本語で何て言うんですか？
   B：あ、これですか。修正テープって言うんですよ。
   a. この　　b. その　　c. これ　　d. それ

3. A：（　　）ピアス、すてきですね。
   B：ああ、これ。昨日、買ったんですよ。いいでしょう。
   a. これ　　b. それ　　c. この　　d. その

4. A：ねえ、あそこに座っている緑のシャツを着た人、知ってる？
   B：ああ、（　）人、韓国からの留学生の金さんですよ。
   a. この　　b. その　　c. あの　　d. どの

5. この間、秋葉原に買い物に行きました。しかし、道が分からなくて困っていました。（　）とき、通りがかりの親切な人が道を教えてくれました。本当に助かりました。
   a. この　　b. その　　c. あの　　d. こんな

6. A：この指輪、見て。昨日、彼氏にもらったの。きれいでしょ。
   B：いいなあ。私も（　）指輪がほしいなあ。
   a. あんな　　b. そんな　　c. どんな　　d. それ

7. A：このゲーム、どうやって遊ぶんですか？
   B：（　）やって遊ぶんですよ。見てて。
   a. これ　　b. そう　　c. こう　　d. こんな

8. メニューの中から（　）でも好きな物を1つ選んでください。
   a. どれ　　b. どちら　　c. どこ　　d. それ

9. 昨日、はじめて山下公園へ散歩に行きました。（　）でぐうぜん田中さんに会いました。
   a. ここ　　b. そこ　　c. あそこ　　d. どこ

10. A：何を（　）急いでいるんですか。
    B：もうすぐ授業が始まるんです。早く行かないと遅刻するんで。
    a. こんなに　　b. そんなに　　c. あんなに　　d. どんなに

✏️文作り

▶この課の項目（指示詞）が含まれる文を作ってください。（　）は①②③の中でふさわしい指示詞を選んでください。

1. 去年、友だちと a._____ を旅行しました。（①ここ・②そこ・③あそこ）では、
   b._____。とても楽しかったです。

2. 私の友だちに a._____ さんがいます。b._____ は c._____
   _____。

1
指示詞

3. ☞ 5ページのグラフの2007年の結果を見て答えてください。

日本人の好きな食べ物について調査をしました。a._____結果、好きな食べ物のベスト3は、b._____、c._____、d._____ということが分かりました。一方、納豆は20位になっていました。やはりすしは日本人が一番好きな食べ物だということが分かりました。

4. 昨日、インド料理のレストランへ行きました。a._____で、カレーを食べました。b._____あと、映画館へ行きました。3D映画で話題になった『スペース・ウォーズ』という映画を見ました。友だちにc._____映画のことを話したら、「ああ、私も見た。d._____映画、おもしろいよね。」と言っていました。友だちと映画の話をして楽しかったです。

5. 〈電話で〉

A：今、a._____は雨が降っていますが、b._____はどうですか。

B：c._____は、とてもいいお天気ですよ。

6. 〈道で〉

A：あのう、すみません。ちょっとおたずねしますが、バス停はa._____から遠いですか。

B：いいえ、すぐb._____ですよ。c._____に高いビルが見えるでしょう。

バス停はd._____ビルの前にありますよ。

A：どうもありがとうございました。

B：いいえ。

7. 生きるか死ぬか、_____が問題だ。（To be, or not to be: that is the question.）

（『ハムレット』、シェイクスピア）

間違い探し

▶ 次の文には間違いがあります。間違っているところに_____を引いて、正しく直してください。

1. 来週、スカイツリーの前で会いましょう。あのとき、借りていた本を持っていきますね。

2. A：わあ、すごく並んでる。

B：ほんとだ。そんなに人が多いと思わなかった。

3. A：この中で一番好きなものを選んでください。

   B：たくさんありますね。どちらにしましょうかね。

4. 私は小学生のとき、沖縄に行ったことがあります。あのとき、はじめて海で泳ぎました。

5. A：日本で勉強が終わったら国へ帰って仕事がしたいです。

   B：あれはいいですね。ご両親も喜ぶでしょうね。

下の文章に、この課で勉強した項目（指示詞）が、使われています。どのように使われているか意味を考えながら、次の文章を読んでみましょう。

お参りを終えた帰り道で、中学生の娘が突然、「痛い、痛い！」と叫びました。人ごみに押されて、小道に沿った溝に落ちてしまったのです。幸い大けがにはなりませんでしたが、私が支えて歩かなければなりませんでした。

娘は怒って「おこづかいからたくさんおさい銭をあげたのに、こんな目にあうなんてひどい！こんな神社には、二度と来ない」と言いました。私は娘に同情し、「神社は神様を利用して金もうけをしている」とつぶやきました。すると、妻は「大けがではなかったわよね？これはきっと神様のおかげですよ」と言って娘を慰めました。

それからしばらくして、ある神主と話す機会がありました。私がこの話をすると、神主はこう言いました。「人間は、物事を前向きに考えられる才能が生まれながらに備わっています。娘さんは、お母さんからそのことを学びました。そのことがわかる機会を神様が与えてくださったのです。その御利益を考えれば、おさい銭なんて安い授業料ですよ」と。

「神様がかわいそう!?」より
Hir@gana Times(2011.1) pp.24-25

お参り：pray (at a temple), 参拜, 참배
突然：suddenly, 突然, 갑자기
叫ぶ：to cry out, 叫, 외치다
人ごみ：a crowd (of people), 人群, 인파
小道：path, 小道, 샛길
沿う：to run alongside, 沿着, 따르다
溝：ditch, 水沟, 도랑
幸い：fortunately, 幸运, 庆幸, 다행
支える：to support, 支撑, 부축하다
おこづかい：pocket money, 零花钱, 용돈
おさい銭：an offering to the Gods, 香火钱, 시주
同情する：to sympathize with, 同情, 동정하다
金もうけ：money making, 赚钱, 돈벌이
つぶやく：to murmur, 嘟哝, 轻语, 중얼거리다
慰める：to comfort, 安慰, 위로하다
神主：Shinto priest, 神官, 신관
前向きに：positively, 积极向前地, 전향적
才能：talent, 才能, 재능
備わる：to endow with, 具备, 갖추어있다
御利益：benefit, 恩惠, 영검·은혜

クロージング・トーク

教室にあるテレビのリモコンの電池が切れてしまった。そのとき、田中さんが来たので倉庫で一緒に電池を探した。新しい電池はいつもしまもようの箱に入れておくのに、その箱に入っていなかった。倉庫にはいろいろな物があって、電池を探すのが大変だった。普段から整理しておけば、必要なときにすぐ見つかると思う。これからはきちんと整理することにした。

2 助詞
じょし

> スタート・トーク

次のような場面は、どのように説明できるでしょうか。＿＿＿に適切な助詞を書いて、文を完成させてください。

〈公園で〉

① 空 a.＿＿＿ 白い雲があります。
② 鳥が空 b.＿＿＿ 飛んでいます。
③ 子どもたちがしばふの上 c.＿＿＿ 走っています。
④ しばふの上 d.＿＿＿ 子どもたちがボール e.＿＿＿ 遊んでいます。
⑤ 木の下 f.＿＿＿ 犬がいます。
⑥ ベンチ g.＿＿＿ 座って本を読んだり、音楽を聞いたり…。

この課の表現

助詞　「に」「で」「を」「と」「から」「まで」「までに」

 まずは確認

【助詞とは】

それだけでは意味を持たないので、名詞の後ろや動詞について使われるもの。

(1) 場所を表す「に」「で」「を」

① 存在する場所は「に」

・ソファの上にネコがいます。
・駅の近くにスーパーがあります。

② 動作を行う場所は「で」

・留学生センターで日本語を勉強しています。
・先週の日曜日、公園で花見をしました。

表す: to express, 表示, 나타내다

存在する: to exist, 存在, 존재하다

動作: action, 动作, 동작

③ 事件があった場所、行事がある場所は「で」

・先週、家の近くの交差点で交通事故がありました。

・来週、市民ホールでクラシックの音楽会があります。

④ 通過する場所、移動する場所は「を」

・橋を渡って、まっすぐ行くと病院があります。

・鳥が空を飛んでいます。

⑤ 滞在する場所、勤務する場所は「に」

・京都に行ったとき、すてきな旅館に泊まりました。

・日本に来るまえに、旅行会社に勤務していました。

事件: event, 事件, 사건
行事: function, 活动, 행사

通過する: to pass through, 经过,通过, 통과하다
移動する: to move, 移动, 이동하다

滞在する: to stay, 逗留, 체재하다
勤務する: to work at, 工作, 근무하다

(2) 人につく「に」「と」

① 動作が向かう相手は「に」

・先生に漢字の読み方を聞きました。

・友だちに国の家族の写真を見せました。

・今日、友だちに会います。

向かう: to face, 向着, 향하다
相手: person being directed, 对方, 상대

② 受身文で動作をする人（動作主）は「に」

・昨日、母に怒られました。

・誰かに自転車を盗まれたみたいだ。

受身文 ➡第21課
動作主: performer of the action, 做动作的人, 동작주

③ 一緒に動作をする人は「と」

・田中さんと一緒に旅行しました。

・図書館で友だちと勉強します。

(3) 時間を表す「に」「で」「から」「まで」「までに」

① 具体的な時間（○曜日に、○月○日に、○○○○年に、○時○分に、など）は「に」

・来週の日曜日に家族が日本に来ます。

具体的な: concrete (example), 具体的, 구체적인

② 相対的に変わる時間（今朝、昨日、今日、明日、今週、今月、去年、今年、来年、毎〜、いつ、など）は「に」を使わない

・［○］来週、みんなで旅行に行きます。

［×］来週に、みんなで旅行に行きます。

・［○］あさって、リサさんの誕生日パーティーをしましょう。

［×］あさってに、リサさんの誕生日パーティーをしましょう。

相対的に: relatively, 相对的, 상대적

③ 基準点に到達するまでのまとまった時間は「で」

- あと10分で授業が終わります。

④ 始まる時間は「から」、終わる時間は「まで」

- 銀行は9時から3時まで開いています。

⑤ 時間の期限は「までに」

- 25日までにこの書類を提出してください。
- 9時までには必ず帰ってきます。

基準点: base amount, 标准点, 기준점

到達する: to reach/attain, 到达, 도달하다

まとまった時間: collective time, 一段时间, 어느 정도 합해진 긴 시간

期限: limited period of time, 期限, 기한

(4) 動作の目的を表す「に」

「行く、来る、帰る、戻る」などの移動動詞と一緒に使われることが多い。「～ために」と同じ意味を表す。

- 図書館へ本を借りに行きます。
- オウさんは財布を取りに、家に帰りました。

移動動詞 ➔ ❓ p.244

(5) 変化の結果を表す「に」

「～になる」の形で使われる。

- 5時になったら帰りましょう。
- 田中さんは今年で25歳になります。

変化: change, 变化, 변화

結果: result, 结果, 결과

(6) 選択、決定の内容を表す「に」

「～にする」の形で使われる。この場合「明日」のような相対的に変わる時間も「に」で表す。

- 紅茶はミルクにしますか、レモンにしますか。
- 3時ですね。おやつにしましょう。
- 帰りが遅くなるときは、必ず家に連絡することにしています。
- 今日はもう遅いですから、この話の続きは明日にしましょう。

選択: selection, 选择, 선택

決定: determination, 决定, 결정

(7) 動作の対象を表す「に」

動作が向かう場所、動作の対象は「に」で表す。

- ノックをしてから、先生の研究室に入ります。
- 毎日、バスに乗って、大学に来ます。
- 順番が来るまで、このいすに座って待ってください。
- 立ち止まらず前にお進みください。

対象: object, 对象, 대상

(8) 原因、手段・方法、材料を表す「で」

① 原因

- 事故で電車が止まっています。
- 自転車の故障で授業に遅れました。

② 手段・方法

- ボールペンで名前を書いてください。
- 大学まで自転車で 10 分ぐらいかかります。

③ 材料

- 紙で人形を作りました。
- この置き物はガラスでできています。

原因: cause, 原因, 원인
手段: means, 手段, 수단
方法: method/way of doing something, 方法, 방법
材料: materials, 材料, 재료

練習 1

▶ 次の a. と b. のうち、ふさわしいほうを選んでください。

1. 〈道で〉
   A：T 大学の正門はどこですか。
   B：交差点（　）まっすぐ行って、右に曲がってください。
   a. で　　　b. を

2. 1 時の新幹線（　）乗って、東京へ行きます。
   a. を　　　b. に

3. 公園（　）散歩していたら、山下さんに会いました。
   a. に　　　b. を

4. 家族と旅行に行って、T ホテル（　）泊まりました。
   a. で　　　b. に

5. T ホテルの前（　）、みんなと写真をとりました。
   a. で　　　b. に

6. 自転車の事故（　）けがをしました。
   a. に　　　b. で

7. 先生：田中さんは？

   鈴木：レポートの資料を探し（　　）、図書館に行くって言っていました。

   a. に　　　b. で

8. 危ないですから、ここ（　　）ボール遊びをしないでください。

   a. に　　　b. で

9. もう12時になりましたね。お昼（　　）しましょう。

   a. に　　　b. で

10. 私の家族は国（　　）います。

    a. に　　　b. で

レベルアップ

① 場所を表す「を」と「に」

起点は「を」、着点は「に」で表す。

- 8時に東京駅を出発して、10時半に大阪駅に到着しました。
- この駅を出たら、10分ほどで目的地に着きます。

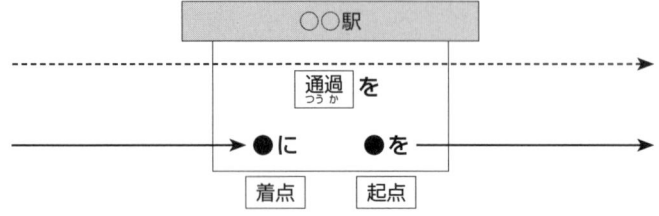

起点：point of departure, 起点, 기점

着点：point of arrival, 终点, 도착점

② 人、団体を表す「に」と「と」

動作が向かう相手は「に」、一緒に動作を行う相手は「と」で表す。「に」は一方向、「と」は双方向の意味を表す。

- 被害者は事件のことを警察に話した。
  （＝警察に事件について話した〈➡ 一方向〉）

- 新聞記者は事件のことを警察と話した。
  （＝新聞記者と警察が一緒に、事件について話した〈⬅➡ 双方向〉）

- ［○］彼は花子と結婚した。

  ［×］彼は花子に結婚した。

団体：group, 团体, 단체

一方向：unidirectional, 当方, 한쪽 방향

双方向：bidirectional, 双方, 쌍방향

16

・［○］ミーティングの場所が変更になったことをみんなに知らせた。
　［×］ミーティングの場所が変更になったことをみんなと知らせた。

③ 量、人数、範囲を表す「で」

時間以外にも、基準点に到達するまでのまとまった量、人数、範囲は「で」で表す。

・チケットはあと1枚で完売です。

・あと1人で定員になります。

量：amount, 量, 양
人数：number of people, 人数, 인원수
範囲：range, 範囲, 범위

④「まで」と「までに」の違い

「まで」＝ある期間、続いていた動作や状態が終わる時を表す。
「までに」＝ある動作をしなければならない期限や締め切りを表す。

・昨日は夜12時までパーティーをしました。

・今週の金曜日の5時までに宿題を提出してください。

違い：difference, 区別, 차이
期間：period of time, 期間, 기간
状態：situation, 状態, 상태
締め切り：deadline, 截止日, 마감

```
まで
                  パーティーをしている        終わる時
        ─────────────────────────────↓────────────▶（時間）
                                  夜12時

までに
        宿題を提出できる                          できない
                                    OK
        OK   OK   OK   OK   OK    期限           NG
        ↓    ↓    ↓    ↓    ↓     ↓              ↓
        ─────────────────────────────────────────────▶（時間）
                                今週の金曜日の5時
```

練習2

▶「まで」と「までに」のうち、ふさわしいほうを選んでください。

1. 明日9時（まで ／ までに）ここに来てください。

2. 昨日は夜11時（まで ／ までに）ずっと勉強しました。

3. この病院の診察は5時（まで ／ までに）ですが、4時半（まで ／ までに）受付をしなければなりません。

4. 午後6時（まで ／ までに）は必ずここに帰ってきてください。

5. 日本では二十歳になる（まで ／ までに）お酒を飲んではいけません。

6. 母が帰ってくる（まで ／ までに）宿題を終わらせなければならない。

7. この本はあさって（まで ／ までに）返してください。

8. 高校を卒業する（まで ／ までに）アルバイトをしてはいけない。

練習3

▶（ ）の中に「に」か「で」のどちらかを入れてください。

1. あそこ（　）大きなビルが見えるでしょう。私は毎日あそこのレストラン（　）昼ご飯を食べています。

2. 学校のつくえ（　）落書きをしてはいけません。

3. 日本人はよく電車の中（　）まんがを読む。

4. 今朝、新宿（　）火事があったそうだ。

5. 私は大学の寮（　）住んでいる。

6. 日本に来るまえはコンピュータ会社（　）働いていました。

7. 父は中国の自動車販売会社（　）勤めている。

8. 雨の日はすべりやすいので、自転車（　）は乗らないほうがいいですよ。

9. ハワイでは、有名なホテル（　）泊まりました。

10. 富士山は日本（　）一番高い山です。

練習4

▶（　）の中に「に」か「と」のどちらかを入れてください。

1. 知らない女の人（　　）話しかけるのはとても恥ずかしい。

2. 韓国にも、日本（　　）同じ昔話がある。

3. アメリカやヨーロッパ（　　）違って日本ではお箸でご飯を食べる。

4. オウさんは指導教員（　　）自分の冬休みの予定を伝えました。

5. あこがれの映画スター（　　）話すことができて、とても嬉しかった。

練習5

▶次の a.～d. の中で、最もふさわしいものを選んでください。

1. 朝8時に家（　　）出れば、十分間に合いますよ。
   a. に　　b. で　　c. を　　d. へ

2. 空港（　　）到着したとたん、雨が降り出した。
   a. に　　b. で　　c. を　　d. と

3. その調査については、インターネット（　　）調べてみました。
   a. に　　b. で　　c. を　　d. まで

4. 京都（　　）は有名なお寺がたくさんある。
   a. に　　b. で　　c. を　　d. へ

5. 将来は博士課程（　　）進みたいと思っています。
   a. に　　b. で　　c. を　　d. と

6. 3番ホーム（　　）電車が通過します。
   a. に　　b. で　　c. を　　d. から

7. 地震（　　）電車が止まりました。
   a. を　　b. と　　c. に　　d. で

8. 〈食堂で〉

 A：何（　　）しますか？

 B：私はざるそば（　　）します。

 a. を b. が c. は d. に

9. 2009年3月に大学（　　）卒業しました。

 a. に b. を c. が d. から

10. あと1か月（　　）日本での留学生活が終わります。

 a. に b. と c. を d. で

練習6

▶（　）の中に入るふさわしい助詞を書いてください。

1. 彼は、あと2、3日（　　）退院できると言っていました。

2. ここにいる人（　　）、明日のセレモニーの準備をしましょう。

3. スーパーマンは空（　　）飛ぶことができます。

4. 7時です。そろそろ夕飯（　　）しましょう。

5. この手紙を田中さん（　　）渡していただけませんか。

間違い探し

▶次の文には間違いがあります。間違っているところに＿＿＿＿を引いて、正しく直してください。

1. 私は2008年までに国の大学でコンピュータを勉強していました。

2. 来月にアメリカに行くつもりです。

3. 私はどこにも寝られます。

4. もっと大きい声に話してください。

5. あそこのいすで座って、本を読んでいる人が誰か分かりますか。

6. 宿題が終わるまでに、遊びに行ってはいけませんよ。

用例見つけた！ 下の文章に、この課で勉強した項目（助詞）が、使われています。どのように使われているか意味を考えながら、次の文章を読んでみましょう。

　日本列島、特に中心部は温帯に位置していることから、ほぼ等しく四季があります。日本人は季節を生活に取り入れています。春には桜を、秋には紅葉を見に出かけ、夏には海や山の、冬には雪のレジャーを楽しみます。
　また、春には竹の子、夏にはそうめん、秋には栗、冬には鍋といった具合に、さまざまな季節の料理も味わいます。夏にはゆかたを着るなど、季節の服装も楽しみます。日本の四季は日本人の生活に彩りを添える大切な役割を果たしています。

「日本の生活に彩りを添える四季」より
Hir@gana Times(2011.11) p.22

日本列島: the islands of Japan, 日本列島, 일본열도
中心部: central area, 中心部, 중심부
温帯: temperate zone, 温帯, 온대
位置する: to be located, 位于, 위치하다
ほぼ: approximately, 几乎, 거의
等しい: equal, 相等, 동등하다
取り入れる: incorporate, 采用·引入, 받아들이다
紅葉: foliage, 红叶, 단풍
楽しむ: to enjoy, 享受, 즐기다
竹の子: bamboo shoots, 笋, 죽순
具合に: such as, 做法, 方法, (～하는) 식으로, 상태로
味わう: to savor, 品尝·品味, 맛보다
服装: clothing, 服装, 복장
役割: role, 任务, 역할
果たす: have, 实现·完成, 다하다
彩りを添える: enriching, 增添色彩, 색채를 곁들이다

クロージング・トーク

　週末、松見公園に散歩に行きました。公園には小さい池があって、近くに犬がいました。しばふの上で子どもたちがボールで遊んでいました。空には白い雲があって、鳥が空を飛んでいました。池の近くのベンチに座って、本を読んだり、音楽を聞いたりしました。とても楽しい散歩でした。

3 複合助詞

スタート・トーク

次のグラフを見て、話してみましょう。（　）の中に適切な言葉を書いて、調査のアウトラインを完成させてください。

男らしさ・女らしさに関する意識

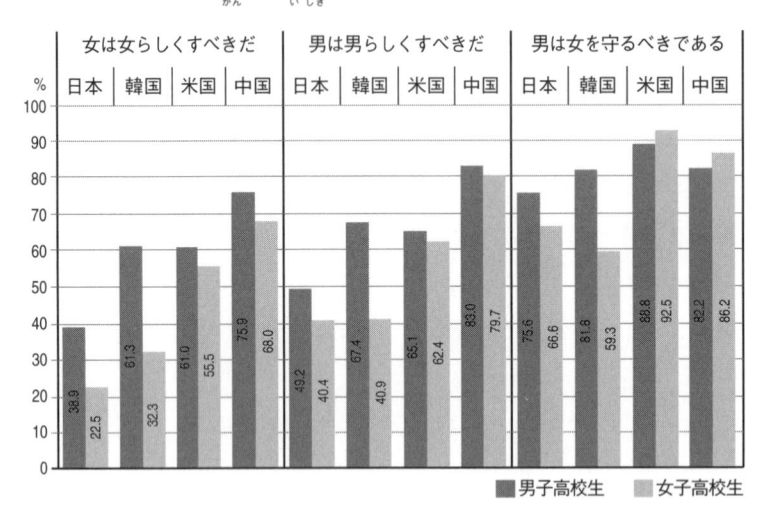

女は女らしくすべきだ				男は男らしくすべきだ				男は女を守るべきである			
日本	韓国	米国	中国	日本	韓国	米国	中国	日本	韓国	米国	中国
38.9	61.3	61.0	75.9	49.2	67.4	65.1	83.0	75.6	81.8	88.8	82.2
22.5	32.3	55.5	68.0	40.4	40.9	62.4	79.7	66.6	59.3	92.5	86.2

■ 男子高校生　■ 女子高校生

調査：survey, 调查, 조사
アウトライン：outline, 概要, 아웃라인
完成する：to complete, 完成, 완성하다
男らしさ：typical behavior of men, 男人味, 남자다움
女らしさ：typical behavior of women, 女人味, 여자다움
〜すべきだ：should do 〜, 应该、必须, 〜해야한다
守る：to protect/care for, 保护, 지키다
主体：main body/organization, 主体, 주체
対象：target group (focus), 对象, 대상
意識：awareness, 意识, 의식

2003年 日本青少年研究所「高校生の生活と意識に関する調査」
http://www2.ttcn.ne.jp/honkawa/2482.html (2010.3.25)

主体（誰が）	内容（何を）	対象（誰に）
日本青少年研究所	男らしさ・女らしさに関する意識	日本、韓国、アメリカ、中国の高校生

これは、（a.　　　　　　　　）に関する意識調査です。（b.　　　　　　　　　　）によって、（c.　　　　　　　　）に対して行われました。その結果、日本の高校生は、男女とも、他の国より男らしさ・女らしさに関する意識が低いことが分かりました。

この課の表現

複合助詞　「〜について／〜についての＋名詞」　「〜に関して／〜に関する＋名詞」
「〜に対して／〜に対する＋名詞」　「〜によって／〜による＋名詞」
「〜にとって／〜にとっての＋名詞」　「〜として／〜としての＋名詞」

✓ まずは確認

(1)「〜について」「〜についての＋名詞」

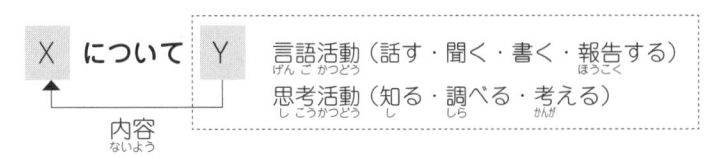

```
 X について Y   言語活動（話す・聞く・書く・報告する）
      ↑          思考活動（知る・調べる・考える）
     内容
```

① Yをする**内容**をX（対象）に表す。Yには言語活動、思考活動を表す言葉が来る。

・今日は日本の教育制度について考えてみましょう。
・問題の解決方法についてみんなで話し合った。

② Yに名詞が来て、その名詞を修飾する場合は「〜についての＋名詞」になる。

・これは女性の結婚観についての調査です。
・今年の夏まつりについてのご意見をお寄せください。

内容: contents, 内容, 내용

言語活動: actions associated with language, 言語活动, 언어활동

報告する: to report, 报告, 보고하다

思考活動: actions associated with thinking, 思考活动, 사고활동

表す: to express, 表示, 나타내다

修飾する ➔ ❓ p.248

(2)「〜に関して」「〜に関する＋名詞」

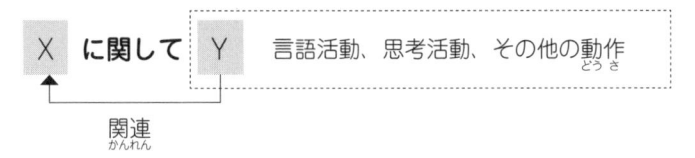

```
 X に関して Y   言語活動、思考活動、その他の動作
      ↑
     関連
```

① Yの内容がX（対象）と**関連**があることを表す。Yには言語活動、思考活動、それ以外の内容（展示する、準備する、などの動作）を表す言葉が来る。

・この件に関しては現在調査中です。結果が出るまでお待ちください。
・その問題に関して、データを準備しましたのでご覧ください。

② Yに名詞が来て、その名詞を修飾する場合は「〜に関する＋名詞」になる。

・個人情報保護に関する当社の考え方についてご説明します。
・いじめに関するアンケート調査が行われた。

関連: connection, 关联、联系, 관련

(3)「〜に対して」「〜に対する＋名詞」

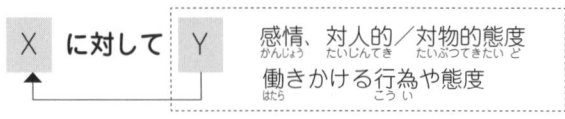

```
  X  に対して  Y   感情、対人的／対物的態度
  ↑_____|    働きかける行為や態度
    行為や感情を向ける相手・対象
```

感情	emotion, 感情, 감정
対人的	regarding people, 対人的, 대인적
対物的	regarding objects, 対物的, 대물적
態度	attitude, 態度, 태도
働きかける	to influence, 発出、发动, 상대방에게 어떤 동작을 하다
行為	deed, 行为, 행위
向ける	to face, 对着、朝着, 향하다

① Yの**行為や感情を向ける相手・対象**を表す。行為や気持ちが相手に直接関係するときに使う。

　・彼は誰に対しても親切でやさしい。
　・A氏の意見に対して、多くの人が反対意見を表明している。

② YにはX(相手)に働きかける行為や態度を表す言葉が来ることが多い。

　・政府は国民に対して新しい制度について説明した。
　・A国はB国の首相の発言に対して強く抗議した。
　・このアンケート調査は、全国の男女3000人に対して実施したものです。

③ Yに名詞が来て、その名詞を修飾する場合は「**〜に対する＋名詞**」になる。

　・子どもに対する親の愛は、何にも比べられないほど強いものである。
　・人々の政治に対する関心が低くなっている。

(4)「〜によって」「〜による＋名詞」

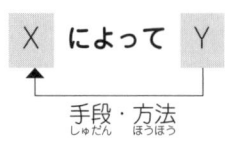

```
  X  によって  Y
  ↑_____|
      手段・方法
```

手段	means, 手段, 수단
方法	method/way of doing something, 方法, 방법

① Yをする**手段・方法**を表す。

　・その問題は話し合いによって解決できると思う。
　・A社は社員全員が仕事を分担することによって、効率を図っている。

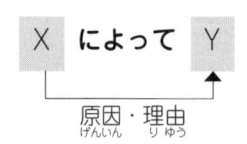

```
  X  によって  Y
  ↑_____|
      原因・理由
```

結果	result, 結果, 결과

② Xが**原因**でYの**結果**になったことを表すときに使う。Yに名詞が来て、その名詞を修飾する場合は「**〜による＋名詞**」になる。

　・汚水によって川が汚れてきた。
　・地震による死者は200人以上にのぼっている。

(5)「〜にとって」「〜にとっての＋名詞」

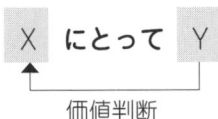

```
  X にとって Y
    ↑_____|
   価値判断
```

① X(ある人)の立場で考えるとどうか、という**価値判断**を表す。

・人間にとって必要な睡眠時間は何時間なのか、調査を行った。

・この絵は普通の絵かもしれないが、私にとっては大切な思い出の物だ。

② Yに名詞が来て、Xがその名詞を修飾する場合は「〜にとっての＋名詞」になる。

・私にとっての宝物は友だちからもらった手紙だ。

・子どもにとっての一番の喜びは両親に愛されることだ。

価値判断: judgment of value, 价值判断, 가치판단

(6)「〜として」「〜としての＋名詞」

```
  X として Y
    ↑_____|
  立場・資格・名目
```

① YをするときのXの**立場・資格・名目**を表す。

・今は研究生としてT大学で勉強している。

・母から生活費として、毎月、5万円をもらっている。

立場: position, 立场, 입장

資格: qualifications, 资格, 자격

名目: title, 名目・名义, 명목

② YにはXの立場、資格で何を|するか／したか|、どうであるかの**評価**を表す言葉が来ることが多い。

・彼はX会社を作った人として有名だ。

・今回の事件については社会の一員として責任を感じています。

評価: evaluation, 评价, 평가

③ Yに名詞が来て、その名詞を修飾する場合は「〜としての＋名詞」になる。

・4月から社会人になるんだから、学生とは違う社会人としての自覚と心構えを持たないといけないよ。

・外国人としての立場から日本の文化について研究しています。

練習1

▶ 次のa.とb.のうち、ふさわしいほうを選んでください。

1. 彼はどんな仕事に(　　)も、情熱を持って取り組んでいる。

　　a. 対して　　　　b. 対する

2. A社の顧客に(　　)対応は丁寧で、好感が持てる。
   a. 対して　　　　b. 対する

3. 自分の将来に(　　)具体的に考えたことがありますか。
   a. ついて　　　　b. ついての

4. 女性と仕事に(　　)調査の結果、パートで働く主婦が増えていることが分かった。
   a. 関する　　　　b. ついて

5. スピードの出しすぎに(　　)交通事故が起こった。
   a. 関して　　　　b. よって

6. 大雪に(　　)影響は、関東全域に広がっている。
   a. よって　　　　b. よる

7. 気象庁は住民に(　　)大雨に十分に注意するよう呼びかけた。
   a. とって　　　　b. 対して

8. 外国人(　　)日本は住みやすいですか、住みにくいですか。
   a. にとって　　　b. に対して

9. オウさんは、10年前に留学生(　　)来日していたが、今回は新聞記者(　　)取材のために日本へ来た。
   a. にとって　　　b. として

10. 私(　　)2月25日は忘れられない大切な日です。
    a. にとって　　　b. として

レベルアップ

①「〜によって」の使い方

身近な道具や手段には「〜によって」ではなく、「〜で」を使う。

- [×] この書類をFAXによって送ってください。

  [○] この書類をFAXで送ってください。

身近な: familiar, 身边的, 일상 신변에 가까운

手段: means, 手段, 수단

X（例文の「年齢」、「国」）は、対象（例文の「集まった人々」、「米の食べ方」）を**分類**したり**区別**したりする（Y）ときの**基準**を表す。

・集まった人々を年齢によって３つのグループに分けた。
　　　　　　　　　　X　　　　　　Y

・米の食べ方は国によって違っている。

受身文で、**動作を行う人（動作主）**が明確な場合は、「～によって」で作者などの動作主を表す。

・この研究は、アメリカ、中国、日本などの研究者によって進められてきた。

・この絵はピカソによって描かれた物だ。

「～によって」が受身文の動作主を表す場合、生物以外の物が主語になる受身文が多い。

・この建物は有名な建築家によって建てられた。

・学校に行ったら、窓ガラスが何者かによって割られていた。

② 「～にとって」と「～に対して」

「～にとって」＝評価や判断をする基準を表現するときに使う。

「～に対して」＝動作や感情が人や物に向けられるときに使う。

※　　の立場のほうが重視される。

A(人・物) は B(人) にとって ～である：
→ A(主語)は、Bの立場で考えると、どんな評価ができるかを表す。

・この本は、私 にとって とても大事な本である。
　A [主語]　B 立場　　　　評価

A(人) は B(人・物) に対して ～である：
→ AがBに向かって動作を行い、A(主語)の動作を表す。

・彼 は クラスのみんな に対して いつもやさしく接している。
A 動作主(主語)　B 相手　　　　　　　Aの動作

③ 「～に関して」と「～に対して」

「～に関して」＝関係する内容を表すときに使う。

「～に対して」＝対策を立てる対象や事柄や、相手を表すときに使う。

・大雨の被害 に関して（について）、調査を行った。
　　　　　　調査の内容

・大雨の被害 に対して、補償を行った。
　　　　　　補償の対象

・大雨の被害を受けた人 に対して、調査を行った。
　　　　　　　　　　　調査の対象

年齢: age, 年龄, 연령
分類する: to classify, 分类, 분류하다
区別する: to make a distinction, 区别, 구별하다
基準: standard, 标准, 기준
受身文 ➡第21課
動作主: performer of the action, 做动作的人, 동작주
作者: author/creator, 作者, 작자
生物: living things, 生物, 생물
主語 ➡p.248

判断: judgment, 判断, 판단
表現する: to express, 表现, 표현하다

対策: policy, 対策, 대상
事柄: matters/affairs, 事情, 사항, 内容

3 複合助詞

練習2

▶ 次のa.〜d.の中で、最もふさわしいものを選んでください。

1. 今度の発表では私の国の歴史（　）お話ししようと思います。
    a. にとって　　b. について　　c. に対して　　d. として

2. 田中先生の研究室に行ったら、自然環境（　）本がぎっしり並べられていた。
    a. によって　　b. による　　c. に関して　　d. に関する

3. 日本へ留学したこと（　）考え方が変わった。
    a. として　　b. にとって　　c. による　　d. によって

4. 子ども（　）重要なことは、周りの人に愛されていると実感することだ。
    a. にとって　　b. として　　c. に対する　　d. に対して

5. 今回のオリンピックでは、日本の代表（　）一生懸命がんばります。
    a. による　　b. にとって　　c. として　　d. について

6. 社員は経営者（　）給料のベースアップを要求した。
    a. によって　　b. に対して　　c. に対する　　d. に関する

7. A：あなた（　）、仕事とは何ですか。
   B：私（　）仕事は、生きがいです。
    a. によって　　b. にとって　　c. に対して　　d. に関して

8. 私の国では目上の人（　）、丁寧な話し方をしなければなりません。
    a. にとって　　b. によって　　c. に関して　　d. に対して

9. その国の地理に（　）は、木村さんが詳しいです。
    a. 関して　　b. 対して　　c. よって　　d. とって

10. 10代の子どもは親（　）反発することが多い。
    a. に対する　　b. に対して　　c. による　　d. によって

✏️ 文作り

▶ この課の項目（複合助詞）を含んだ文を完成させてください。

1. a._____について知りたかったら、b._____さんに聞いてください。あの人はとても詳しいですよ。

2. a._____についての b._____は、ホームページにお寄せください。

3. デパートの店員は、a._____に対して b._____なければならない。

4. 日本語の難しさは_____によって違う。

5. 国によって_____。

6. 彼は a._____として、b._____として、家庭を大切にしている。

7. 最近の若者にとって、a._____は b._____。

8. a._____に対する b._____は c._____。

9. a._____に関する問題は b._____。

10. a._____による b._____は c._____。

■ 間違い探し

▶ 次の文には間違いがあります。間違っているところに＿＿＿を引いて、正しく直してください。

1. これは日本人の健康状態について調査です。

2. これはNHKにとって平成24年度に行われた調査です。

3. この論文は私の研究に対してとても重要である。

4. 彼は私にとっていつも親切に接してくれる。

5. 田中さんは歴史が専門だから、その国の歴史に対してよく知っている。

6. 留学生として日本の生活で一番大変なのは食べ物である。

用例見つけた！

下の文章に、この課で勉強した項目（複合助詞）が、使われています。どのように使われているか意味を考えながら、次の文章を読んでみましょう。

株式会社クロス・マーケティングが、今年の5月に5カ国の大都市の住人に対して行った調査によると、日本人回答者の46％が、すべての収入を配偶者に渡していると答えています。中国、アメリカでは約20％、イギリスやイタリアでは10％以下です。

月々の小遣い制は、夫があまりお金を持っていないので浮気を防げると信じる妻がいる一方で、夫が家計について無関心になり、お金が厳しくなるとクレジット・カードを使うようになると言う妻もいます。

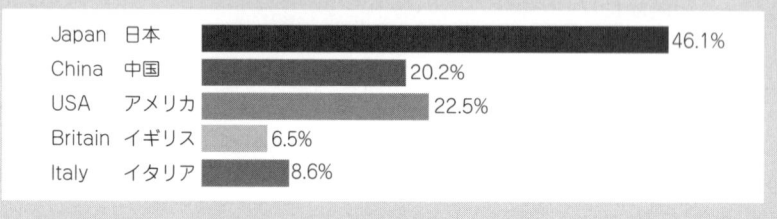

Japan 日本		46.1%
China 中国		20.2%
USA アメリカ		22.5%
Britain イギリス		6.5%
Italy イタリア		8.6%

「サラリーマンの小遣いは月4万円」より
Hir@gana Times(2010.8) p.21

株式会社: corporation (public company), 股份有限公司, 주식회사
大都市の住人: urbanites, 都市人, 대도시의 주민
回答者: respondent, 回答者, 회답자
収入: income, 收入, 수입
配偶者: spouse, 配偶, 배우자
渡す: to hand over, 交給, 건네주다
以下: less than, 一下, 이하
小遣い: allowance/pocket money, 零花錢, 용돈
〜制: 〜system, 制度, 〜제
浮気: infidelity, 出軌, 바람피우다
防ぐ: to prevent, 防止, 방지하다
家計: family finances, 家計, 생계, 가계
無関心: uninterested, 不感興趣, 무관심

クロージング・トーク

日本青少年研究所によって高校生の男らしさ、女らしさに関する意識調査が行われた。この調査は、日本、韓国、アメリカ、中国の高校生に対して行ったものである。調査の結果、日本の高校生は、3つの調査に関する意識が、他の国に比べて低いことが分かった。

column コラム 1

いろいろな日本語①
《丁寧体と普通体》《話し言葉と書き言葉》

日本語にはいろいろなスタイルの言葉があります。言葉を使う場面、相手、目的などによって使い分けています。

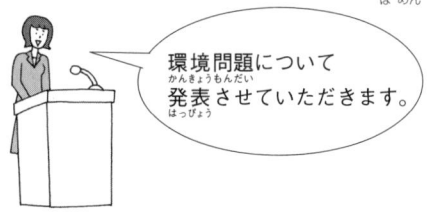

> 環境問題について発表させていただきます。

会議、スピーチをするとき、または目上の人と話すときは「丁寧体」を使います。丁寧体は「です・ます体」とも言います。初めて会った人や親しくない人と話すときも丁寧体を使います。また、手紙を書くときは丁寧体を使います。

先輩　後輩　先輩

①その本、すっごくおもしろいよね。

②私も読んでみたいなあ。今度貸してもらってもいい？

③はい、いいですよ。

友だちや家族など親しい人と日常の会話をするときは「普通体」を使います。普通体は「である体」とも言います。一般的に論文やレポート、新聞などの報道文は普通体を使います。

話し言葉
- 丁寧体：目上の人との会話などで使う。スピーチなどのフォーマルな場面でも使えるので、縮約形は使わない。文末は「です・ます」で終わる。
〈例〉本日は私の専門についてご紹介させていただきます。
- 普通体：友達との会話などで使う。助詞を省略したり、縮約形を使ったり、文末に「よ、ね」などを使う。〈例〉これ、安いね。買っとこうか。

書き言葉
- 丁寧体：手紙などで使う。縮約形や文末の「よ、ね」などはあまり使わない。
〈例〉先日はご自宅にお招きいただきまして、ありがとうございました。
- 普通体：論文やレポート、新聞などの記事で使う。
〈例〉本研究では日本と米国の経済について述べる。

4 の・こと・もの

スタート・トーク

次のような場面で、2人の会話はどうなるでしょうか。＿＿＿に適切な表現を書いて、会話を完成させてください。

① お休みの日は何をなさってるんですか？

② 友だちと a.＿＿＿＿＿のが好きですね。他には、毎晩 b.＿＿＿＿＿ことにしています。

記者
黒木（俳優）

この課の表現

「の」「こと」「もの」
「〜ことができる」「〜ことにする」「〜ことになる」「〜ことがある」

まずは確認

(1) 名詞化とは

動詞とイ・ナ形容詞を主語として使ったり、述語の対象（目的語）として使ったりする場合、そのままの形では使えない。その場合は、動詞とイ・ナ形容詞を名詞の形にしなければならない。

・私は ┌ 昨日の事故　　　　　　を知りませんでした。（○）
　　　 ├ 昨日事故があった　　　を知りませんでした。（×）
　　　 └ 昨日事故があった の／こと を知りませんでした。（○）

「私は昨日事故があった（の／こと）を知りませんでした」のように「の」も「こと」も使える場合がある。その場合、「の」は話し言葉でよく使われ、「こと」は話し言葉の中でもフォーマルな場面や書き言葉で使われやすい。しかし、「の」か「こと」かどちらかしか使えない場合がある。

名詞化: nominalization, 名詞化, 명사화
主語 → ❓ p.248
述語 → ❓ p.249
対象: object, 対象, 대상
目的語 → ❓ p.253

話し言葉 → ❓ p.251
書き言葉 → ❓ p.245
フォーマルな場面 → ❓ p.252

(2)「の」だけを使う場合

① の ＝ 前に出た名詞の代わり

- この靴、ちょっと高いな。もっと安いの(＝靴)はありませんか。
- 客：素敵なかばんがたくさんありますね。一番上の棚にあるのを見せてください。

② 〜のが＋ 形容詞（早い／速い／遅い／上手／下手／得意／苦手／好き／嫌い など）

- 私は人の顔と名前を覚えるのが得意です。

③ 〜のが／〜のを ＋ 感覚動詞（聞こえる／見える／聞く／見る／感じる など）

感覚動詞 ➡ ❓ p.245

- となりの席の人が話しているのが聞こえた。
- 田中さんが図書館から出てくるのを見ました。

④ 〜のを＋ その場でする動作動詞（手伝う／じゃまする／待つ／やめる など）

動作動詞 ➡ ❓ p.250

- 母が料理を作るのを手伝った。
- ここで先生が来るのを待ちましょう。

⑤ 〜のは〜だ（「〜だ」を強調する）

強調する：to emphasize, 强调, 강조하다

- この計画が成功したのはみんなのおかげだ。

〈レストランで〉
- A：お待たせしました。コーヒーです。
  B：あの、私が注文したのはオレンジジュースなんですけど…。

(3)「こと」だけを使う場合

① 〜は〜ことだ

主語の内容について、後ろに続く文で説明する場合、その後ろの文を「〜こと」で名詞化する。

内容：contents, 内容, 내용

- 私の将来の夢は、自分の会社を作ることだ。

② 〜ことを ＋ 伝達動詞（言う／話す／聞く／伝える／知らせる／約束する など）
〜ことを ＋ 思考動詞（思う／考える／想像する など）

伝達動詞 ➡ ❓ p.250
思考動詞 ➡ ❓ p.247

- 国へ帰ることを先生に話しました。
- 大学を卒業したあと、留学することを考えています。

③ 動詞（辞書形）＋ ことができる 〈可能〉

・私は車を運転することができます。

可能: potential, 可能, 가능

④ 動詞（辞書形／ナイ形）＋ ことにする 〈決定〉

自分の意志で何かを決定したことを表すときに使う。

・文法の授業を受けることにした。
・時間がないので今日はもう行かないことにした。

決定: determination, 決定, 결정

意志: consciousness, 意志, 의지

する・なる ➡ 第8課

⑤ 動詞（辞書形／ナイ形）＋ ことになる 〈変化の結果〉

自分の意志とは関係なく起きること、あるいは、自分の意志で決めたことでも結果的にその状態・事態になったと表現するときに使う。

・来月、結婚することになりました。
・ひどい暑さのため、今月のスポーツ大会は行わないことになった。

あるいは: or, 或者, 또는

結果的に: ultimately, 从結果上看, 결과적으로

状態: situation, 状态, 상태

事態: circumstances, 事态, 사태

⑥ 動詞（辞書形／ナイ形）＋ ことがある 〈ときどき起こること〉

・3月でも雪が降ることがある。
・キムさんはときどき授業に来ないことがある。

起こる: to occur, 发生, 발생하다

動詞（タ形）＋ ことがある 〈経験の有無〉

・そのお店、行ったことがあります。

「ことがある」はカジュアルな話し言葉で使うとき、「が」が省略できる。

・A：Bさん東京に住んでいるんだよね。芸能人に会ったことある？
　B：うん、あるよ。

経験: experience, 经验, 경험

有無: having and not having, 有无, 유무

カジュアルな: casual, 轻松、休闲, 캐주얼한

省略する: to abbreviate, 省略, 생략하다

(4)「物／もの」

① 具体的な「物」、存在する「物」を表す。

・この時計は、誕生日に父がくれた物だ。

② それぞれの具体的な物を、ひとつのグループとしてまとめて「もの」で表す。

・お腹すいたな。何か食べるもの（お弁当、パンなど）を買ってこよう。
・旅行に持っていくもの（カメラやガイドブックなど）をまとめておきます。

具体的な: concrete (example), 具体的, 구체적인

存在する: to exist, 存在, 존재하다

それぞれ: each, 各自, 각각

グループ: group, 组、集团, 그룹

まとめる: to consolidate, 集中、汇总、合并, 정리하다

③「~ものだ」の形で、感慨、謝罪・理由、常識などを表す。

・卒業してからもう10年か。時間が経つのは早いものだ。〈感慨〉

・遅刻してすみません。子どもが急に熱を出してしまったものですから。
〈謝罪・理由〉

・招待された家を訪問するときは、手土産を持っていくものだ。〈常識〉

感慨: strong emotions, 感慨, 감개
謝罪: apology, 謝罪, 사죄
常識: common sense, 常识, 상식

練習1

▶ 次のa.とb.のうち、ふさわしいほうを選んでください。

1. ここは出口です。ここから(　　)ことはできません。
   a. 入る　　b. 入れる

2. A：ねえ、この歌、知ってる？
   B：うーん、どこかで(　　)ことはあるけど、思い出せない。
   a. 聞く　　b. 聞いた

3. いろいろ考えて、来年、大学院の入学試験を受ける(　　)にした。
   a. の　　b. こと

4. 私はどんな難しいパズルでも解く(　　)ができる。
   a. の　　b. こと

5. チンさんがとなりの部屋で、携帯電話で話している(　　)が聞こえます。
   a. の　　b. こと

6. 事件について、あなたが知っている(　　)を全部話してください。
   a. こと　　b. もの

7. 今年の目標は、漢字を200字覚える(　　)だ。
   a. こと　　b. もの

8. これはみんなで使う(　　)ですから、大切にしてください。
   a. こと　　b. もの

9. こんなにおいしい料理は今まで食べた(　　)がない。
   a. の　　b. こと

10. ジョンさんは、食べる(　　)が速いね。
    a. の　　b. こと

レベルアップ

① 「こと」と「もの」の違い

「こと」＝目に見えない内容
「もの」＝目に見える具体的な物、あるいは、具体的な物を含むグループ

- 大切なことが言えなかった。
- 大切な物（財布、携帯電話など）を落としてしまった。

違い: difference, 差别, 차이
含む: to include, 包含, 포함하다

② 「の」と「もの」の違い

「の」＝文脈で「の」が何を指しているか分かるときに使う。その場合、「もの」は使えない。

- このかばんはいいなあ。すみません、このかばんと同じデザインで、黒いの [もの(×)] ありますか？

「もの」＝目に見える具体的な物、あるいは、具体的な物を含むグループを指すときに使う。その場合、「の」は使えない。

- まんがやアニメなどは日本文化を代表するもの [の(×)] だ。
- 来月ひっこしをするので、要らないもの [の(×)] をまとめて捨てます。

文脈: context, 文脉, 문맥
指す: to indicate, 指, 가리키다

③ 「こと」を使ったその他の表現

動詞（辞書形）＋ことはない
意味 〜する必要はない

- 月曜日は、お店は空いているから、わざわざ予約することはない。
- 書類はFAXで送ってもいいので、わざわざ大学まで来ることはありませんよ。

否定表現 ➡ 第16課

動詞（辞書形／ナイ形）＋ことだ
意味 〜することが一番だ

- 試合に勝ちたいなら、とにかく一生懸命練習することだ。
- 健康のためには、とにかくたばこを吸わないことです。

ナイ形 ➡ 凡例

動詞、イ形容詞、ナ形容詞（普通形）＋ことから
　　　　　　　　　　　　（だ→な）

意味 〜だと考える理由、〜になった理由

- この場所から、貝殻がたくさん見つかったことから、このあたりは、昔、海の近くだったと考えられている。
- 彼はとても責任感が強いことから、チームの代表として選ばれた。

練習2

▶ 次のa.～d.の中で、もっともふさわしいものを選んでください。

1. A：日本の生活にはもう慣れましたか？
   B：ええ、でも、ときどき国に帰りたいと（　　　）ことがあります。
   a. 思う　　b. 思うの　　c. 思った　　d. 思ったの

2. まんがは好きでよく読みますが、このまんがは（　　　）ことがありません。
   a. 読む　　b. 読んで　　c. 読んだ　　d. 読み

3. 日本では、いろいろな国の料理を（　　　）ことができます。
   a. 食べた　　b. 食べられる　　c. 食べる　　d. 食べるの

4. コンピュータを使っていると、ときどき、急に止まる（　　　）があるから、データはこまめに保存したほうがいいよ。
   a. の　　b. もの　　c. こと　　d. ところ

5. A：最近元気がないけど、どうしたの？
   B：実は、ちょっと悩んでいる（　　　）があって。
   a. の　　b. もの　　c. こと　　d. ところ

6. A：え！パソコン買ったの？　いいな、私も新しい（　　　）が欲しいな。
   a. ところ　　b. の　　c. こと　　d. もの

7. 最も重要な（　　）、自分の頭で考えることだ。
   a. のは　　b. ものは　　c. ことを　　d. ものを

8. 授業の教室が変更になった（　　　）知りませんでした。
   a. ものを　　b. ことを　　c. ことが　　d. のが

9. あ、ペン忘れちゃった。田中さん、何か書く（　　　）持ってる？
   a. ところ　　b. の　　c. こと　　d. もの

10. 来月、研究会で発表する（　　　）になりました。
    a. もの　　b. こと　　c. の　　d. ところ

文作り

▶ この課の項目(の・こと・もの)を含んだ文を作ってください。

1. 私の夢は、＿＿＿＿＿＿＿＿＿＿＿＿＿＿＿＿＿＿＿＿＿＿です。

2. 私が、どんなにつらくても＿＿＿＿＿＿＿＿＿＿は、夢を叶えるためです。

3. 今年の目標は、＿＿＿＿＿＿＿＿＿＿＿＿＿＿＿＿＿＿＿＿です。

4. 私は、＿＿＿＿＿＿＿＿＿＿＿＿＿＿＿＿＿＿＿のがあまり好きじゃない。

5. ＿＿＿＿＿＿＿＿＿＿＿＿＿＿＿物は、みなさん自分で片付けてください。

6. a.＿＿＿＿＿＿さんは、いつも b.＿＿＿＿＿＿＿＿けど、ときどき c.＿＿＿＿＿＿＿＿＿＿＿＿＿＿＿＿＿ことがある。

7. 明日から健康のために、＿＿＿＿＿＿＿＿＿＿＿＿＿＿＿＿ことにします。

8. みんなで相談した結果、＿＿＿＿＿＿＿＿＿＿＿＿＿＿＿ことになった。

9. 私は来年、＿＿＿＿＿＿＿＿＿＿＿＿＿＿＿＿＿＿＿＿を考えている。

10. さっきね、a.＿＿＿＿＿＿＿＿＿が b.＿＿＿＿＿＿＿＿＿＿＿＿を見たよ。

間違い探し

▶ 次の文には間違いがあります。間違っているところに＿＿＿＿を引いて、正しく直してください。

1. A：何してるんですか。
   B：田中さんが来ることを待ってるんです。

2. 私はフランス語を話すのができます。

3. すみません。ちょっとお聞きしたいものがあるんですが、今よろしいですか。

4. あ、リサさん。実はリサさんに渡したいことがあるんです。

5. コンピュータを使えば、遠くの国の人と会話するのができます。

用例見つけた！

下の文章に、この課で勉強した項目（の・こと・もの）が、使われています。どのように使われているか意味を考えながら、次の文章を読んでみましょう。

　日本のテレビは、24時間放送しています。その特徴は料理・グルメ、ショッピング、温泉・旅、お笑い番組がたくさんあることです。もちろん、ニュース番組もありますが、国内の出来事、それに加えて日本と深くかかわるアメリカ、中国、朝鮮半島に関する報道がほとんどです。
　日本では最近、「ガラパゴス」という言葉がよく使われます。数々の優れた機能をもつが世界市場では適応できない携帯電話など、日本独自なものを指します。日本のテレビ番組も「ガラパゴス」と考えてよいかもしれません。

「日本は「クールなガラパゴス」」より
Hir@gana Times(2011.2) p.23

特徴: a characteristic, 特征, 특징
グルメ: gourmet, 美食, 고급요리
お笑い番組: a comedy show, 搞笑节目, 코미디 프로그램
出来事: affairs, 事件, 생긴 일
それに加えて: in addition to this, 再加上, 그것에 더해서
ガラパゴス: the Galapagos Islands, 加拉帕戈斯, 갈라파고스
優れた: excellent, 卓越, 뛰어난
適応する: to adapt, 适应, 적응하다
独自な: characteristic, 独特的, 독자적인

クロージング・トーク

　私の趣味はゴルフをすることです。友だちと一緒にゴルフをするのが好きです。天気のいい日はできるだけ体を動かすことにしています。あとは、毎晩寝るまえに、本を読むことにしています。疲れているときは、読まないで寝ることもあります。

5 原因・理由

スタート・トーク

次のような場面で、2人の会話はどうなるでしょうか。＿＿＿に適切な表現を書いて、会話を完成させてください。

① 昨日の夜、何度もメールを a.＿＿＿＿＿＿、どうして返信してくれなかったの？

② ごめん、昨日は b.＿＿＿＿＿＿、寝ちゃったんだ。本当にごめん。

この課の表現
原因・理由 「XてY」「XからY」「XのでY」「XのにY」

まずは確認

(1) X て Y

動詞	て（テ形）
イ形容詞（い→く）	て
ナ形容詞／名詞（な→）	で
X 原因	**Y** 結果

Yには：不可能、感情、体の状態、物事の状態などの表現が多い

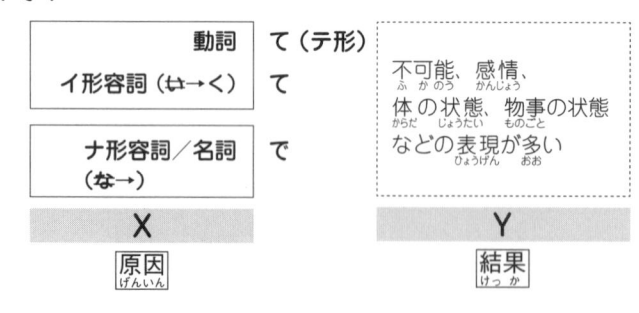

Xが原因で、Yの結果や状態になったことを表す。Yには意志を表す表現は使えない。Yには、不可能、感情、体の状態などの表現が来ることが多い。

・昨夜は暑くて、あまり眠れませんでした。〈不可能〉
　　X 原因　　　Y 結果

・ずっと前から好きだった人からチョコレートをもらって、とても嬉しかったです。〈感情〉

テ形 ➡ 凡例

不可能：not possible, 不可能, 불가능

感情：emotion, 感情, 감정

体の状態：health condition, 身体状态, 몸의 상태

物事：things, 事物, 사물

表現：expression, 表现, 표현

原因：cause, 原因, 원인

結果：result, 结果, 결과

意志：will, 意志, 의지

テ形と否定形 ➡ 第9課

- 風邪をひいて、あまり食欲がありません。〈体の状態〉
- 強風で、電車が遅れています。〈物事の状態〉

(2) X から Y

【因果関係】

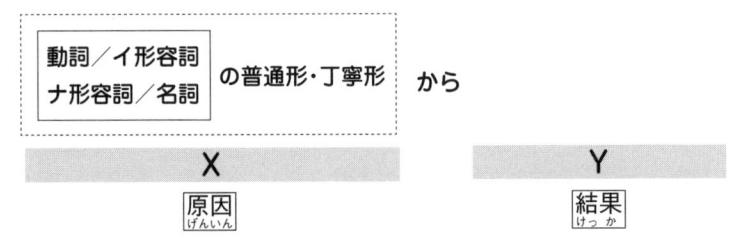

```
┌─────────────┐
│ 動詞／イ形容詞  │ の普通形・丁寧形  から
│ ナ形容詞／名詞 │
└─────────────┘
      X                    Y
     原因                  結果
```

① X は出来事や状態の原因・理由を表し、Y は結果を表す。X は Y の結果について、明確な原因・理由を述べる。

- 昨日は頭が痛かったから、早く寝ました。
  [X 原因]   [Y 結果]
- 今日はバーゲンセールですから、デパートが込んでいます。
- 彼女ができたから、毎日が楽しい。

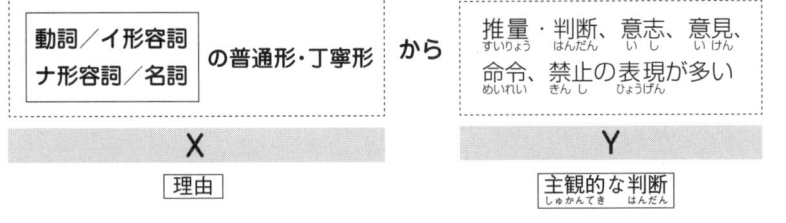

```
┌─────────────┐
│ 動詞／イ形容詞  │ の普通形・丁寧形  から   推量・判断、意志、意見、
│ ナ形容詞／名詞 │                          命令、禁止の表現が多い
└─────────────┘
      X                    Y
     理由                主観的な判断
```

② X は理由を表し、Y で出来事や状態についての話し手の主観的な判断を述べる。Y には、推量・判断、意志、意見、命令、禁止などの表現が来ることが多い。

- 彼から電話がありましたから、すぐ来ると思います。
  [X 理由]   [Y 主観的な判断]
- オウさんは家族に会いたいと言ってたから、国へ帰ったかもしれない。〈推量〉
- 鈴木さんはいつも指輪をしているから、結婚しているにちがいない。〈判断〉
- 日本語が好きだから、これからも日本語の勉強を続けるつもりです。〈意志〉
- みんなが一緒にやっているプロジェクトなんだから、あなたも手伝うべきだよ。
  〈意見〉
- 危ないですから、工事現場には近づかないでください。〈命令、禁止〉

因果関係: causal relationship, 因果关系, 인과관계

出来事: affairs, 事件, 생긴 일
明確な: clear, 明确地, 명확한
述べる: to mention, 陈述, 기술하다 / 서술하다

推量: guess, 推量, 추량
判断: judgment/decision, 判断, 판단
意見: opinion, 意见, 의견
命令: order, command, 命令, 명령
禁止: prohibit, 禁止, 금지
主観的 →？ p.248

5 原因・理由

(3) X ので Y

【理由帰結】

| 動詞／イ形容詞／ナ形容詞／名詞 の普通形・丁寧形（だ→な） | ので |

X （理由）　　　　　Y （結果／結論）

① X は出来事や状態を引き起こす原因・理由を表し、Y は結果や結論を表す。

- 全然練習ができなかった<u>ので</u>、サッカーの試合で負けてしまいました。
  X［理由］　　　　　　　　Y［結果／結論］

- AとBは間違いやすい<u>ので</u>、気をつけてください。

- 彼はまだ未成年者な<u>ので</u>お酒が飲めません。

- この件については先生にも連絡しました<u>ので</u>、ご存じだと思います。

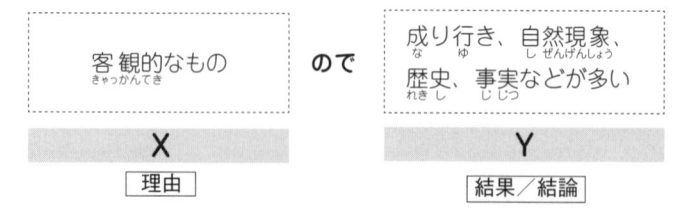

| 客観的なもの | ので | 成り行き、自然現象、歴史、事実などが多い |

X（理由）　　　　　Y（結果／結論）

② Xで表す理由には客観的なものが多く、Y は成り行き、自然現象、歴史、事実などについて述べることが多い。

- 希望者が誰もいなかった<u>ので</u>、くじ引きで代表を決めることになった。〈成り行き〉

- 気温が上がって暖かくなった<u>ので</u>、桜が咲き始めました。〈自然現象〉

- 江戸時代は鎖国政治をしていた<u>ので</u>、外国と自由に交流することができなかった。〈歴史〉

- 事故で道路が渋滞していた<u>ので</u>、空港まで3時間もかかってしまった。〈事実〉

(4) X のに Y

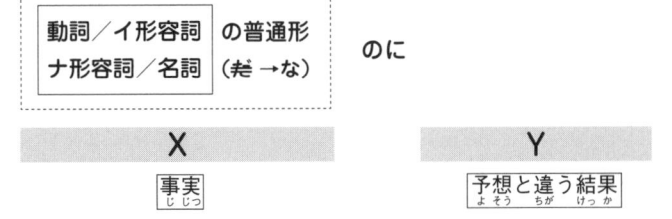

| 動詞／イ形容詞 | の普通形 | のに |
| ナ形容詞／名詞 | (だ→な) | |

X 事実
Y 予想と違う結果

① X の事実から予想したことと Y が違う結果になったことを表す。

・雨が降っている<u>のに</u>、かさをささないで歩いている人がいます。
　　X 事実　　　　　Y 予想と違う結果

・兄はとてもかっこよくていい人<u>なのに</u>、彼女がいない。

・徹夜で試験の勉強をした<u>のに</u>、いい点がとれなかった。

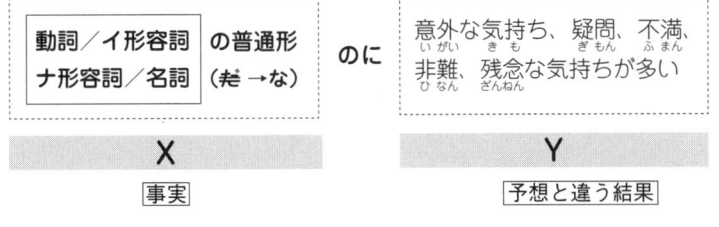

| 動詞／イ形容詞 | の普通形 | のに |
| ナ形容詞／名詞 | (だ→な) | |

X 事実
Y 意外な気持ち、疑問、不満、非難、残念な気持ちが多い

予想する: to predict/anticipate, 预想, 예상하다

意外な: unexpected, 意外的, 뜻밖의

疑問: doubt, 疑问, 의문

不満: dissatisfaction, 不满, 불만

非難: criticism, 责难, 비난

話し手: person speaking, 说话者, 화자

② Y は話し手の意外な気持ち、疑問、不満、非難、残念な気持ちを表すことが多い。

・まだ8月<u>なのに</u>、デパートではもう冬の洋服を販売していた。〈意外な気持ち〉

・あんなにたくさん勉強した<u>のに</u>、テストのときはなぜ思い出せないのだろう。〈疑問〉

・3時間もかけてケーキを焼いた<u>のに</u>、誰も食べてくれなかった。〈不満〉

・みんなが並んで順番を待っている<u>のに</u>、彼は途中から割り込んできた。〈非難〉

練習1

▶ 次の a. と b. のうち、ふさわしいほうを選んでください。

1. 10時の約束(　)、彼はまだ来ていません。
　　a. のに　　b. なのに

2. 田中さんには昨日連絡した(　)、出席すると思います。
　　a. ので　　b. のに

3. 彼女はとても(　)から、きっと彼氏がいるでしょう。
　　a. きれいだ　　b. きれい

5 原因・理由

4. このスーパーは野菜が新鮮で安い(　　)、私はよく利用しています。
   a. から　　　　b. だから

5. デパートの洋服は高くて、私には(　　)。
   a. 買いません　　b. 買えません

6. (　　)ので、よくインターネットで買い物をします。
   a. 便利　　　　b. 便利な

7. 宿題を(　　)、今日も先生にしかられました。
   a. 忘れた　　　b. 忘れて

8. 目覚まし時計が鳴らなかった(　　)、遅刻してしまいました。
   a. のに　　　　b. ので

9. A：クッキーを(　　)、どうぞ召し上がってください。
   B：ありがとうございます。いただきます。
   a. 作って　　　b. 作ったので

10. 弟は、まだ3歳(　　)、ひらがなが読めません。
    a. だから　　　b. ので

レベルアップ

①「から」と「ので」の使い分け

「から」は文末に「〜からです」の形で使える。「ので」は文末に「〜のでです」の形では使えない。「〜のは〜からです」は理由を強調する場合の決まった表現なので、「から」しか使えない。

- [×] 私が日本語を勉強しているのは、日本の会社で働きたいのでです。
  → [○] 私が日本語を勉強しているのは、日本の会社で働きたいからです。

カジュアルな表現では「から」のほうが自然で、フォーマルな表現では「ので」のほうが自然である。

- A：あのバッグ、買ったの？
  B：ううん、お金が足りなかったから、止めちゃった。

- A：あのバッグ、買いましたか。
  B：いいえ、お金が足りなかったので、止めました。

文末: end of a sentence, 句末, 문말

強調する: to emphasize, 強調, 강조하다

カジュアルな: casual, 休閑的, 캐주얼한

自然な: natural, 自然, 자연

フォーマルな: formal, 正式的, 격식차린, 포멀한

「から」は命令形、「〜なさい／〜てください」と一緒に使える。「ので」はやわらかい命令の意味を表す「〜なさい／〜てください」と一緒に使えるが、「〜しろ」などの命令形とは使いにくい。

・[○]うるさいから、静かにしろ。

　[×]うるさいので、静かにしろ。

・[○]もう遅いから、早く寝なさい。

　[△]もう遅いので、早く寝なさい。

・[○]よく聞こえなかったから、もう一度、言ってください。

　[○]よく聞こえなかったので、もう一度、言ってください。

「から」は「〜からか」「〜からこそ」「〜からには」「〜からといって」のように使うことができるが、「ので」はできない。

・雨が降っている{からか(○)／のでか(×)}、集まりが悪い。

・こんなとき{だからこそ(○)／なのでこそ(×)}、みんなで力を合わせなければなりません。

・この仕事をやると決めた{からには(○)／のでには(×)}、最後までやりぬいてください。

・少し熱がある{からといって(○)／のでといって(×)} 仕事を休むことはできない。

「から」は「だろう／でしょう」の後ろに接続できるが、「ので」はできない。

・午後から雨が降る{だろうから(○)／だろうので(×)}、かさを持っていったほうがいいですよ。

・お腹がすいている{でしょうから(○)／でしょうので(×)}、先に食事にしましょうか。

② 「のに」と一緒に使えない表現

「のに」は話し手の予測と違う結果を述べるため、Yに話し手の意志、希望、依頼、命令などの表現は使えない。これらの表現を使う場合は「〜ても」を使う。

・[×]国へ帰ったのに、日本語の勉強を続けたい。

　→[○]国へ帰っても、日本語の勉強を続けたい。〈意志・希望〉

・[×]忙しいのに、手紙を書いてください。

　→[○]忙しくても、手紙を書いてください。〈依頼〉

命令形: command form, 命令形, 명령형

5
原因・理由

接続 p.249

予測: prediction, 预测, 예측
希望: desire, 希望, 희망
依頼: request, 依赖, 의뢰

③「て」と一緒に使う表現

Xの出来事に対してYには、お礼やおわびの表現が来ることが多い。

・今日はパーティーに来てくれて、どうもありがとう。〈お礼〉

・遅くなって、申しわけありません。〈おわび〉

Yが結果や状態を表す場合、話し手の意志を表す表現は使えない。

・[×]今週は忙しくて、彼に会わない。
　→[○]今週は忙しくて、彼に会えない。

お礼：expression of thanks, 谢意, 사례

おわび：apology, 道歉, 사과

練習2

▶ 次のa.～d.の中で、最もふさわしいものを選んでください。

1. この漢字は何度も書き方を練習（　　）、なかなか覚えられない。
   a. して　　　b. したので　　　c. したのに　　　d. したから

2. 昨日のテストは（　　）、あまりできませんでした。
   a. 難しいから　b. 難しいのに　c. 難しくて　d. 難しいので

3. もうすぐ子どもが帰ってくるだろう（　　）、そろそろおやつを準備しよう。
   a. から　　　b. でも　　　c. ので　　　d. のに

4. A：古紙はあとでリサイクルに出します（　　）、捨てないでここに置いてください。
   B：はい、分かりました。
   a. のに　　　b. なので　　　c. から　　　d. だから

5. A：先生、ちょっと熱が（　　）、日本語のクラスを休んでもいいでしょうか。
   B：いいですよ。お大事に。
   a. あるので　b. あるのに　c. あって　d. あったり

6. A：そこ、通る（　　）、どいて。
   B：あっ、すみません。どうぞ。
   a. ので　　　b. から　　　c. で　　　d. のに

7. 毎日、日本語の宿題が多くて、あまり（　　）。
   a. 遊ぶ　　　b. 遊べる　　　c. 遊ばない　　　d. 遊べない

8. A：ひっこしを（　　）、どうもありがとう。

   B：また何かあったら連絡してね。

   a. 手伝って　　　b. 手伝ったので　　　c. 手伝ったから　　　d. 手伝ってくれて

9. 大変なとき（　　）こそ、あわてないで落ち着いて行動しなければならない。

   a. なのに　　　b. なので　　　c. だから　　　d. から

10. A：どうして、昨日買った新しい靴をはかないんですか。

    B：今日は雨が降っている（　　）です。

    a. から　　　b. ので　　　c. だから　　　d. なので

文作り

▶ この課の項目（原因・理由）を含む文を作ってください。

1. 田中先輩は＿＿＿＿＿＿＿＿＿＿＿＿＿ので、研究室でとても人気があります。

2. 外はとてもa.＿＿＿＿＿＿＿＿＿＿から、b.＿＿＿＿＿＿＿＿＿＿たほうがいいよ。

3. この授業は＿＿＿＿＿＿＿＿＿＿＿＿＿て（で）、とても大変です。

4. 弟は、熱があるのに、＿＿＿＿＿＿＿＿＿＿＿＿＿＿＿ています。

5. A：先生、a.＿＿＿＿＿＿＿＿＿＿ので、b.＿＿＿＿＿＿＿＿＿＿てもよろしいでしょうか。

   B：はい、いいですよ。

6. 田中さんはa.＿＿＿＿＿＿＿＿＿＿から、b.＿＿＿＿＿＿＿＿＿＿かもしれない。

7. 毎日a.＿＿＿＿＿＿＿＿＿＿のに、b.＿＿＿＿＿＿＿＿＿＿ません。

8. 今日は＿＿＿＿＿＿＿＿＿＿＿＿＿てくれて、どうもありがとう。

9. 父がa.＿＿＿＿＿＿をやめたのは、b.＿＿＿＿＿＿＿＿＿＿＿＿＿からです。

10. このごろa.＿＿＿＿＿＿＿＿＿＿て、全然b.＿＿＿＿＿＿＿＿＿＿ません。

5 原因・理由

■間違い探し

▶ 次の文には間違いがあります。間違っているところに＿＿＿＿を引いて、正しく直してください。

1. 宿題を忘れたので、すみません。

2. 先生、病院へ行きたいんですから、午後の授業を休んでもいいでしょうか。

3. この本はおもしろいだから、読んでみてください。

4. 何回も連絡したでも、先生から返事がない。

5. 先週、クラスを休んだので、宿題をもらいません。

6. 部屋が暑くて、クーラーをつけてください。

用例見つけた！

下の文章に、この課で勉強した項目（原因・理由）が、使われています。どのように使われているか意味を考えながら、次の文章を読んでみましょう。

わがままな親はどちらでしょうか？

〈外国人の夫の言い分〉
　私の妻は来月出産する予定ですが、お産のために数百キロも離れた実家に帰ると決めたことに驚いています。私は仕事で東京に残らなければならないので、出産と、赤ちゃんと過ごす最初の貴重な数週間を失うことになります。なぜ妻は私の人生でもっとも大切な時間を奪おうとするのでしょうか。

〈日本人の妻の言い分〉
　実家に行くのでお産の前後は私の母が私の面倒を見てくれます。これは、日本ではごく普通のことで、赤ちゃんの世話に専念することができるのです。イギリス人の夫は私がわがままだと言いますが、赤ちゃんのためにはこれが最良の方法です。彼はそれを理解すべきです。

「わがままな親はどちらでしょうか？」より
Hir@gana Times (2009.3) p.20

わがままな: selfish, 任性, 제멋대로인
出産する: to give birth, 分娩, 출산하다
お産: birth, 分娩, 출산, 해산
離れる: away (to be separated), 相距, 떨어지다
貴重: precious, 宝贵,贵重, 귀중
失う: to miss, 失去, 잃다
奪う: to snatch away from, 剥夺, 빼앗다
面倒を見る: to take care of, 照顾, 돌보다
ごく: very, 非常,极, 극히
専念する: to devote one's attention, 专心, 전념하다
最良の: best, 最好, 최선의, 최량의
理解すべき: should understand, 应该理解, 이해해야하는

5 原因・理由

クロージング・トーク

　昨日彼に何度もメールを送ったのに、全然返事が来なかった。とても心配で眠れなかった。今朝、大学で会ったら元気そうだったので安心した。昨日は疲れていて寝てしまったから、返事ができなかったと言っていた。何度も謝っていたので、許してあげた。

6 目的・可能・願望

スタート・トーク

次のような場面で、2人の会話はどうなるでしょうか。＿＿＿に適切な表現を書いて、会話を完成させてください。

① リサさんは何か、楽器が a.＿＿＿＿＿の？

② ピアノが b.＿＿＿＿＿よ。
子どものときから習っているから。
エリックさんは、何か c.＿＿＿＿＿？

③ うん、ギターが d.＿＿＿＿＿よ。
父親がギターが上手だったから、教えてもらったんだ。

④ 私、ずっと前からギター、習いたいと思っていたの。今度、時間があるときに、e.＿＿＿＿＿てほしいんだけど。

この課の表現

目的	「XためにY」「XようにY」「XにY」
可能	「〜ことができる」「可能形」「可能動詞」
願望	「〜たい」「〜がる／〜たがる」「〜てほしい」

✓ まずは確認

【目的】

(1) X ために Y

動詞の辞書形	ために
名詞	のために
X	**Y**
実現できること	動作

① Xに実現できること、実現したいこと、Yはそれを実現させる目的で行う動作を表す。Xには話し手の意志を表す動詞、もしくは動作性名詞が来ることが多い。

目的: objective, 目的, 목적

実現する: to actualize (to come into fruition), 实现, 실현하다

動作: action, 动作, 동작

話し手: person speaking, 说话者, 화자

意志: intention, 意志, 의지

もしくは: or, 或者, 또는

動作性名詞 ➡ ❓ p.250

- 海外に旅行する<u>ために</u>、お金を貯めている。
  - X 実現できること　　Y 動作
- 健康の<u>ために</u>、できるだけ自転車に乗るようにしている。

② XとYの主語は同じである。
- [○]（私は）ダイエットの<u>ために</u>、私は、毎日ジムに通っています。
- [×]夫はパソコンを買う<u>ために</u>、妻は貯金しています。

(2) X ように Y

動詞の辞書形／可能形／ナイ形	ように
X	Y
希望する結果・状態	動作

① Xに希望する結果や状態、Yはそれを実現させる目的で行う動作を表す。Xには無意志動詞、変化した結果、状態を表す動詞、動詞の可能形がよく使われる。

- 日本語の新聞が読める<u>ように</u>、漢字を勉強しています。
  - X 希望する結果・状態　　Y 動作
- エスカレーターでは足をはさまれない<u>ように</u>、中央にお立ちください。
- 会議に間に合う<u>ように</u>、早めに出発しましょう。

② XとYの主語は同じ場合も、違う場合もある。
- （私は）日本語が上手になる<u>ように</u>、（私は）毎日、勉強しています。
- 学生に分かる<u>ように</u>、先生はいつもゆっくり話している。

(3) X に Y

動詞のマス形 名詞	に
X	Y
実現させたいこと	動作

① Xに実現させたいこと、Yはそれを実現させる目的で行う動作を表す。Xには生活の中でよく起こる出来事を表す動詞、動作性名詞（旅行、買い物、テニスなどのスポーツ）が使われる。

- 家族を迎え<u>に</u>、空港に行きます。
  - X 目的　　Y 動作
- 田中さんは買い物に出かけると言っていました。

Yには、移動動詞(行く、来る、帰る、戻る、走るなど)が来ることが多い。

- 週末は、家族で映画を見に行く予定です。
- 鈴木さんは忘れ物を取りに家に帰りました。

② 移動動詞と一緒に使われていても、Xに日常的ではない出来事が来る場合には、「に」を使わないで「～ために」を使う。

- [×]オリンピックに出場しに、ブラジルへ行きます。
  → [○]オリンピックに出場するために、ブラジルへ行きます。
- [×]大学院に進学しに、来日しました。
  → [○]大学院に進学するために、来日しました。

移動動詞 ➡ ❓p.244

日常的な: ordinary, 日常的, 일상적인

【可能】

(4) 動詞の辞書形＋ことができる，動詞の可能形，可能動詞

① 可能の形には次の3つの表現がある。
- 動詞の辞書形＋ことができる
- 動詞の可能形
- 可能動詞

② 可能の意味は、「能力や可能性」「規則や決まっていること」を表す。

- 私は自転車に乗ることができる。〈能力〉
  → 私は自転車に乗れる。
- この大学の学生は図書館で本を借りることができる。〈決まっていること〉
  → この大学の学生は図書館で本が借りられる。

③ 「分かる」「できる」などのように可能の意味が含まれているものを「可能動詞」と言う。

- 私はフランス語が分かります。
- 私はスキーができます。

④ 次の動詞は可能形が作れない。
- 無意志動詞：見える、聞こえるなど
- 状態動詞：似る、知る、慣れるなど
- 物が主語になる自動詞：ある、(物が)入る、閉まるなど
- 可能の意味が含まれる動詞(可能動詞)：分かる、できるなど

- [×]ここから富士山が見えられます。
  → [○]ここから富士山が見えます。
- [×]このかばんは大きいから、たくさん荷物が入れます。
  → [○]このかばんは大きいから、たくさん荷物が入ります。
- [×]私は日本語が分かれる。
  → [○]私は日本語が分かる。

可能: potential, 可能, 가능

可能動詞 ➡ ❓p.245

能力: ability, 能力, 능력
可能性: possibility, 可能性, 가능성
規則: rule, 規則, 규칙

状態動詞 ➡ ❓p.249
自動詞 ➡ 第19課

⑤ ら抜き言葉
- 可能形を作るとき、2グループの動詞「食べる」「見る」「起きる」などや3グループの動詞「来る」は、話し言葉では「ら」が抜けることが多い。これを「ら抜き言葉」と言う。
- 話し言葉でよく使われているが、正しい書き言葉としては認められていない。

辞書形	可能形	ら抜き言葉
食べる	食べられる	食べれる
見る	見られる	見れる
起きる	起きられる	起きれる
来る	来られる	来れる

- A：リサさん、さしみ食べれる？
- B：日本に来る前は食べれなかったけど、今は大好きだよ。

2グループ ➡ 凡例
3グループ ➡ 凡例
話し言葉 ➡ p.251
抜ける：to remove, 脱落, 빠지다
書き言葉 ➡ p.245
認める：to recognize, 承認, 인정하다

【願望】

（5）動詞のマス形 ＋ たい

① 話し手の願望や希望を表す。「私」が主語になることが多い。「～たい」にするとき、名詞の後ろの助詞「を」が「が」に変わることが多い。
- 私は大学を卒業したら、日本で ｛仕事がしたいです。
　　　　　　　　　　　　　　　　仕事がしたいと思っています。｝

② 目上の人に希望を聞くとき、「～たいですか」のような「～たい」を丁寧な形にした質問は、失礼になるため使えない。
- 田中先生、この本、読みたいですか。（×）
　→田中先生、この本、読みますか。（○）

願望：aspiration, 願望, 소원
希望：wish/desire, 希望, 희망

目上：higher rank, 长辈, 손윗사람

（6）動詞のマス形 ＋ たがる

① 第三者の願望や希望を表す。第三者が主語になることが多い。
→ 個人の習慣やくせを表す。
- 娘は、ご飯の後、いつも甘いものを食べたがる。
- 風邪を引いても、病院に行きたがらない子どもが多い。

→ 第三者が主語になるので、「動詞のマス形＋たい」は使えない。
- [×]娘はピーマンを食べたくない。
　→[○]娘はピーマンを食べたがらない。

② 第三者が何かをほしいと思っていることを表すときは「**名詞＋をほしがる**」の形で表す。
- 子どもはすぐ新しいおもちゃをほしがる。

第三者：third person, 第三人, 제 3 자
個人：individual/personal, 个人, 개인
くせ：habit, 习性, 버릇

③ 第三者が現在、希望している様子や何かをほしいと思っている様子は、「動詞のマス形＋たがっている」「名詞＋をほしがっている」の形で表す。

・娘はピアノを習いたがっています。

・父は新発売のタブレット型パソコンをほしがっている。

現在: now/current times, 現在, 현재

様子: appearance, 状況, 모습

(7) 動詞のテ形 ＋ てほしい

相手、他の人 に （名詞＋を） ┌ 動詞＋てほしい
　　　　　　　　　　　　　　├ 動詞＋てもらいたい
　　　　　　　　　　　　　　└ 動詞＋ていただきたい

話し手の願望として、相手や他の人にしてほしいことを言うときに使う。

・チューターの中村さん に 日本語を チェックしてもらいたい。

・この本、2、3日だけ 貸してほしい んだけど、大丈夫？

～として: from the point of view of ～, 作为, ～으로서

練習1

▶ 次の a. と b. のうち、ふさわしいほうを選んでください。

1. 上手に（　　）ように、毎日練習しています。
   a. 泳げる　　　b. 泳ぐ

2. 図書館へ資料を（　　）に行きます。
   a. 探す　　　b. 探し

3. 他の人に聞こえない（　　）、小さい声で話します。
   a. ように　　　b. ために

4. 早く病気が（　　）ように、ゆっくり寝てください。
   a. 治る　　　b. 治れる

5. 小さい子どもにも分かる（　　）、やさしい言葉で説明します。
   a. ように　　　b. ために

6. 私の家の犬はとても大きいので、重い荷物でも（　　）ことができる。
   a. 運べる　　　b. 運ぶ

7. 今日は仕事が早く終わったので、5時に（　　）。
   a. 帰れる　　　b. 帰られる

8. 風邪をひいても薬を(　　)子が多いです。
　　a. 飲みたくない　　　b. 飲みたがらない

9. 夫は薄型の新しいテレビを(　　)。
　　a. 買いたい　　　　　b. 買いたがっている

10. あのう、会議資料のコピーを(　　)んだけど…。今、時間、ある？
　　a. 手伝ってほしい　　b. 手伝いたい

レベルアップ

① 動詞のタ形 ＋ ため(に), 名詞 ＋ の ＋ ため(に)

Xで「原因・理由」を表す場合、Yは「結果」として起こったことの事実を表す。

- 子どもが熱を出したために、彼女は会社を休んだ。
　　　　X 原因・理由　　　　Y 結果

- 強風のため、朝から電車が遅れている。

「〜ために」が「原因・理由」を表す場合、Yには話し手の考えを表す判断、推量、意志、依頼などの表現が使えない。その場合は「から」を使う。

- [×] 雨が降ったために、公園に水たまりがあるかもしれない。
　→ [○] 雨が降ったから、公園に水たまりがあるかもしれない。

② 注意をうながす「〜ように」

「〜ように〜てください」の形で、相手に注意をうながすときに使う。
「〜ように」の前は動詞の可能形、ナイ形が使われることが多い。

- 明日早く起きられるように、早く寝てください。
- 約束の時間を忘れないように、手帳に書いておいてください。

③ 可能形が使える主語／使えない主語

無生物が主語になる文は話し手の意志でコントロールすることができないので、可能形が使えない。

- [×] 電池がないので、このおもちゃは動けません。
　→ [○] 電池がないので、このおもちゃは動きません。

理由: reason, 理由, 이유
表す: to express, 表示, 나타내다
結果: result, 結果, 결과

判断: judgment, 判断, 판단
推量: guess, 推量, 추량
意志: intention, 意志, 의지
依頼: request, 依頼, 의뢰
表現: expression, 表現, 표현

注意: caution, 注意, 주의
うながす: to urge, 提醒, 촉구하다

無生物: inanimate object, 无生物, 무생물
コントロールする: to control, 控制, 컨트롤하다

- [×] このカバンは小さくて、あまり荷物が入れません。
  - →[○] このカバンは小さくて、あまり荷物が入りません。

人が主語になる文では、可能形が使える。

- (私は)宝くじに当たったとき、あまりにも嬉しくて、しばらく動けませんでした。

- (私は)お医者さんに止められているので、今日はお風呂に入れません。

④ 「見える」と「見られる」、「聞こえる」と「聞ける」

「見える」と「聞こえる」は「自然に目、耳に入ってくる」という意味を表す。「見られる」と「聞ける」は「話し手が意識して見たり聞いたりすることができる」という意味を表す。

- 晴れた日は、新宿から富士山が見える。
- 今夜はアルバイトがないので、8時のドラマが見られる。
- 森では、きれいな鳥の鳴き声が聞こえる。
- 最近は、インターネットでラジオが聞けます。

自然に: naturally, 自然地, 자연스럽게

目に入る: to come into view, 看见, 눈에 들어오다

耳に入る: to come within earshot, 听见, 귀에 들어오다

意識する: consciously, to be conscious of, 意识到, 의식하다

⑤ 形容詞 ＋ がる

自分以外の他の人の感情、気持ちを表すときは形容詞をそのままの形では使えないため、「悲しがる、さびしがる、怖がる、悔しがる、うらやましがる、残念がる、嫌がる」のように表現する。

- ○ イ形容詞 ⇔ ＋ がる　　例) 悔しい → 悔しがる
- ○ ナ形容詞 ⇔ ＋ がる　　例) 残念だ → 残念がる

- [×] 田中さんはサッカーの試合に負けて悔しいです。
  - →[○] 田中さんはサッカーの試合に負けて悔しがっています。

現在の様子は「〜がっている」で表し、過去の様子は「〜がっていた」で表す。

- 田中さんはパーティーでリサさんに会えなかったことを残念がっていました。

感情: emotion, 感情, 감정

怖い: scary, 可怕的, 무섭다

悔しい: frustrating, 悔恨的, 분하다

うらやましい: jealous, 羨慕的, 부럽다

嫌だ: unwanted, detested, 讨厌的, 싫다

⑥ 形容詞 ＋ がる，動詞のマス形 ＋ たがる の使い方

相手や他の人の習慣やくせを表すことから、批判の意味が含まれることがある。目上の人の願望を表すときは「〜がる、〜たがる」を使わないで、推量の意味を表す「ようだ」などを使って、自分の考えであることを表現したほうがいい。

批判: criticism/judgment, 批评, 비판

願望: aspiration, 愿望, 소원

推量: guess, 推测, 추량

- [×] 先生は飛行機に乗りたがらないです。
  → [○] 先生は飛行機に乗るのが嫌いなようです。

- [△] 田中先輩は鈴木さんのことは何でも知りたがります。
  → [○] 田中先輩は鈴木さんのことは何でも知りたいようです。

- [×] 先生の趣味は切手を集めることだそうだ。記念切手が出るとすぐほしがる。
  → [○] 先生の趣味は切手を集めることだそうだ。記念切手が出るとすぐほしくなるようだ。

練習2

▶ 次の a.～ d. の中で、最もふさわしいものを選んでください。

1. 日本語が上手に話せる(　　)、何度も会話の練習をします。
   a. ときに　　b. ように　　c. ために　　d. ばかりに

2. 約束を忘れない(　　)、メモしたほうがいいですよ。
   a. に　　b. ので　　c. ように　　d. ために

3. 学会に出席(　　)、フランスへ行きます。
   a. しに　　b. するように　　c. するのに　　d. するために

4. 大きい家が買える(　　)、一生懸命働いています。
   a. のに　　b. ために　　c. ように　　d. ときに

5. 先生：先週の授業はどうして休んだんですか。
   学生：風邪をひいて熱があったので、授業に(　　)。
   a. 来ません　　b. 来ませんでした　　c. 来られません　　d. 来られませんでした

6. 山田さんは試験に合格できなかったことをとても(　　)。
   a. 残念だ　　b. 残念だった　　c. 残念がる　　d. 残念がっている

7. メガネをかけると、小さい字でもよく(　　)。
   a. 読める　　b. 読む　　c. 読んだ　　d. 読めない

8. このいすは3人がけだから、5人は(　　)。
   a. 座らない　　b. 座れない　　c. 座る　　d. 座れる

9. みんなが喜ぶ（　　）、教室に花を飾った。
   a. ために　　　b. のに　　　c. ように　　　d. に

10. パソコンが急に（　　）なって、作業中のデータが全部消えてしまった。
    a. 動けなく　　b. 動かなく　　c. 動いて　　d. 動かないで

✏️ 文作り

▶ この課の項目（目的・可能・願望）を含んだ文を作ってください。

1. このカメラなら、素人でもすばらしい写真が＿＿＿＿＿＿＿＿＿＿＿＿＿＿＿＿＿。

2. ＿＿＿＿＿＿＿＿が上手に＿＿＿＿＿＿＿＿＿ように、毎日練習しています。

3. 将来＿＿＿＿＿＿＿＿＿＿＿＿＿＿ために、毎日、日本語を勉強しています。

4. ちょっと教室へ＿＿＿＿＿＿＿＿＿＿＿＿＿＿＿＿＿＿に、行ってきます。

5. 昨日は＿＿＿＿＿＿＿＿＿＿＿ために、パーティーに参加できませんでした。

6. a.＿＿＿＿＿＿＿＿＿＿＿ないように、b.＿＿＿＿＿＿＿＿＿てください。

7. 今現在、世界で最も速い人は、100メートルを9秒台で＿＿＿＿＿＿＿＿＿＿＿＿。

8. 日本料理は大好きだが、納豆だけはどうしても＿＿＿＿＿＿＿＿＿＿＿＿＿。

9. 彼女は日本人だが、長い間韓国に住んでいたので＿＿＿＿＿＿＿＿＿＿＿＿＿。

10. 太郎君は＿＿＿＿＿＿＿＿＿＿＿＿＿＿＿＿＿＿＿＿＿＿＿たがっている。

■ 間違い探し

▶ 次の文には間違いがあります。間違っているところに＿＿＿を引いて、正しく直してください。

1. 日曜日は夜はダメだけど、昼間なら時間があるから会うよ。

2. ここから富士山が見えられる。

58

3. 田中さんは彼女と別れて、とても悲しい。

4. 先生、来週は学会で北海道へ行くので、日本語の授業に来ません。

5. 木村先輩は新しいものが好きらしく、新しいパソコンが出ると、すぐほしがります。

用例見つけた！

下の文章に、この課で勉強した項目（目的・可能・願望）が、使われています。どのように使われているか意味を考えながら、次の文章を読んでみましょう。

日本では、1月の第二月曜日が「成人の日」で祝日です。市町村は成人を祝う式典を行い、二十歳の若者は晴れ姿で参加します。一方では、毎年一部の新しい成人が式典で、あるいは終わった後に調子に乗りトラブルを起こしています。

成人には、選挙権が与えられます。また、お酒を飲むことができ、たばこが吸えます。しかし、事件を起こすと名前や写真がメディアで報道されてしまいます。運転免許証の取得や結婚は未成年でも可能です。また、選挙権年齢を18歳に引き下げる議論が行われています。

「日本の成人は二十歳」より
Hir@gana Times(2012.1) p.22

成人の日：Coming of Age Day, 成人日, 성인의 날
祝日：national holiday, 节日, 축일
市町村：city, town or village, 市町村, 시읍면
祝う：to celebrate, 庆祝, 축하하다
式典：ceremony, 仪式, 식전
晴れ姿：best clothing, 漂亮的打扮, 차려입은 모습
参加する：to attend, 参加, 참가하다
調子に乗る：to get carried away, 得意忘形, 우쭐해지다
トラブル：trouble, 事故, 트러블
選挙権：right to vote, 选举权, 선거권
与える：to grant, 给予, 주어지다
事件：trouble, 事件, 사건
報道：released, 报道, 보도
運転免許証：driver's license, 驾驶执照, 운전면허증
取得：obtain, 取得, 취득
引き下げる：lowering, 下降, 내리다
議論：discussion, 讨论, 논의

クロージング・トーク

リサさんはピアノがひけるそうだ。ぼくは父にギターを習ったから、ギターがひける。それをリサさんに話したら、今度、ギターを教えてほしいと言われた。リサさんにかっこいいところを見せたいので、練習しておこう。リサさんは人気者だからみんな私をうらやましがるだろう。

7 いく・くる

スタート・トーク

次のような場面で、3人の会話はどうなるでしょうか。＿＿＿に適切な表現を書いて、会話を完成させてください。

① 田中さんはまだ a.＿＿＿＿＿いないんですね。コンサートは7時からでしょう。

② いや、さっき、一緒に b.＿＿＿＿＿んですよ。でも、忘れ物をしたと言って、家に取りに c.＿＿＿＿＿んですよ。すぐ d.＿＿＿＿＿と思いますが。

③ じゃ、田中さんが e.＿＿＿＿＿まで待ちましょうか。

④ いえ、田中さんが f.＿＿＿＿＿までぼくが待ちますから、先に g.＿＿＿＿＿ください。もうすぐ始まりますし。

この課の表現

「行く／～ていく」「来る／～てくる」「～てきた」

まずは確認

【移動】

(1) 空間の移動

「行く」＝話し手の位置、視点から離れるとき　　「来る」＝近づくとき

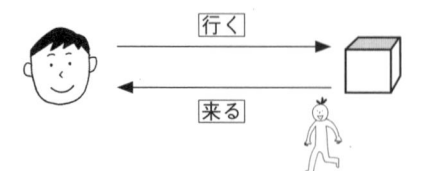

行く　→
来る　←

・毎朝8時に大学へ行く。
・友だちがうちへ遊びに来る。

・〈教室で〉
A：授業が終わったら、何か食べに行かない？
B：うん、いいね。どこに行こうか。

・〈電話で〉
A：国からたくさん食べ物が届いたんだけど、これからうちに来ない？
B：いいの？ もちろん、行く、行く。

移動：movement, 移动, 이동
空間：space, 空间, 공간
話し手：person speaking, 说话者, 화자
位置：position, 位置, 위치하다
視点：point of view, 视点, 시점
離れる：to move away from, 离开, 떨어지다
近づく：to come towards, 靠近, 다가가다

60

（2）動作が向かう方向

「〜ていく」＝ ある動作の方向が話し手から離れるときに使う。

「〜てくる」＝ 話し手に近づくときに使う。

ある動作をしてから移動するとき、「動詞＋ていく」、「動詞＋てくる」で動作が向かう方向を表す。

〜ていく	〜てくる
何かをして(--→)から行く(→)	何かをして(--→)から来る(→)

- 田中さんの誕生日パーティーにプレゼントを買っていきましょう。
- 川上から葉っぱが流れてきた。そして、川下へ流れていった。
- A：どこ、行ってきたの？
  B：コンビニでジュース、買ってきたんだ。

（3）対象の移動

「〜てくる」＝「品物を送る、電話をかける」などの対象となる物や動作が私に向いていることを表すときに使う。

- ［×］田中さんが(私に)電話をかけました。

  →［○］田中さんが(私に)電話をかけてきました。

  →［○］田中さんから電話がかかってきました。

- ［×］ボーイフレンドが(私に)花を送りました。

  →［○］ボーイフレンドが(私に)花を送ってきました。

【変化】

（4）時間的な状態の変化

「〜てくる」＝ 過去から現在へ変化したことを表すときに使う。

「〜ていく」＝ 現在から未来への変化を表すときに使う。

「〜てきた」＝ 現時点で変化を認知したことを表すときに使う。

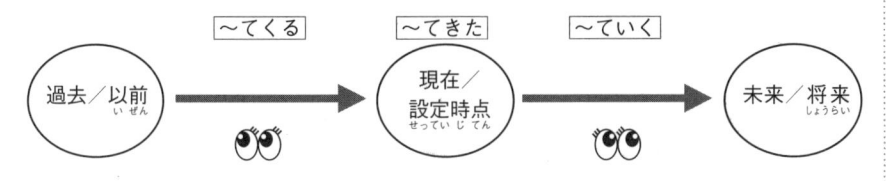

過去／以前 ─〜てくる→ 現在／設定時点 ─〜ていく→ 未来／将来

（〜てきた：現在／設定時点）

動作: action, 动作, 동작
方向: direction, 方向, 방향

表す: to express, 表示, 나타내다

対象: object, 对象, 대상

変化: change, 变化, 변화
過去: past, 过去, 과거
現在: present, 现在, 현재
未来: future, 未来, 미래
認知する: to become aware of, 认识, 인지하다
以前: previous, 以前, 이전
設定: established, 设定, 설정
時点: point in time, 时刻, 시점
将来: future, 将来, 장래

- 日本で学ぶ留学生が増えてきました。〈現時点までの変化〉
- これからも留学生はますます増えて、グローバル化していくでしょう。
 〈未来への変化〉

「増える・減る・変わる・なる」などの変化動詞と一緒に使うと、話し手が話題にしている時点まで変化したことを表す。

- 最近、留学生が増えた。〈変化〉
- 最近、留学生が増えてきた。〈話題にしている時点まで変化した〉
- 最近、留学生が増えてきている。〈話題にしている時点でも変化が続いている〉

「〜てくる」の後ろに「〜ている」をつけて「〜てきている」にすると、変化が続いていることを表す。

- ふうせんがだんだん大きくなってきた。〈変化〉
- 日本人の外国人に対するイメージが変わってきている。〈変化が続いている〉

🔗 変化の意味で「〜てくる」「〜ていく」を使うときは、「少しずつ・だんだん・徐々に」などの副詞と一緒に使うことが多い。

- 地域Aの人口は徐々に増えてきて、2010年からは急激に増えている。
- 3月になって少しずつ暖かくなってきている。

【知覚】

(5) 知覚

「(においが)する、聞こえる、見える」など感覚動詞は、「〜てくる」と一緒に使うとこれから感じること、「〜てきた」と一緒に使うとすでに感じたことを表す。また、「眠くなる」「雨が降る」などの変化を表す表現と一緒に使うと、変化を知覚したことを表す。この意味では「〜ていく」は使えない。

- [○] もうすぐ公園の入り口が見えてくるよ。
  → [×] もうすぐ公園の入り口が見えていくよ。

- [○] お腹がいっぱいになったら、眠くなってきた。
  → [×] お腹がいっぱいになったら、眠くなっていった。

- あ、雨が降ってきましたね。天気予報では今日晴れると言っていたのに。

練習1

▶ 次のa.とb.のうち、ふさわしいほうを選んでください。

1. 〈教室で〉

    先生：みんな、作文を書いて(　　)か。

    学生：はーい。

    a. きました　　　　b. いきました

2. 海外旅行をするときは、ガイドブックを持って(　　)と役に立ちますよ。

    a. いく　　　　　　b. くる

3. 〈学校で〉

    先生：犬を学校に連れて(　　)はいけません。

    a. きて　　　　　　b. いって

    学生：連れて(　　)んじゃないんです。犬が勝手について(　　)んです。

    a. きた　　　　　　b. いった

4. さっきまで晴れていたのに、急に雨が降って(　　)ね。

    a. きます　　　　　b. きました

5. この3年間で急激に留学生数が増えました。これからも増えて(　　)だろうと思います。

    a. いく　　　　　　b. くる

6. 今朝、買い物に出かけようとしたときに田中さんから電話がかかって(　　)。

    a. きます　　　　　b. きました

7. A：明日、市民ホールでクラシック音楽のコンサートがあるんです。

    B：いいですね。私も一緒に(　　)いいですか。

    a. 行っても　　　　b. 来ても

8. A：今週の土曜日に家でバーベキューをするんですが、遊びに来ませんか。

    B：いいんですか。もちろん(　　)よ。

    a. 行きます　　　　b. 来ます

9. A：この書類を事務室の鈴木さんのところへ持って(　　)ください。

    B：はい、分かりました。

    a. いって　　　　　b. きて

10. 先週、国に帰ったので、お土産を買って(　　)。国のお菓子ですが、どうぞ召しあがってください。
   a. いきました　　b. きました

レベルアップ

① 否定の形
「〜ていく」「〜てくる」の否定形は、「いく」「くる」のナイ形で表す。

「〜ていく」→「〜ていかない」

「〜てくる」→「〜てこない」

- 山登りのときは、音楽プレイヤーを持っていかないことにしています。自然から聞こえてくる音を楽しみたいからです。

- 宿題を忘れて持ってこなかったので、先生に注意されました。

否定形 ➡ 凡例

ナイ形 ➡ 凡例

② 特定の時間
未来のことであっても、変化が起こる将来のある時点を設定して、その時点に近づくことを表すときは「〜てくる」を使う。

現在　　　　2050年
　　〜てくる

- A国の人口は減り続けて、2050年には約8000万人に減ってくると予想されています。

- 9月になれば、だんだん涼しくなってくると思います。

特定の: specified, 特定, 특정

設定する: to fix (in place), 設定, 설정하다

近づく: to draw near, 靠近, 다가가다

③「〜ていく」「〜てくる」の慣用表現

「ついていく／ついてくる」「持っていく／持ってくる」

「連れていく／連れてくる」「入っていく／入ってくる」

「出ていく／出てくる」「寄っていく／寄ってくる」

上にあげた表現は、「〜ていく」「〜てくる」と一緒に使って、方向性を表す。

- 公園を散歩していたら、子犬がずっと私の後ろをついてきた。

- (友だちに)コンサート会場に先に行ってて。私はコンビニに寄っていくから。

慣用表現 ➡ p.246

方向性: trend, 方向性, 방향성

練習2

▶ 次のa.～d.の中で、最もふさわしいものを選んでください。

1. 先生：リサさん、最近、日本語が上手に（　）ね。
   学生：ありがとうございます。これからもがんばります。
   a. なります　　　　b. なってきます
   c. なってきました　　d. なっていきます

2. 〈駅に向かって歩きながら〉
   A：駅はまだですか。
   B：もうちょっとですよ。そろそろ見えてくると思いますが。
   A：けっこう遠いですね。
   B：あ、あそこに駅の建物が見えて（　）ね。
   a. いきます　　b. いきました　　c. きます　　d. きました

3. 日本はこれからもますます少子高齢化が（　）だろうと思います。
   a. 進みます　　b. 進んでいく　　c. 進んでくる　　d. 進める

4. 今日は朝ご飯を食べて（　）ので、お腹がすきました。
   a. こない　　b. いかない　　c. こなかった　　d. いかなかった

5. A：ちょっと本屋に寄って（　）か。
   B：いいですね。私も買いたい本があるので一緒に行きましょう。
   a. いきました　　b. いきません　　c. きます　　d. きません

6. 先輩：田中さんがいませんね。
   後輩：図書館にいると思います。呼んで（　）か。
   先輩：はい、お願いします。
   a. いきましょう　b. いきます　　c. きましょう　　d. きません

7. 先週T社から送って（　）カタログを見せてください。
   a. いく　　b. いった　　c. くる　　d. きた

8. 日本に来たばかりのときは日本の生活がよく分かりませんでしたが、だんだん慣れて（　）。
   a. きました　　b. きます　　c. いきます　　d. いきました

9. 外から子どもたちの遊ぶ声が聞こえて（　）います。
   a. いって　　b. いて　　c. きて　　d. きって

10.A：そろそろ失礼します。

B：明日は休みでしょう。もっとゆっくりして（　　）ください。

A：ありがとうございます。でも、明日の朝、早く東京へ行かなければならないものですから。

B：そうですか。じゃ、また遊びに（　　）くださいね。

a. いって　　　b. いて　　　c. きて　　　d. きって

文作り

▶ この課の項目（いく・くる）を使って文を作ってください。1.～3.は（　）内の動詞を活用させてください。

1. A：この機械の使い方、分かりましたか。

    B：ええ、少しずつ(分かる)＿＿＿＿＿＿＿＿＿＿。

2. A：ここは、最近、新しいマンションや住宅がたくさん建ちましたね。

    B：ええ、いろいろな店も増えて、ずいぶん便利に a.(なる)＿＿＿＿＿＿＿＿＿＿。これから

    もっと b.(発展する)＿＿＿＿＿＿＿＿＿＿と思います。

3. 先生は席を外しています。3時すぎには(帰る)＿＿＿＿＿＿＿＿＿＿と思います。

4. 今日は＿＿＿＿＿＿＿＿＿＿てこなかったので、先生にしかられた。

5. 環境問題は今後もさらに深刻に＿＿＿＿＿＿＿＿＿＿と思います。

6. 研究を続けるのは大変ですが、これからも＿＿＿＿＿＿＿＿＿＿と思っています。

7. あ、財布忘れた。ちょっとここで待ってて。＿＿＿＿＿＿＿＿＿＿から。

8. 最近、ずいぶん＿＿＿＿＿＿＿＿＿＿てきましたね。

9. a.＿＿＿＿＿＿は徐々に b.＿＿＿＿＿＿＿＿＿＿。

10. a.＿＿＿＿＿＿はこれからも b.＿＿＿＿＿＿＿＿＿＿と思います。

間違い探し

▶ 次の文には間違いがあります。間違っているところに_____を引いて、正しく直してください。

1. 〈2階で外出の支度をしている妻に〉

    夫：けいこ、急いで。もう出かけるよ。

    妻：はーい、すぐ来るからちょっと待ってね。

2. 最初、日本語の勉強は大変でしたが、最近、おもしろくなってきます。

3. 公園を散歩していたら、突然、知らない人が私に声をかけたので、びっくりした。

4. 〈新幹線の窓から〉

    A：あっ、見て見て、あそこ。富士山が見えてきます。

    B：あ、ほんとうだー。わあ、大きいですね。

5. 〈玄関で〉

    子：ただいま。お母さん、友だちの中村君。今日一緒に宿題をしたいんだけど、いい？

    母：いいよ。でも、これからは、家に友だちを連れるときは、前もって電話してね。

用例見つけた！

下の文章に、この課で勉強した項目（いく・くる）が、使われています。どのように使われているか意味を考えながら、次の文章を読んでみましょう。

　まんがが持つ魅力は、個性的なキャラクターがたくさん登場し、読む人に親しみやすさを感じさせることです。公立の小学校でもまんがキャラクターが使われた学習教材が採用されています。子どもたちに人気のあるキャラクターの「ドラえもん」「ちびまる子ちゃん」「クレヨンしんちゃん」などが、学校で習う勉強を教えてくれます。
　まんがを読みながら、計算の仕方や漢字の書き順が勉強できるのです。ドラえもんの大好きな子どもたちは、「ドラえもんやのび太くんが、いつもの口調で話してくれるから、覚えやすいよ。まんがが面白いから、どんどんページが進んじゃうね」「勉強してるって感じじゃないな」と話します。
　おかげで勉強嫌いの子どもたちも、楽しみながら勉強できる上に、内容がしっかりと記憶に残っていきます。年々学習教材に登場するキャラクターの数も増え続けています。「まんがばかり読んでいないで、勉強しなさい」と母親が子どもをしかることができなくなってきました。（中略）
　情報の視覚化が加速する現代の日本においては、今後もさまざまなキャラクターが子どもたちに語りかける場面が増えていくことでしょう。

「学校でも使われるまんがキャラクター」より
Hir@gana Times(2011.4) pp.8-9

魅力: appeal, 魅力, 매력
個性的: unique, 有个性的, 개성적
キャラクター: character, 人物, 캐릭터
登場する: appear, 登場, 등장하다
学習教材: study materials, 学习教材, 학습교재
採用する: to adopt, 采用, 채용하다
計算: calculation, 运算, 계산
仕方: method, 方法, 방법
書き順: stroke order, 笔画, 쓰는 순서 / 획순
口調: accent, 语调, 어조
進む: to progress/continue, 前进, 진행하다
内容: contents, 内容, 내용
記憶: memory, 记忆, 기억
情報: information, 情报, 정보
視覚化: visualization, 视觉化, 시각화
加速する: to accelerate, 加速, 가속하다
現代: present day, 现代, 현대
語りかける: to speak to, 诉说, 말을 걸다

クロージング・トーク

　友だちと4人でクラシックのコンサートに行った。7時開演だったので6時半に待ち合わせをした。待ち合わせの場所に行ったら田中さんがまだ来ていなかった。中村さんの話では、さっき一緒に来たが、忘れ物をしたので、家に取りに帰ったそうだ。開演まであまり時間がなかったので私たちは先に会場に行くことにした。開演直前に2人が会場に入ってきた。田中さんはそそっかしいから忘れ物が多いけど、いつも中村さんがそばで助けている。

column コラム 2

いろいろな日本語②
《若者言葉》《縮約形》

①昼ご飯、何にしようか。

②じゃ、ピザはどう？駅前にできたピザ屋さん、すっごくおいしいって、リサが言ってたよ。

③おれ、ピザ、ちょー好き。授業も終わったし。行こう。

　若者言葉は10代、20代の若い人が日常会話でよく使います。最近は「ちょー」「やばい」「まじ」「めっちゃ」などがよく使われています。流行が終わったら使わなくなることもあります。

　また、話し言葉では言いやすくするために、縮約形も多く使われます。

普通の形	縮約形	例
～ては／～では	～ちゃ／～じゃ	言っちゃだめよ
～ている／～ていた	～てる／～てた	食べてる／食べてた
～ておく	～とく／どく	言っとく／読んどく
～て（で）しまう	～ちゃう／～じゃう	やっちゃう
～のだ	～んだ	行くんだ
～と言う	～って	行くって

8 する・なる

スタート・トーク

次のような場面で、2人の会話はどうなるでしょうか。＿＿＿に適切な表現を書いて、会話を完成させてください。

① 日本語の勉強のために、何かしていますか。

② はい、できるだけ日本語で話す a.＿＿＿＿＿います。日本語をたくさん使うことが大事だと思います。

③ 漢字はどのように勉強していますか。

④ 毎日、5つの漢字を覚える b.＿＿＿＿＿います。最初は漢字がぜんぜん読めませんでしたが、今は 500 字ぐらい c.＿＿＿＿＿＿＿＿＿。

記者　　スミスさん

この課の表現

「する」　　　　　　　　　　　「なる」
「〜ことにする」「〜ことにしている」　「〜ことになる」「〜ことになっている」
「〜ようにする」「〜ようにしている」　「〜ようになる」「〜ようになっている」

まずは確認

(1)「する」：

| イ形容詞（<s>い</s>）＋くする |
| ナ形容詞（<s>な</s>）＋にする |
| 名詞　　　　　　＋にする |

① 自分の意志で決めて行った動作は「する」を使う。
② 話し手が動作主の行為に注目するときに使う。
③ 動作主が対象になるものに変化を加えた事実を表すときは「人が＋名詞＋を〜くする／〜にする」で表す。

・（私は）電気をつけて、<u>部屋</u>を<u>明るく</u>しました。
・（私は）午後からお客さんが来るので<u>部屋</u>を<u>きれいに</u>しました。

意志：intention, 意志, 의지
動作：action, 动作, 동작
話し手：person speaking, 说话者, 화자
動作主：performer of an action, 做动作的人, 동작주
行為：deed, 行为, 행위
注目する：to pay attention to, 注目, 주목하다
対象：object, 对象, 대상
変化：change, 变化, 변화
加える：to add, 添加, 더하다
表す：to express, 表示, 나타내다

(2)「なる」： イ形容詞（い）＋ くなる
　　　　　　　ナ形容詞（な）＋ になる
　　　　　　　名詞　　　　 ＋ になる

① 動作主の動作の結果、変化が起きたことを表すときは「なる」を使う。
② 誰が動作をするかに関係なく、動作を受ける対象が変化したことに注目するときに使う。
③ 動作主が変化を加えたあとの状態、もしくは変化した結果は、「名詞＋が＋～くなる／～になる」で表す。

・電気がついて、部屋が明るくなりました。
・要らないものを捨てたら、部屋がきれいになりました。

(3)「～ことにする」： 動詞の辞書形 ＋ ことにする
　　　　　　　　　　動詞のナイ形 ＋ ことにする

① 自分の意志で決めて行う動作を表す。動作を行うのは今よりあとなので「ことに」の前はタ形を使わない。

・スピーチのテーマについていろいろ考えましたが、「私の国のまつり」について話すことにします。
・明日から、たばこを吸わないことにします。

② すでに決心したことを表明するときは「～ことにした」を使う。

・研究が忙しくなったので、アルバイトを辞めることにしました。
・今年の夏休みは国へ帰らないことにした。

(4)「～ことにしている」

自分で決めた習慣を続けていることを表す。

・A：毎日、ジョギングをしているんですか。
　B：はい、健康のために、毎日２キロ走ることにしています。

(5)「～ことになる」： 動詞の辞書形 ＋ ことになる
　　　　　　　　　　動詞のナイ形 ＋ ことになる

① 自分の意志で決めたことでも、結果的にその状態・事態になったこととして表す。

・A：発表の順番は決まりましたか。
　B：ええ、みんなで相談しましたが、この順番で発表することになりました。
・A：来週の飲み会は中止になったんですか。
　B：ええ、出席できる人が少ないので、飲み会はやらないことになったんです。
・来週の金曜日は休暇をとるので、３日間、休むことになります。

「する」と「なる」
➡第19課

結果：result, 结果, 결과

状態：situation, 状态, 상태

もしくは：or, 或者, 또는

ナイ形 ➡凡例

すでに：already, 已经, 이미
決心する：to determine, 决心, 결심하다
表明する：to indicate, 表明, 표명하다

結果的に：ultimately, 从结果上看, 결과적으로
事態：situation, 事态, 사태

② 自分の意志に関係なく結果的にそうなることを表す。すでに起きたことを表すときは「〜ことになった」を使う。

- 私の失言が結果的に彼を傷つけることになってしまった。
- 検査の結果、入院することになった。

③ ある出来事が次のことへと発展した(する)ことを表す場合は、「〜ことになる」「〜ことになった」の両方を使う。

- 大学生のときに読んだ１冊の本が彼の人生に大きな影響を与えることに{なる／なった}。
- ＡチームとＢチームが決勝戦に進出したので、両チームは３年連続、決勝戦で対決することに{なる／なった}。

出来事: affairs, 事件, 생긴 일

発展する: to expand, 発展, 발전하다

(6)「〜ことになっている」

ルール、規則で決まっていること、禁止されていることを表す。

- ここでは写真撮影ができないことになっています。
- この病院の敷地内では、たばこを吸ってはいけないことになっています。

ルール: rule, 規則, 규칙

規則: regulation, 規則, 규칙

禁止する: to forbid, 禁止, 금지하다

(7)「〜ようにする」： 動詞の辞書形 ＋ ようにする
動詞のナイ形 ＋ ようにする

① 動作主が対象に変化が起こるように働きかけることを表す。また、目標としていることが実現するように、努力していることを表す。

② 「〜ことにする」より「努力する」という意味が強くなる。

〈いつも寝坊して遅刻している学生が先生に〉
- （私は）来週からは遅刻しないように、（私は）毎朝６時に起きるようにします。

〈授業をよく休んでいる学生が先生に〉
- これからはできるかぎり授業を休まないようにします。〈努力する〉
- これからは授業を休まないことにします。〈自分で決めたこと〉

③ 動作主と対象が同じ場合と違う場合がある。

同じ場合：（私は）ぼうしをかぶって、（私は）日焼けしないようにします。

違う場合：（私は）窓を閉めて、虫が部屋に入らないようにした。

起こる: to occur, 発生, 발생하다

働きかける: to influence, 推動, 상대방에게 어떤동작을 하다

目標: aim/object of desire, 目標, 목표

実現する: to actualize (to come into fruition), 実現, 실현하다

努力する: to put in effort, 努力, 노력하다

(8)「～ようにしている」

動作主が意識的に続けていること、習慣になっていることを表す。

・健康のために、なるべく野菜をたくさん食べるようにしています。
・私は、できるだけ夜10時までには寝るようにしています。

意識的に: consciously, 有意识地, 의식적으로

(9)「～ようになる」： 動詞の辞書形 + ようになる

① 以前はできなかったこと、そうでなかったことが、少しずつ変化してできるようになったことや、そうなった結果、状態を表す。可能動詞（分かる、読める）や思考動詞（思う、考える）などと一緒に使うことが多い。

・日本に来たばかりのときは漢字がぜんぜん読めませんでしたが、今は読めるようになりました。
・留学してから、家族の大切さを考えるようになった。

以前: previous, 以前, 이전

可能動詞 ➡ p.245
思考動詞 ➡ p.247

② あることが変化して、前とは違う状態になったことを表す。習慣になって定着したことを表すこともある。

・機械が苦手な父が最近スマートフォンを使うようになりました。
　（以前は使わなかった → 今は使っている）
・日本に来てから、毎日自分で料理を作るようになりました。
　（国では料理を作らなかった → 今は自分で作っている）

定着する: to take hold, 固定, 정착하다

(10)「～ようになっている」

ものの仕組み、決まっていることについて説明する。

・このトイレは、人が入ってきたら自動的に電気がつくようになっています。
・このクラスが修了したら、次のレベルに上がれるようになっています。

仕組み: mechanism, 构造, 구조

練習1

▶ 次のa.とb.のうち、ふさわしいほうを選んでください。

1. 急に用事ができて、飲み会に参加（　　　）なった。
   a. できなく　　　　b. できないように

2. 私は、毎日、野菜ジュースを飲むことに（　　　）。
   a. しています　　　b. なっています

3. 大学院に進学したいので、今働いている会社を辞めることに（　　　）。
   a. しました　　　　b. なりました

4. 午後から急に会議が入ったので、今日の食事会には（　　）。

   a. 行けなくしました　　　b. 行けなくなりました

5. 今年から奨学金がもらえることに（　　）。

   a. しました　　　　　　b. なりました

6. 部屋が暑かったので窓を開けて、風が入るように（　　）。

   a. しました　　　　　　b. なりました

7. 数年前からインターネットで買い物ができる（　　）なりました。

   a. ように　　　　　　　b. ことに

8. 国では料理を作らなかったが、日本で一人暮らしを始めてから、自分で料理を作るように（　　）。

   a. した　　　　　　　　b. なった

9. 日本語がもっと上手になるように、毎日1時間は勉強することに（　　）。

   a. しています　　　　　b. なっています

10. このレバーを引くと、いすが回転する（　　）。

    a. ようになる　　　　　b. ようになっている

レベルアップ

①「～ことになる」の特別な使い方

自分の意志で決めたことでも、あいさつなどのフォーマルな場面では「～ことになる」を使う場合がある。

- 長い間お世話になりました。3月末に帰国することになりました。今まで本当にありがとうございました。

フォーマルな場面
→ p.252
場合: case, 场合, 경우

②「～ようにしてください」と「～てください」の使い分け

「～ようにしてください」＝ あることの実現のために、努力するよう求めるときに使う

「～てください」＝ 強く求めたり依頼したりするときに使う

- これから早く起きるようにしてくださいね。〈努力を求める〉

  これから早く起きてください。〈強く依頼する〉

- 明日からは遅刻しないようにしてください。

  明日からは遅刻しないでください。

使い分け: differentiation of use, 区别用法, 적절한 사용

求める: to wish for, 要求, 요구하다

③「~ようにする・~ようにしている」と一緒に使われる表現

「~ようにする・~ようにしている」には努力する・意識的に続けているという意味が含まれるため、「なるべく」「できるだけ」などの副詞と一緒に使うことが多い。

・仕事が多いときでも、なるべく7時には家に帰るようにしている。

・これからは週末はできるだけ家族と過ごすようにします。

含まれる：to be included, 包含, 포함되다

④ 動詞の種類と変化を表す表現

変化の意味を表す変化動詞(増える、減る、なる、など) ──「~てきた」

変化の意味を表さない動作動詞(食べる、書く、読む)
可能表現(可能形、分かる、できる、など) ──「~ようになった」

・コンビニが増えて、便利になってきた。(変化動詞)

・最近は小さい子どももインターネットを使うようになった。(動作動詞)

・日本に来てから自転車に乗れるようになった。(可能形)

種類：types, 种类, 종류

変化動詞 ➡ p.252

動作動詞 ➡ p.250

⑤「~ようになる」の否定形

~ようになる → [○] ~なくなる
　　　　　　　[×] ~ないようになる

・[○] 最近はめったに手紙を書かなくなった。
　[×] 最近はめったに手紙を書かないようになった。

・[○] 仕事が忙しくて友だちに会えなくなった。
　[×] 仕事が忙しくて友だちに会えないようになった。

練習2

▶次の a. ~ d. の中で、最もふさわしいものを選んでください。

1. 現在、日本の法律では20歳未満の未成年者はお酒を飲んではいけないことに(　　)。

　　a. しました　　b. なりました　　c. しています　　d. なっています

2. 今日からこの会社でお世話になることに(　　)。どうぞよろしくお願いします。

　　a. しました　　b. なりました　　c. しています　　d. なっています

3. 仕事が多くなればなるほど、ストレスも(　　)。

　　a. 多い　　b. 多いになる　　c. 多くなる　　d. 多くなっている

4. 日本は小学校と中学校が義務教育なので、日本の子どもは9年間、学校で(　　)。
   a. 勉強することにします　　　b. 勉強しないことになります
   c. 勉強することにしています　d. 勉強することになっています

5. 最近急に太ったので、去年買ったスカートが(　　)。
   a. はかない　　　　　　　　b. はけなくなった
   c. はけないようになった　　d. はけないことになった

6. T大学は8時40分に1時限目の授業が始まる(　　)。
   a. ようにしています　　　　b. ようになっています
   c. ことになっています　　　d. ことにしています

7. 私は日本語の練習のために、できるだけ母語を使わない(　　)。
   a. ようにしています　　　　b. ようになっています
   c. ことになっています　　　d. ことになります

8. 毎日、英会話の練習をしているので、少し英語が(　　)。
   a. 話すことにしました　　　　b. 話すことになりました
   c. 話せるようにしました　　　d. 話せるようになりました

9. 若いときは油っこい物が好きだったけど、年を取ってから(　　)。
   a. 食べられなくなった　　　　b. 食べられないようになった
   c. 食べられないことになった　d. 食べられないことにした

10. 医者：のどがはれていますね。たばこを吸わない(　　)ください。
    患者：はい、分かりました。今日からやめます。
    a. ようにして　　b. ようになって　　c. ことになって　　d. ことにして

✏️ 文作り

▶この課の項目(する・なる)を使って文を作ってください。

1. 来年4月から日系企業で＿＿＿＿＿＿＿＿＿＿＿＿＿＿＿＿＿＿＿＿＿＿＿＿＿＿＿。

2. さっきまで動いていたパソコンが急に＿＿＿＿＿＿＿＿＿＿＿＿＿＿＿＿＿＿なった。

3. この洗濯機、高いですね。もう少し＿＿＿＿＿＿＿＿＿＿＿＿＿＿＿＿もらえませんか。

4. 今の部屋はせまいので、もっと広い部屋に_____。

5. どうしようかと迷いましたが、10月に入学試験を_____。

6. 私は健康のために、できるだけエスカレーターを_____。

7. 今週からパソコンで自分の成績が見られる_____。

8. 私は日本語の勉強のために、毎日_____。

9. 2010年に日本へ来たので、今年で_____ことになる。

10. 最近、a._____ので、b._____なくなりました。

間違い探し

▶次の文には間違いがあります。間違っているところに＿＿を引いて、正しく直してください。

1. 昨日は熱がありました。早く家に帰って休んだので、今日はよくになりました。

2. 来年の３月に大学を卒業することにしました。

3. 卒業したら日本の会社で働きたいので、日本語の勉強を続けることになりました。

4. 入社試験に合格したので、来月からA会社で働くようになりました。

5. 日本では、2011年7月24日からアナログテレビが見られないようになりました。

用例見つけた! 下の文章に、この課で勉強した項目(する・なる)が、使われています。どのように使われているか意味を考えながら、次の文章を読んでみましょう。

日本人は清潔好きでほとんど毎日風呂に入ります。日本人にとって浴室は、単に体を洗う場所ではなく、湯船につかりゆっくりくつろぐ場所でもあります。同じお湯を家族みんなで使うため、湯船には体を洗ってから入ります。

温泉は日本の各地にあり、温泉リゾートは日本人に最も人気のある旅行先です。近年は、住宅地に「日帰り温泉」と呼ばれる施設が相次いででき、手軽に楽しめるようになりました。露天風呂、ジャグジー、サウナ、レストラン、理髪店、マッサージなどさまざまな心地よい設備があり、安い価格で楽しめます。

「日本人はお風呂が大好き」より
Hir@gana Times(2012.2) p.22

清潔好き: fondness for hygiene, 爱干净, 깨끗한 것을 좋아하다
浴室: bath room, 浴室, 욕실
湯船: bathtub, 浴缸, 욕조
つかる: bathing, 浸, 몸을 담그다
くつろぐ: relax, 放松, 편안히 쉬다
お湯: hot water, 洗澡水, 더운 물, 뜨거운 물
住宅地: residential area, 住宅区, 주택지
日帰り温泉: day visitor onsen, 温泉一日游, 당일 온천여행
施設: facilities, 设施, 시설
相次ぐ: one after the other, 相继, 잇달다, 연잇다
手軽に: with ease, 轻易的, 손쉽게
露天風呂: outdoor bath, 露天温泉, 노천탕
理髪店: barber shop, 理发店, 이발소
心地よい: calming, 舒适的, 편안하다
設備: facilities, 设备, 설비

クロージング・トーク

私の友だちのスミスさんは日本語がとても上手だ。今日、研究室で勉強しているとき、大学の新聞を作っている記者が研究室にスミスさんにインタビューにきた。スミスさんは日本語が上手になるように、できるだけ日本語で話すようにしていると答えていた。毎日、漢字を5つ覚えることにしているので、今は500字ぐらい読めるようになったそうだ。私もスミスさんに負けないように、一生懸命勉強したいと思った。

column コラム 3

いろいろな日本語③
《男言葉と女言葉》

話し言葉では、男性と女性が使う言葉に、違いがある場合があります。主に、人を指す言葉や終助詞に多いです。しかし、最近は男言葉と女言葉の違いが小さくなっています。

		男言葉	女言葉
1人称		ぼく、おれ、わし、自分	わたし、あたし
2人称		お前、君	あなた、あんた
名詞		飯	ご飯
		腹	お腹
動詞		食う	食べる
		（腹が）へる	（お腹が）すく
終助詞		よ	わよ
		ぞ	わ
		かな	かしら

会話の中で使われている言葉から、話し手の性別や相手との関係が分かるような言葉があります。以下の会話では、二人の性別や関係が分かります。

〈例〉［友だち同士の会話］
　A：あ〜、腹へった。めし、食いに行こうか。〈男の人〉
　B：うん、あたしもお腹すいたわ。一緒に行こう。〈女の人〉

　　［おじいさんと孫の会話］
　A：おい、太郎！　わしと一緒に公園に行かんか。〈おじいさん〉
　B：ぼく、一郎とサッカーの約束があるんだよ。〈孫（男の子）〉

9 テ形と否定形

スタート・トーク

次のような場面で、2人の会話はどうなるでしょうか。＿＿＿に適切な表現を書いて、会話を完成させてください。

① どうしたの？
大丈夫？

② うーん、
頭が a.＿＿＿＿＿＿
歩けない…

③ 今日はもう
会議に b.＿＿＿＿＿、
c.＿＿＿＿＿＿ほうが
いいんじゃない？

この課の表現

テ形 「～て」　否定形 「～なくて」「～ないで／～ずに」

まずは確認

【テ形（肯定）】

(1) X て Y

動詞	て（テ形）	
イ形容詞（い→く）	て	Y
ナ形容詞（な→）／名詞	で	

X

動詞	イ形容詞	ナ形容詞	名詞
行って	赤くて	便利で	事故で

① 継起　〈接続：動詞のみ〉

　意味　X をしてから、Y をする。

・図書館へ行って、本を探す。[行く→探す]

・切符はここで買えますよ。お金を入れてボタンを押してください。
　　　　　　　　　　　　　　　　　　　　　　　　[入れる→押す]

テ形 ➡ 凡例
肯定：affirmative, 肯定, 긍정

継起 ➡ ? p.247
接続 ➡ ? p.249

② 付帯状況　〈接続：動詞のみ〉

　意味　XをしたYで、Yをする。

→ Yをするときの状況・様子をXで説明する。

・目が悪くなるから、電気をつけて本を読みなさい。
　　　　　　　　　　　　　　　　[Xは本を読むときの部屋の状態]

・お父さんは、横になってテレビを見ている。[Xはテレビを見るときの様子]

③ 原因・理由　〈接続：動詞／イ形容詞／ナ形容詞／名詞〉

　意味1　Xだったから（原因・理由）、Yである（結果）。

→ Xはすでに起こったことで、これから起こることには使えない。

・長年思い続けてきた願いがかなってうれしい。[かなった→うれしい]

・プロポーズされて、うれしくて涙が出た。[うれしかった→涙が出た]

・いなくなっていた犬が戻ってきた。無事でよかった。[無事だった→よかった]

・[×] 来週給料をもらって新しいパソコンが買える。

　[○] 来週給料をもらうので、新しいパソコンが買える。

　意味2　XについてYでお礼やおわびを言う。

・遅くなってすみません。

→ お礼の場合、相手の動作を自分が受けたので、「〜てくれる」を入れる。

・[○] 昨日は駅まで送ってくれてありがとう。

　[×] 昨日は駅まで送ってありがとう。

④ 並列　〈接続：動詞／イ形容詞／ナ形容詞／名詞〉

　意味　Xである、そしてYでもある。

・このレストランの料理は安くておいしい。[安い＋おいしい]

・月曜日はパスタを食べて、火曜日は焼き肉を食べた。[パスタ＋焼肉]

・彼は英語もできて、フランス語もできる。[英語＋フランス語]

付帯状況 ➡ ❓ p.252

状態: situation, 状态, 상태

状況: circumstance, 状况, 상황

様子: outward appearance, 情况, 모습

原因・理由 ➡ 第5課

すでに: already, 已经, 벌써

起こる: to occur, 发生, 일어나다

おわび: apology, 道歉, 사죄

相手: person being directed, 对方, 상대방

動作: action, 动作, 동작

並列 ➡ ❓ p.252

9 テ形と否定形

【否定形】

(2) X なくて Y

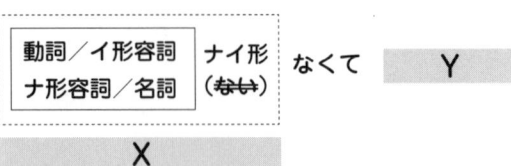

| 動詞／イ形容詞 ナ形容詞／名詞 | ナイ形（ない） | なくて | Y |

X

動詞	イ形容詞	ナ形容詞	名詞
行かなくて	赤くなくて	便利{じゃ／では}なくて	事故{じゃ／では}なくて

① 原因・理由 〈接続：動詞／イ形容詞／ナ形容詞／名詞〉

意味 X ではないから(原因)、Y である(結果)

・昨日は電車が動かなくて大変だった。[動かなかった→大変だった]

・目覚まし時計が鳴らなくて、起きられなかった。
　　　　　　　　　　　　　　　　　[鳴らなかった→起きられなかった]

※「ある」の否定形は「ない」になる。([×]あらなくて)

・今日は時間があって、友だちとゆっくり話すことができた。

・昨日は時間がなくて、友だちとゆっくり話すことができなかった。

② 並列 〈接続：イ形容詞／ナ形容詞／名詞　※動詞は接続できない〉

意味 X ではない。Y である

　A：これ、犬かな？ ねこかな？ たぶんねこだろうね。
　B：これは、ねこじゃなくて犬だよ。鼻が前に出てるからね。
　　　　　　　　　　　　　　　　　　　　[ねこではない＋犬だ]

・このレストランの料理は高くなくておいしい。　　[高くない＋おいしい]

(3) X ないで Y／X ずに Y

| 動詞のナイ形（ない） | ないで／ずに | Y |

X

※「〜ずに」の場合、3グループの「する」→「せずに」になる

※「〜ている」がある場合、「〜ていずに」ではなく「〜ていないで」になる

① 継起 〈接続：動詞のみ〉

意味1 X はしない。Y をする

・ゼミの資料を準備しなければならなかったのに、せずに寝てしまった。
　　　　　　　　　　　　　　　　　　　　　　　　[準備しない→寝た]

否定：negative, 否定, 부정

ナイ形 ➡ 凡例

結果：result, 結果, 결과

意味2 X の代わりに Y をする

→意味1になるか意味2になるかは、文脈によって決まる。

・昨日は図書館に行かないで、うちで勉強した。

　　　　　　　　　　　　　　　［図書館に行かない→うちで勉強する］

文脈: context, 文脉, 문맥

② **付帯状況**　〈接続：動詞のみ〉

意味　X をしない状態で、Y をする

→Y をするときの状況・様子を X で説明する。

・コートを着ないで出かけた。［X は出かけるときの様子］

・彼は何も言わずに部屋を出て行った。［X は出て行くときの様子］

用法: directions, 用法, 용법

まとめ: summary, 总结, 정리

■「X て Y」「X なくて Y」「X ないで Y／X ずに Y」の用法のまとめ

	肯定	否定	
	て	なくて	ないで／ずに
①継起	靴を**脱いで**入る	×	靴を**脱がないで／脱がずに**入る
②付帯状況	コートを**着て**出かける	×	コートを**着ないで**出かける
③原因・理由	願いが**かなって**うれしい	願いが**かなわなくて**悲しい	×
④並列	**安くて**おいしい 医者で作家だ	**高くなくて**おいしい 医者じゃなくて作家だ	（×高くないでおいしい） （×医者じゃないで作家だ）

練習 1

▶次の a. と b. のうち、ふさわしいほうを選んでください。

1. A：私、最近寒いから、靴下を（　　）寝てるんだ。

　　a. はいて　　　　b. はかないで

　B：そうなの？　私は（　　）寝るよ。裸足のほうが気持ちいいよ。

　　a. はいて　　　　b. はかないで

2. 苦しくても、（　　）最後までがんばる。

　　a. 諦めなくて　　b. 諦めないで

3. いつもは朝ご飯を食べてくるのに、今日は（　　）来たら、もうお腹がすいてきた。

　　a. 食べて　　　　b. 食べずに

4. もう！外が(　　)眠れない！
   a. うるさくて　　　b. うるさいで

5. 最近は(　　)、なかなか本を読む時間が取れない。
   a. 忙しくて　　　b. 忙しくなくて

6. 週末、化粧を(　　)出かけたら、友だちに私だと気づいてもらえなかった。
   a. しずに　　　b. せずに

7. この書類は、えんぴつ(　　)、黒のボールペンで記入してください。
   a. ではなくて　　　b. ではないで

8. 健康のために、毎日駅まで(　　)行きます。それから電車に乗ります。
   a. 歩いて　　　b. 歩いてから

9. 昨日はパソコンが(　　)メールがチェックできなかった。
   a. 使えなくて　　　b. 使えないで

10. A：どこ行くの？
    B：本屋へ(　　)、それからちょっと郵便局にも行ってくる。
    a. 行って　　　b. 行かないで

レベルアップ

① 「XてY」「XなくてY」と「から」「ので」

原因・理由の「～て／～なくて」は、Yで感情や事実を述べるが、その原因となった出来事Xは、すでに決まったこと、あるいは終わったこと(過去)である。これからのこと(未来)を言う場合は、「から」「ので」を使う。

- [○] 先週、国から両親が来てうれしかった。(Xは過去のこと)

  [×] 来週、国から両親が来てうれしい。

  [○] 来週、国から両親が来るから／のでうれしい。(Xは未来のこと)

② 「～も～ずに」

「～ずに」は「～も～ずに」で慣用表現としてよく使われる。話し言葉でも、決まった言い方として使われることが多い。

- 彼は食事もせずに、ずっと本を読んでいる。

感情: emotion, 感情, 감정
事実: facts, 事实, 사실
述べる: to mention, 陈述, 진술하다
出来事: affairs, 事件, 생긴 일
あるいは: or, 或者, 또는
過去: past, 过去, 과거
未来: future, 未来, 미래

慣用表現 ➡ ❓p.246
話し言葉 ➡ ❓p.251
言い方: expression, 说法, 표현방법

・子：ただいま。かさがなかったから濡れちゃった。
　母：え！こんな雨の中、かさもささずに歩いて帰ったの？　風邪ひくから、早くお風呂に入りなさい。

練習2

▶次のa.～d.の中で、最もふさわしいものを選んでください。

1. いい部屋が（　　）よかったですね。
　　a. 見つけて　　b. 見つけないで　　c. 見つからなくて　　d. 見つかって

2. 最近、私は紅茶にしょうがを（　　）飲んでいます。温まりますよ。
　　a. 入れて　　b. 入れないで　　c. 入れなくて　　d. 入って

3. 母親は帰りの遅い娘を心配して、一睡も（　　）帰りを待った。
　　a. して　　b. せずに　　c. しなくて　　d. しないので

4. このぐらいの軽いけがで（　　）よかったですね。
　　a. すんで　　b. すまないで　　c. すまなくて　　d. すまない

5. 今年の新入社員は文句も（　　）よく働いている。
　　a. 言って　　b. 言ってなくて　　c. 言わなくて　　d. 言わずに

6. 彼は誰にも相談（　　）、突然、会社を辞めた。
　　a. して　　b. せずに　　c. しなくて　　d. しない

7. A：Bさん、レポート提出は金曜日だっけ？
　　B：ううん、確か、金曜日（　　）、木曜日だったと思うけど。
　　a. で　　b. じゃなくて　　c. じゃないで　　d. ではないので

8. A：ねえ、中村さんの奥さんに会ったことある？
　　B：うん。（　　）感じのいい人だね。
　　a. 明るくて　　b. 明るいで　　c. 明るくなくて　　d. 明るくないで

9. 母親：こら、まだゲームしてるの！いつまでもゲームばかり（　　）勉強しなさい！
　　a. していて　　b. していないで　　c. していなくて　　d. していずに

10. A：遠慮（　　）たくさん食べてくださいね。
　　B：ありがとうございます。いただきます。
　　a. して　　b. しなくて　　c. せずに　　d. しない

📝 文作り

▶この課の項目(テ形と否定形)を使って文を作ってください。

1. A：昨日は何をしましたか。
   B：昨日は、えっと、朝 a._____て、午後は b._____。

2. _____{て／で} 嬉しかった。

3. 私は目玉焼きを食べるとき、a._____ を b._____て食べます。

4. A：釣りが趣味だそうですね。先週末も行かれたんですか。
   B：いえ、先週は体調が悪かったので_____うちで寝ていました。

5. _____{て／で} 残念です。

6. A：連休に京都へ行くんですか？　いいですね。京都で何をするんですか？
   B：えっと、a._____、b._____つもりです。

7. 紀子ちゃんはいつも人の話を_____、自分のことばかりしゃべる。

8. a._____とき、緊張して b._____。

9. A：中村さんはどの方ですか。
   B：中村さんね、あそこのいすに座って_____いる人ですよ。

10. この文章を覚えましたか。では、本を_____言ってみてください。

■ 間違い探し

▶次の文には間違いがあります。間違っているところに＿＿を引いて、正しく直してください。

1. 足が痛いで歩けない。

2. 太郎は、勉強もしなくて、ずっと遊んでいる。

3. インターネットがつながらないで、メールが送れなかった。

4. 田中さん、いつも私を手伝ってありがとう。

5. 急に停電になったとき、何も見えないで怖かった。

用例見つけた！

下の文章に、この課で勉強した項目（テ形と否定形）が、使われています。どのように使われているか意味を考えながら、次の文章を読んでみましょう。

Q 国内勤務ですが、配属された部署の上司が外国人です。どう接すればいいでしょうか？

A 企業のグローバル戦略の拡大や国際的なM＆A（合併・買収）などに伴って職場もグローバル化し、上司が外国人となるケースも増えています。（中略）
新入社員はただでさえ遠慮しがちですが、外国人上司には疑問や意見などがあれば時間をおかず遠慮せずに伝えましょう。逆に意見を聞かれたときに臆さずに主張することも必要です。
アフター5などの付き合い方は、社風や習慣などを先輩に確認して、それに合わせれば良いでしょう。

「会社の常識　新入社員Q＆A」より
日本経済新聞 2011年8月22日

- 配属する: to assign, 分配, 배려하다
- 部署: one's post, 部门, 부서
- 上司: one's superior, 上司, 상사
- 接する: to connect with, 接触, 접하다
- グローバル戦略: global strategy, 全球化战略, 글로벌 전략
- 拡大: expansion, 扩大, 확대
- 合併・買収: merger and acquisition, 合并・收购, 합병, 매수
- ～に伴って: at the same time as ～, 伴随着, ～에 동반해서
- ただでさえ: already, 本来就（已经）, 그렇지 않아도
- 遠慮する: to hold back, 客气, 사양하다
- ～がち: tend to ～, 容易, 툭하면 ～하다, ～경향이 있다
- 時間をおかず: immediately, 立刻, 시간을 두지 않고
- 臆さずに: without being timid, 不胆怯, 떳떳하게
- 主張する: to insist, 主张, 주장하다
- アフター5: after 5 PM, after work, 5点后（工作结束后）, 5시이후
- 社風: company's style, 公司氛围, 회사풍, 사풍

クロージング・トーク

今日は、朝から頭が痛くて、つらかった。午前中は、薬を飲んでがんばって仕事をしたけど、午後は痛みがひどくなって歩けなくなった。それを見て、同僚が午後の会議には出ないで帰ったほうがいいと言ってくれた。帰って薬を飲んで寝たので少し楽になった。明日は今日の分までしっかりがんばろう。

10 名詞修飾

スタート・トーク

次のような場面で、2人の会話はどうなるでしょうか。_____ に適切な表現を書いて、会話を完成させてください。

① 犬を探しているんですが、見かけませんでしたか。

（テリー）

② 何匹か見ましたけど、どんな犬ですか？

③ a._____犬です。b._____っていう名前なんですけど。

この課の表現

名詞修飾 「名詞＋の＋名詞、イ形容詞＋名詞、ナ形容詞＋名詞」
「動詞（ル形／テイル形／タ形）＋名詞」「～という＋名詞」

まずは確認

【名詞修飾とは】

後ろにある名詞について説明する表現である。

修飾: modification, 修饰, 수식

田中さん は 週末、デパート で かばん を買った。
　主語　　　　　　　　　　　　　目的語

① 人を説明する　　　デパートでかばんを買った → 田中さん〈人〉
　　　　　　　　　　　名詞修飾

② 場所を説明する　　田中さんがかばんを買った → デパート〈場所〉

③ 物を説明する　　　田中さんがデパートで買った → かばん〈物〉

④ 時を説明する　　　田中さんがデパートでかばんを買った → 週末〈時〉

(1) 修飾された名詞

修飾された名詞は、**主語・主題**、**目的語**、**述語**にすることができる。

- 田中さんがデパートで買った かばん は どれですか。
  　　　　　　　　　　　　　　　　　主語・主題
- 田中さんがデパートでかばんを買った 日 は 雪で電車が止まりました。
  　　　　　　　　　　　　　　　　　　主語・主題
- 田中さんがデパートで買った かばん を 見ました。
  　　　　　　　　　　　　　　　　目的語
- これは、 田中さんがデパートで買った かばん です。
  　　　　　　　　　　　　　　　　　　　述語

主語 ➡ p.248
主題 ➡ p.248
目的語 ➡ p.253
述語 ➡ p.249

(2) 名詞／イ形容詞／ナ形容詞 による名詞修飾

```
┌─────────┐
│ 名詞     │
│ イ形容詞 │ の普通形 ＋ │ 名詞 │
│ ナ形容詞 │
└─────────┘
```

名詞の現在の形＝「名詞 ＋ の ＋ 名詞」
ナ形容詞の現在の形＝「だ」→「な ＋ 名詞」

- このお店の料理は、母の味に似ています。
- 私は、白いシャツが好きで、たくさん持っています。
- 今日は私のおごりです。好きな料理を何でも注文してください。
- 学生じゃない人は割引が受けられません。

現在: current, 现在, 현재

(3) 動詞による名詞修飾

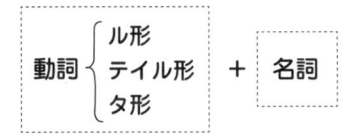

```
┌──────┬───────┐
│      │ ル形   │
│ 動詞 │ テイル形│ ＋ │ 名詞 │
│      │ タ形   │
└──────┴───────┘
```

ル形 ➡ 凡例、第12課
タ形 ➡ 凡例、第12課

① ル形＋名詞　**意味** これからする動作、これから起こる変化、習慣を表す

- これは、明日飲むワインです。［これからする動作］
- 明日、授業に来られない理由を先生に説明した。［これから起こる変化］

動作: action, 动作, 동작
起こる: to occur, 发生, 일어나다
変化: change, 变化, 변화
表す: to express, 表示, 나타내다

② テイル形＋名詞　**意味1** 今している動作を表す
　　　　　　　　　意味2 変化が終わったあとの状態を表す

- 今、飲んでいるワインはフランスのワインです。［今している動作］
- 破れている服は、もう捨てましょう。［状態］

状態: situation, 状态, 상태

◆ 現在の状態を表すときに「〜テイル」の形でしか使わない動詞

持つ　　田中さんが持っている車は日本製です。

知る　　駅の近くで私が知っているお店は、1軒しかありません。

住む　　田中さんが住んでいるアパートは駅の近くにあります。

結婚する　私の職場に結婚している人は3人います。

③ タ形 ＋ 名詞　意味1　終わった動作を表す
　　　　　　　　意味2　変化が終わったあとの状態を表す

・これは、昨日飲んだワインです。[終わった動作]

・破れた服は、もう捨てましょう。[現在の状態]

◆「テイル形 ＋ 名詞」「タ形 ＋ 名詞」が同じことを表す場合

その人、またはその人が身につけている物・所有物の状態や、ある物の性質について述べている場合(=② 意味2、③ 意味2)、「テイル形＋名詞」「タ形＋名詞」どちらを使っても同じ意味になる。

・破れている服／破れた服は、もう捨てましょう。

・このクラスには、めがねをかけている人／かけた人がたくさんいます。

身につける：on one's person, 穿戴, 몸에 지니다

所有物：possessions, 所有物, 소유물

性質：qualities, 性质, 성질

(4)「〜という」による名詞修飾

```
動詞／イ形容詞／ナ形容詞   の普通形 ＋ という ＋ 名詞
　　　　名詞        　(だ)
```

意味1　あまり有名でない物、相手が知らないと思っている物を説明する

→「X という Y」のように説明する場合、X には具体的な名詞、Y には X が含まれるカテゴリーを表す名詞を使う。

・私のうちの近くに、ニコニコマート という スーパー があります。
　　　　　　　　　　　X　　　　　　　　Y

意味2　「ニュース」「手紙」「メール」などの内容を説明する

・先生：何かあったらメールで連絡してください。
　学生：実は、先週メールをお送りしたんですが、送信できませんでしたというメールが返ってきたんです。

・首相が国際会議に参加しないというニュースが入ってきました。

→ニュースの内容を具体的に言っている場合、「〜という」を使うが、内容を表していない場合は使わない。

・昨日のテレビで言っていたニュースは、本当でしょうか。

具体的な：concrete, 具体的, 구체적인

含まれる：is included, 包含, 포함되다

カテゴリー：category, 范畴, 카테고리

内容：contents, 内容, 내용

◆話し言葉では、「〜っていう」「〜って」を使う。　　話し言葉 ➡ p.251

・高橋さんっていう(＝という)人、知ってる?

練習1

▶ 次のa.とb.のうち、ふさわしいほうを選んでください。

1. 旅行のときに使える(　　)かばんが欲しいなあ。
   a. 大きいの　　　b. 大きい

2. 先週、(　　)ケータイを落としてしまいました。
   a. 買ったばかりの　b. 買ったばかり

3. 災害が起きた場合は、すぐに(　　)場所に避難してください。
   a. 安全の　　　　b. 安全な

4. あそこで、本を(　　)人が田中さんですよ。
   a. 読んでいる　　b. 読んだ

5. あそこにいる、ストライプのスーツを(　　)人、素敵ですね。
   a. 着る　　　　　b. 着ている

6. ねえ、見て見て。あそこの、黒いぼうしを(　　)人、女優のAさんじゃない?
   a. かぶる　　　　b. かぶった

7. 山下さんが(　　)写真を見たことがありますか。すごく上手なんですよ。
   a. 撮る　　　　　b. 撮った

8. 先週、田中先生の講演会に出席したんだけど、私の(　　)人はほとんどいなかったよ。
   a. 知る　　　　　b. 知っている

9. A：最近、田中さんが(　　)車、すごいね。高そう。
   B：あれね、先月買ったんだって。
   a. 乗っている　　b. 乗った

10. 昨日も、熱中症で25人が病院に運ばれた(　　)ニュースがありました。みなさんも気をつけてください。
    a. という　　　　b. の

レベルアップ

① 動詞の種類と名詞修飾の形

動作動詞	瞬間動詞	結婚する、持つ、死ぬなど
	➡「ている」をつけると結果の状態を表す ・うちの学校には結婚している先生が2人います。	
	継続動詞	読む、食べる、勉強するなど
	➡「ている」をつけると動作の進行を表す ・あそこで新聞を読んでいる人は鈴木さんです。	
状態動詞	「ている」を使わない動詞	ある、いる
	・明日、時間がある人は手伝いに来てください。	
	「ている」を使う動詞	すぐれる、似る、とがる
	・ここに穴を開けたいんですが、何か先がとがっているものを持っていませんか。	

瞬間動詞 ➡ ? p.249

動作動詞 ➡ ? p.250
継続動詞 ➡ ? p.247

進行：progression, 进行, 진행

状態動詞 ➡ ? p.249

②「イ形容詞 + 名詞」の特別な名詞修飾

■「多い、近い、遠い」が基本形で名詞を修飾する場合

「多くの（たくさんの）、近くの、遠くの」のような形で名詞を修飾する。

[×] 多い＋名詞　（多い人）　　[×] 近い＋名詞　（近い交番）
　　↓　　　　　　　　　　　　　　↓
[○] 多く＋の＋名詞（多くの人）　[○] 近く＋の＋名詞（近くの交番）

[×] 遠い＋名詞　（遠い山）
　　↓
[○] 遠く＋の＋名詞（遠くの山）

・[×] 昨日の学会には多い人が集まりました。
　[○] 昨日の学会には多くの人／たくさんの人が集まりました。

・[×] 道に迷ったようだ。近い交番で聞いてみよう。
　[○] 道に迷ったようだ。近くの交番で聞いてみよう。

基本形 ➡ 凡例

修飾する ➡ ? p.248

■「大きい、小さい、おかしい」が名詞を修飾する場合

イ形容詞の「い」を「な」にして後ろの名詞を修飾することもできる。具体的に目に見えるものを修飾するときは、「い」「な」どちらも使えるが、抽象的な目に見えないものには「な」を使うことが多い。

抽象的な：abstract, 抽象的, 추상적인

〈具体的なもの〉
・庭に、かわいくて小さい／小さな花が咲いていました。
・この作文の日本語で、おかしい／おかしなところがあったら教えてください。

〈抽象的なもの〉
・小さな努力の積み重ねが、大きな成功につながります。
・誰もいないのに急にドアが開くなど、最近、おかしな出来事が続いています。

③ 名詞修飾が主語になるとき

修飾された名詞が主語になるとき、修飾する部分の助詞を「が」あるいは「の」で示す。

・［×］田中さん は 買ったかばんは、どれですか。
　　　　↓
　［○］田中さん が／の 買ったかばんは、どれですか。

部分: part, 部分, 부분

④ 「～という」を使う場合と使っても使わなくてもいい場合

■「～という」を使う場合 … 後ろの名詞が言語表現に関わるもの
　　　　〈例〉話、噂、ニュース、質問、手紙、理由 など

　　　　後ろの名詞が思考や感情に関わるもの
　　　　〈例〉考え、推測、喜び、不安 など

・夏休みの宿題はないほうがいいという意見があります。
・一人暮らしは、生活リズムが乱れてしまうんじゃないかという不安があります。

言語表現: expression relating to language, 言語表現, 언어표현

関わる: related to, 有关, 관계하다

思考: thought, 思考, 사고

感情: emotion, 感情, 감정

■「～という」を使っても使わなくてもいい場合
　　　　… 後ろの名詞が出来事や事柄を表すもの
　　　　〈例〉事件、事故、仕事、アルバイト など

・私は、海外の絵本を自分の国の言葉に翻訳する（という）仕事をしています。

事柄: matters/affairs, 事情, 사항, 내용

表す: to express, 表示, 나타내다

10 名詞修飾

練習2

▶次の a.～d. の中で、最もふさわしいものを選んでください。

1. これは私が子どものころに（　　　）絵です。

   a. 描く　　b. 描いている　　c. 描いた　　d. 描いたの

2. A：木村さんが去年から（　　　）アパートは、どうですか。
   B：駅から近くて便利です。

   a. 住む　　b. 住んでいる　　c. 住んだ　　d. 住んでの

93

3. 〈AがBの腕時計を見て〉

    A：めずらしいデザインの時計ですね。

    B：ええ、これは祖父に(　　)時計なんです。

    a. もらった　　b. あげた　　　c. くれた　　　d. もらったの

4. 京都には、一年中(　　)観光客が訪れます。

    a. 多い　　　b. 多いの　　　c. 多くの　　　d. 多かった

5. 私の故郷は、緑が多くて、空気が(　　)ところです。

    a. きれい　　b. きれいな　　c. きれいだ　　d. きれいの

6. 本日、午後、雨の(　　)確率は50%です。

    a. 降る　　　b. 降った　　　c. 降っている　d. 降っていた

7. オリンピックに出場する選手に、国民は(　　)期待を寄せています。

    a. 大きい　　b. 大きな　　　c. 大きいの　　d. 大きいな

8. 田中さん、先月(　　)本だけど、そろそろ返してもらえない？

    a. 貸す　　　b. 貸している　c. 貸した　　　d. 貸していた

9. 〈デパートのサービスカウンターで〉

    A：あの、すみません。どこかに手さげ袋を忘れてしまったんですが。

    B：どのような手さげ袋でしょうか。

    A：ピンクのリボンが(　　)手さげ袋です。

    a. つく　　　b. つけた　　　c. ついた　　　d. ついていた

10. お金がないので、できるだけ(　　)物は買わないようにしています。

    a. むだ　　　b. むだの　　　c. むだだ　　　d. むだな

✏ 文作り

▶この課の項目(名詞修飾)を使って文を作ってください。{　　}の中は、どちらか選んでください。

1. 私は a.＿＿＿＿＿＿＿＿＿郵便局で b.＿＿＿＿＿＿＿＿＿切手を買いました。

2. 私の国には、お正月、＿＿＿＿＿＿＿＿＿＿＿＿＿＿＿＿習慣があります。

3. 私は、日本の＿＿＿＿＿＿＿＿＿＿＿というﾄﾞﾗﾏ／映画を見たことがあります。

4. A：あの、かさを忘れてしまったんですが。

　　B：どんなかさですか。

　　A：＿＿＿＿＿＿＿＿＿＿＿＿＿＿＿＿＿＿＿＿＿＿＿＿＿＿＿＿＿＿かさです。

5. 将来は a.＿＿＿＿＿＿＿＿＿て（で）b.＿＿＿＿＿＿＿＿＿家に住みたいです。

6. A：私の国には a.＿＿＿＿＿＿＿＿＿＿＿＿＿＿＿＿＿という料理があります。

　　B：どんな料理ですか。

　　A：b.＿＿＿＿＿＿＿＿＿＿＿＿＿＿＿＿＿＿＿＿＿＿＿＿＿料理です。

7. A：私の国には a.＿＿＿＿＿＿＿＿＿＿＿＿＿＿＿＿＿という日があります。

　　B：どんな日ですか。何をするんですか。

　　A：b.＿＿＿＿＿＿＿＿＿＿＿＿＿＿＿＿＿＿＿＿＿＿＿＿＿日です。

8. 田中：山本さん、マリアさんの彼氏に会ったことある？どんな人？

　　山本：うん、会ったことあるよ。＿＿＿＿＿＿＿＿＿＿＿＿＿＿＿人だよ。

9. 私が通っていた高校には、＿＿＿＿＿＿＿＿＿＿＿＿＿＿＿という規則がありました。

10. 私は＿＿＿＿＿＿＿＿＿＿＿＿＿＿＿＿＿＿＿＿＿ときに一番幸せを感じます。

間違い探し

▶次の文には間違いがあります。間違っているところに＿＿＿を引いて、正しく直してください。

1. A市は、先週の台風で、大きいな被害を受けました。

2. A：庭で野菜を作りたいと思っています。

　　B：何の種類ですか。「野菜」と言っても、多い種類がありますよね。

3. 健康のために、毎回、栄養のバランスがとれる食事をしてください。

4. キムさんは、実験が忙しいの理由で、最近日本語のクラスを休んでいる。

5. 山下さんは住んでいるところは東京です。

用例見つけた！

下の文章に、この課で勉強した項目（名詞修飾）が、使われています。どのように使われているか意味を考えながら、次の文章を読んでみましょう。

　日本能率協会マネジメントセンター（東京・港）によると、手帳の市場は推定で年間1億冊。スマートフォン（高機能携帯電話＝スマホ）のスケジュール管理機能が充実し始めた2010年はスマホやパソコンで予定を管理する「デジタル派」の割合が増えた。最近は手帳などを使う「アナログ派」が盛り返している。

　同社の調査では12年に手帳などを使うと回答したユーザーは69.4％で、10年に比べ11.6ポイント上昇した。「思いついたらすぐ書き込め、使い方に制約がない点が支持されている」（同社）。手帳は男性にはスーツの内ポケットに入れやすい縦長タイプ、女性には通勤用のバッグに入れてもかさばらないA6サイズが人気という。

「アナログ回帰　書き込みやすさ人気」より
日本経済新聞 2012年4月2日

能率: efficiency, 效率, 능률
協会: society, 协会, 협회
推定: estimate, 推定, 추정
機能: function, 机能, 기능
充実する: to be established, 充实, 충실하다
デジタル派: group that perfers digital, 数字派, 디지털파
割合: ratio, 比例, 비율
アナログ派: group that prefers analog, 模拟派, 아날로그파
盛り返す: to make a comeback, 恢复, 만회하다
ユーザー: user, 用户, 사용자
上昇する: to rise, 上升, 상승하다
思いつく: to get an idea, 想起, 생각이 떠오르다
制約がない: without restrictions, 没有限制, 제약이 없다
支持する: to back up, 支持, 지지하다
縦長: long, 纵长, 세로로 긴 것
通勤: work commute, 上下班, 통근
かさばる: bulky, 体积大, 부피가 크다

クロージング・トーク

〈はり紙〉

犬を探しています！

　牛のような、白と黒のもようのある大きな犬です。ダルメシアンという種類で、名前はテリーです。赤い首輪をしています。見かけたら連絡ください。見つけてくださった方には謝礼を差し上げます。

column コラム 4

文と文をつなぐ言葉①
《逆接の接続詞》

　まとまった内容を書いたり話したりするときに大切なのが、文と文をつなぐ言葉、「接続詞」です。
　前の文と後ろの文がどんな関係なのかをはっきりさせて、話の内容を論理的に組み立てることができます。ここでは、「逆接」の接続詞を紹介します。
　「逆接」というのは、前の文と後ろの文の内容が逆、反対の意味を表します。よく使うものは、例えば、「しかし」「ところが」「でも」などがあります。これらはすべて「逆接」ですが、それぞれ、使い方に違いがあります。下の3つの例を見て考えてみてください。

〈例〉① 科学技術の発達で生活は便利になった。しかし、同時に失われたものもある。
　　　② テストは簡単だったのでいい成績が出ると思っていた。ところが、結果はあまりよくなかった。
　　　③ お昼はラーメンにしようかな。でも、チャーハンもいいな。

文のスタイルや、一緒に使われている言葉を見て違いが分かったでしょうか。
① 「しかし」は、説明文、論説文でよく使います。話し言葉では、フォーマルな場面で使います。他に「けれども」があります。
② 「ところが」は、予想外の結果になって驚いたという気持ちを含んでいます。書き言葉でも話し言葉でも使います。
③ 「でも」は、話し言葉で使います。他に「だけど」「けど」があります。

▶（　　　）の中にふさわしい接続詞を入れてください。

(1) A：この服、Bさんに似合うんじゃない？
　　B：そう？（　　　）ちょっと派手かな。
(2) 確かに絵文字を使うと幼稚な感じがする。（　　　）、絵文字によって、文字だけでは伝わらない感情を相手に伝えることができるのも事実である。
(3) 今回の試合は、みんな、Aチームが勝つと思っていた。（　　　）後半、Bチームが追い上げて、何と、Aチームに勝ったのだ。

11 並列
へいれつ

スタート・トーク

次のような場面で、2人の会話はどうなるでしょうか。＿＿＿に適切な表現を書いて、会話を完成させてください。

① ねえ、ちょっと散歩に行かない？
散歩 a.＿＿＿＿、新しくできた喫茶店にも行ってみたい b.＿＿＿＿。
今、時間ある？

② あ、あの角のところにできた喫茶店？

③ うん、さっきからずっと本ばかり読んでいたから、少し外の空気が吸いたいと思ってね。そこの喫茶店で、お茶でも c.＿＿＿＿、ちょっとお話しない？

④ いいよ。そうしよう。

この課の表現

二者間の関係　「XのにたいしてY」「XだけでなくY」
にしゃかんかんけい　「XかYか」「XにしろYにしろ」

例示　「XしYし」「XとかYとか」「XだのYだの」「XやらYやら」
れいじ

付帯状況　「XながらY」「XままY」「XついでにY」
ふたいじょうきょう

確認
かくにん

【二者間の関係】

① 2人、もしくは2つの関係によって、対比、逆接、累加の意味を表す。

② スピーチなどのフォーマルな場面では、文末を「〜です／〜ます」のように丁寧体で表現する。その場合でも、「XかYか」「XにしろYにしろ」の「XとY」は丁寧形ではなく、普通形に接続する。

二者間: between two people or things, 两者间, 양자간
もしくは: or, 或者, 또는
対比: contrast, 对比, 대비
逆接: contradictory conjunction, 逆接, 역접
累加: progressive increase, 累加, 누가, 추가
フォーマルな場面
　→❓p.252
丁寧体 →凡例
接続 →❓p.249

(1) X のに対して Y 〈対比〉〈逆接〉

```
┌──────────────────┐
│ 動詞／イ形容詞 の普通形 │
│ ナ形容詞 （だ→な）    │ のに対して    Y
│ 名詞＋である          │
└──────────────────┘
            X
```

意味 X と Y の違いを強調して表す。論理的で固い文章で使われることが多い。

・実験の結果、A グループは変化が見られた<u>のに対して</u>、B グループは変化が見られなかった。

・A 国は経済成長が続いている<u>のに対して</u>、B 国は不景気が続いています。

◆**類似表現**：「〜反面」「〜一方で」

同じ人(物)が持っている２つのことを対照的に表現するときは、「〜反面」「〜一方で」を使う。

・彼は社会的に成功した<u>反面</u>、家庭生活には不満が多かった。

・A 国は高齢者が増えている<u>一方で</u>、生まれてくる子どもの数は減っています。

違い: difference, 区別, 차이

強調する: to emphasize, 强调, 강조하다

論理的な: logical, 逻辑性的, 논리적인

固い文章: formal report like composition, 严格的文章, 딱딱한 문장

類似表現: similar expressions, 类似表现, 유사표현

対照的に: contrasting, 对照性的, 대조적으로

(2) X だけで(は)なく Y も 〈累加〉

```
┌──────────────────┐
│ 動詞／イ形容詞 の普通形 │
│ ナ形容詞 （だ→な）    │ だけでなく    Y （も）
│ 名詞                │
└──────────────────┘
            X
```

意味 「X と Y の両方とも」「X も Y も」という意味を表す。

・あの歌手は歌が<u>上手なだけではなく</u>、作曲もできる。

◆**類似表現**：「X ばかりか Y も」

フォーマルな場面では、「X ばかりか Y も」を使う。X より Y がもっと大事なこと、もしくは、もっと程度が大きいことを表すときに使う。

・彼はあの事故で財産<u>ばかりか</u>、家族も失ってしまった。

・中村さんはオリンピックに出場した<u>ばかりか</u>、金メダルをとってみんなを驚かせた。

程度: degree/depth of something, 程度, 정도

11 並列

（3）X か Y か〈対比〉

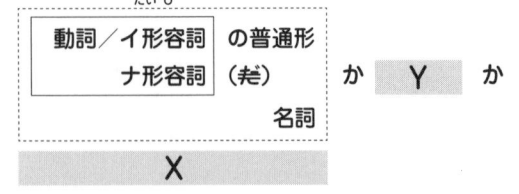

| 動詞／イ形容詞　の普通形 |
| ナ形容詞（だ） |
| 名詞 |

X か　Y　か

意味　X と Y のどちらかになるときに使う。

・次の試合で勝つか、引き分けるかで、A チームの優勝が決まる。

◆**類似表現**：「～かどうか」

「～するか～しないか」「～か～でないか」という意味を表す。

・奨学金がもらえるかどうかで、生活が大きく変わってくる。

（4）X にしろ Y にしろ〈対比〉

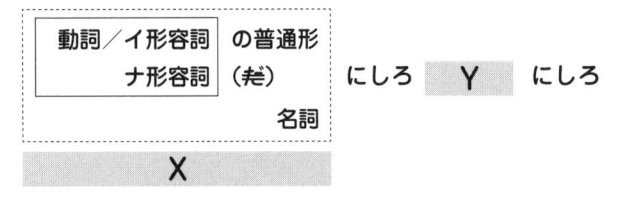

| 動詞／イ形容詞　の普通形 |
| ナ形容詞（だ） |
| 名詞 |

X にしろ　Y　にしろ

意味　X、Y のどちらの場合でも同じ結果になることを表す。同じ動詞の肯定形と否定形を使う場合もある。

・雨にしろ晴れにしろ、明日の決勝戦は予定通り行われます。

・来月の会合に参加するにしろしないにしろ、返事はしなければならない。

◆**類似表現**：「X にせよ Y にせよ」

「X にせよ Y にせよ」は、「X にしろ Y にしろ」より固い表現である。

・悪気があるにせよないにせよ、うそをつくのはよくない。

【例示】

同じカテゴリーの事柄を例としてあげて説明するときに使う。1 つだけ例をあげる場合と、2 つ以上例をあげる場合がある。

（5）X し Y し

| 動詞／イ形容詞 |
| ナ形容詞／名詞　の普通形 |

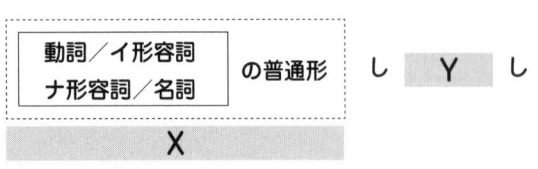

X し　Y　し

意味　X、Y などの複数のことが存在するという意味を表す。複数の中で 1 つだけ例をあげるときは「X し」で表す。

・田中さんはスポーツも上手だし、ハンサムだし、頭もいいし、うらやましい。

・この部屋は高いし、ひっこしたいです。

結果: result, 結果, 결과

例示: representative example, 挙例, 예시
事柄: matters/affairs, 事情, 사항, 내용

複数: plural, 複数, 복수
存在する: to exist, 存在, 존재하다

(6) XとかYとか

| 動詞／イ形容詞／ナ形容詞 の普通形
名詞 | とか | Y | とか |

X

意味 同じ種類の物や動作を並べて例をあげるときに使う。

・授業を休むときは、電話とかメールとかで、必ず連絡するようにしてください。

◆**類似表現**：「～なり～なり」

2つの中、もしくは、いろいろなことから1つ選択するときに、選択する可能性がある同じ種類の物（こと）を示す。

・これはあなたにあげた物だから使うなり捨てるなり自由にしてください。

・何か問題があるときは、1人で悩まないで、先生なり両親なりに相談したほうがいいよ。

種類: types, 种类, 종류

選択する: to choose, 选择, 선택하다
可能性: possibility, 可能性, 가능성
示す: to indicate, 指示、显示, 나타내다

(7) XだのYだの

| 動詞／イ形容詞 の普通形
ナ形容詞（も）
名詞 | だの | Y | だの |

X

意味 話し手が対象について否定的に評価したり、非難したりする理由を表す。相手に対する話し手の不快感を表すときにも使う。

・彼女は海外旅行に行くと、いつもブランド品のかばんだの洋服だの、買い物ばかりしている。

・彼は会社が忙しいだの給料が安いだのと、いつも不満ばかり言っている。

否定的に: negatively, 否定的, 부정적인
評価する: to evaluate, 评价, 평가하다
非難する: to criticize, 责备, 비난하다
不快感: discomfort, 不愉快, 불쾌감

(8) XやらYやら

| {動詞／イ形容詞}の普通形
名詞 | やら | Y | やら |

X

意味 いろいろなことが同時に起きることを表す。「大変だ」というマイナスの意味を表すことが多い。

・期末テストやら宿題やらレポートやら、いろいろなことがあって、来週までは本当に忙しい。

同時に: simultaneously, 同时, 동시에

11
並列

101

【付帯状況】
ある動作をするときに、同時に他の動作もすることを表す。

(9) X ながら Y：

| 動詞のマス形 | | |
| 動作性名詞 | ながら | Y |

X

付帯状況 ➡ ❓ p.252

動作性名詞 ➡ ❓ p.250

意味 X と Y の動作を同時に行うが、Y が主な動作である。Y の動作をするときに X の動作も同時に行うことを表す。X は時間的な幅がある動作を表す動詞（動作動詞）にだけ使える。瞬間に終わる動作（瞬間動詞）には使えない。

動作：action, 动作, 동작
幅：width, 宽, 폭

動作動詞 ➡ ❓ p.250
瞬間に：in an instant, 瞬间, 순간적으로

瞬間動詞 ➡ ❓ p.249

・携帯電話で話しながら、車を運転してはいけません。
・[×] 先生はいつも立ちながら授業をします。
　→[○] 先生は立って、授業をします。

何度も同じ動作を繰り返すことを表すときにも使える。

繰り返す：to repeat, 重复, 반복하다

・何度も、道を聞きながら、目的地までたどり着いた。

(10) X まま Y：

動詞のタ形／ナイ形	まま	
ナ形容詞の基本形	まま	Y
名詞	のまま	

X

意味 X の動作をした結果が続いている状態のときに、Y をすることを表す。

・弟はいつも冷蔵庫のドアを開けたまま、牛乳を飲む。
・昨日はコンタクトレンズを入れたまま、朝まで寝てしまった。

「X ないまま Y」は、X をしない状態で、Y をすることを表す。「～なかったまま」にはならない。

・昨夜はとても疲れていたので、化粧を落とさないまま、寝てしまった。
・洗濯物を取り込まないまま出かけて、雨で洗濯物がびしょぬれになった。

(11) X ついでに Y

| 動詞の普通形 | ついでに |
| 動作性名詞 | のついでに |

X ついでに Y

意味 X を先に行い、その時に大きな負担なく Y もするという意味を表す。X と Y の動作をする人は同じ人である。

負担: strain/extra effort, 负担, 부담

・散歩のついでに、郵便局へ行って手紙を出してきた。

・買い物に行くついでに、私のお弁当も買ってきてくれない?

◆**類似表現**:「〜がてら」

「〜ついでに」と同じ意味だが、「〜がてら」は名詞と、動詞のマス形につく。

・散歩がてら、郵便局へ手紙を出しに行ってきた。

・親戚のうちに遊びに行きがてら、京都の観光に行くことにした。

練習 1

▶次の a. と b. のうち、ふさわしいほうを選んでください。

1. 木村さんと中村さんは同じ年であるが、木村さんが部長に昇進した(　　)、中村さんはまだ平社員だ。

   a. のに対して　　　b. に対して

2. A 村は人口が(　　)一方で、B 村は人口が増えています。

   a. 減っています　　b. 減っている

3. 卒業した後、帰国(　　)か、日本で就職(　　)か、まだ決めていません。

   a. します　　　　　b. する

4. 合格(　　)、不合格(　　)、来週までには面接の結果をご連絡します。

   a. にしろ　　　　　b. やら

5. 来週は期末テストもある(　　)、アルバイトを減らして勉強しなきゃ。

   a. し　　　　　　　b. とか

6. 鈴木君は、自転車が壊れた(　　)、目覚まし時計がならなかった(　　)、約束に遅れたら、いつも言い訳ばかり言う。

   a. だの　　　　　　b. まま

7. 木村：田中さんが仕事に遅れるってめずらしいですね。何かあったんですか。

   田中：朝から夫の出張の準備（　　）、娘のお弁当（　　）、大変だったんですよ。

   a. やら　　　　b. なり

8. A：買い物に（　　）ついでに、田中君のアパートに寄って様子も見てきてくれる？

   　昨日、風邪を引いて、苦しそうだったから。

   B：うん、分かった。行ってくるよ。

   a. 行き　　　　b. 行く

9. 暗いときは、必ず自転車のライトを（　　）乗ってください。

   a. つけながら　b. つけて

10. 週末は化粧をしないで、すっぴん（　　）、家でのんびり過ごすのが好きです。

    a. のまま　　　b. まま

さらにレベルアップ

① 理由を表す用法

「X し Y」の形で、X が Y の理由を表すこともできる。「X し」の形で理由だけ表すときも使える。

- 今日は雨が降っている<u>し</u>、出かけないで家で映画でも見ようと思う。

用法: directions, 用法, 용법

②「〜ながら」の慣用表現

「〜ながら」は「勝手ながら」「残念ながら」「いやいやながら」「陰ながら」「貧しいながら」などの慣用表現がある。X と Y が逆接の意味を表す。

慣用表現 ➡ ❓p.246

逆接 ➡ ❓p.246

- <u>勝手ながら</u> 今日は休ませていただきます。
  　　X　　　　　　Y

  （勝手なことだと思いますが、今日は休みます。）

- 今回の実験は<u>残念ながら失敗に終わった</u>。

- 中村さんは上司に言われて、<u>いやいやながら会議に出席していた</u>。

練習2

▶次のa.～d.の中で、最もふさわしいものを選んでください。

1. 年金でもらえる金額は下がっている（　　）、消費税は上がっている。
   a. に対して　　b. 一方で　　c. まま　　d. にしろ

2. あきちゃんはまだ5歳なのに、ひらがなが読める（　　）、漢字も読めるんです。
   a. ばかり　　b. ついでに　　c. だけではなく　　d. 一方

3. A：牛乳、買ってきてくれたんですね。どうもありがとう。
   B：ええ、公園まで散歩に行った（　　）、コンビニにも行ってきました。
   a. まま　　b. ばかりか　　c. ついでに　　d. がてら

4. 雨風も強くなってきた（　　）、今日は早めに家へ帰ります。
   a. し　　b. か　　c. とか　　d. なり

5. 具合が悪いんですか？病院に行く（　　）、薬を飲む（　　）して、早く治してくださいね。
   a. なり　　b. し　　c. だの　　d. しろ

6. ひっこしの荷造り（　　）、掃除（　　）で、今日は本当に忙しい。
   a. しろ　　b. たり　　c. なり　　d. やら

7. 卒業して国へ帰るにしろ、（　　）にしろ、これからも日本語の勉強は続けたいと思っています。
   a. 帰りません　　b. 帰った　　c. 帰らない　　d. 帰らなかった

8. 結局、2人はお互いの気持ちを話し合わない（　　）、別れてしまった。
   a. ながら　　b. とか　　c. まま　　d. ついでに

9. （　　）ながら、家族3人は幸せに暮らしていました。
   a. お金持ち　　b. 貧しい　　c. 悲しい　　d. 嬉しい

10. A：今日、一緒に映画に行かない？
    B：今日は母と約束がある（　　）、また今度でもいいかなあ。
    a. とか　　b. し　　c. やら　　d. ばかりか

11 並列

📝 文作り

▶この課の項目(並列)を使って文を作ってください。

1. 日本は a._____のに対して、私の国は b._____。

2. 夏休みに a._____か b._____か、まだ決めていません。

3. 私の彼氏は親切なだけではなく、_____。

4. 学期末になると a._____やら、b._____やら、やらないといけないことが多くて、大変だ。

5. 私の母は a._____し、b._____し、とてもやさしいです。

6. 私は a._____ながら、b._____のが好きです。

7. 娘は毎日 a._____だの、b._____だの、忙しいと言って、家事の手伝いをしない。

8. a._____まま、b._____のはよくないと思います。

9. a._____ないまま、b._____てしまった。

10. a._____ついでに、b._____。

■ 間違い探し

▶次の文には間違いがあります。間違っているところに____を引いて、正しく直してください。

1. 兄はスポーツが好きに対して、弟は本を読むのが好きだ。

2. 来月、国へ帰りますか、日本にいますか、まだ決めていません。

3. 母はイタリアに海外旅行に行って、バッグなり、靴なり、買い物ばかりしていた。

4. 彼は彼女にプロポーズができなかったまま、別れてしまった。

5. 郵便局に行きついでに、切手も買ってきました。

用例見つけた！ 下の文章に、この課で勉強した項目（並列）が、使われています。どのように使われているか意味を考えながら、次の文章を読んでみましょう。

「車内では携帯電話の通話はご遠慮ください」。西日本の鉄道の乗客には聞き慣れたアナウンスだが、東海道新幹線（東京―新大阪）を運行するJR東海の電車は全国でも異例の「通話OK」だ。利用者のマナー向上を認め「差し支えない」との判断からだ。しかし他社に追随の動きはなく、車内ケータイをめぐる考えは分かれたままだ。

「新幹線客席のケータイ、○？×？　JR東海と各社で差」より
朝日新聞デジタル　2012.3.5 付
http://www.asahi.com/travel/aviation/OSK201203040141.html

鉄道: railroad, 铁道, 철도
乗客: passenger, 乘客, 승객
聞き慣れる: to get used to hearing, 耳熟, 귀에 익다
運行する: to be in operation, 运行, 운행하다
異例: an exception, 特例, 이례
通話: telephone call, 通话, 통화
マナー: manners, 礼貌, 매너
向上: improvement, 进步, 향상
差し支えない: no objection, 无碍, 지장없다
他社: other companies, 其他公司, 다른 회사
追随: following, 追随, 추종

クロージング・トーク

来週は期末テストだ。ずっと図書館で勉強していたので疲れてしまった。田中君を誘って公園へ散歩に行った。公園に行ったついでに、公園の近くに新しくできた喫茶店に入ってケーキを食べながら話をした。田中君は専門の知識だけではなく、いろいろなことをよく知っているので、話がおもしろい。次は映画とかコンサートとか誘ってみようかな。

12 時の表現
とき ひょうげん

スタート・トーク

次のような場面で、3人の会話はどうなるでしょうか。_____に適切な表現を書いて、会話を完成させてください。

① 昨日食べた料理、とても a._____ ね！

② そうだね！今日は何を b._____？

③ ラーメンはどう？大学に c._____ とき、駅前に新しい店ができてるのを見たよ。

④ そうなんだ！じゃあ、ゼミが d._____ てから、一緒に行こう。

この課の表現

主節のテンス　　ル形、テイル形、タ形、テイタ形
従属節のテンス　「〜まえに」「〜あとで」「〜てから」「〜とき」「〜ところ」「〜ばかり」

確認

【主節と従属節のテンス】

文の中には「主節」と「従属節」がある。基本的には文の終わりにあって、文全体の中心になっている部分を「主節」、それ以外の部分を「従属節」という。ある出来事を、時間の上でとらえて表す文法カテゴリーがテンス（テンポラリティ）である。

・明日はテストがあるので、今日は夜中まで勉強します。
　　　 従属節　　　　　　　　主節

主節のテンス…話すときを基準にして、出来事が過去か現在か未来かを表す（絶対テンス）。

従属節のテンス…話すときを基準に過去か未来を表す場合と、主節のテンスを基準に前か後かを表す場合がある（相対テンス）。

→文全体のテンスは主節のテンスで表す。

主節: main clause, 主节, 주절
従属節: secondary clause, 从属节, 종속절
テンス → p.250
基本的に: fundamentally, 基本上, 기본적으로
中心: center, 中心, 중심
とらえる: to consider, 看待, 파악하다
基準: standard, 标准, 기준
絶対: absolute, 绝对, 절대
相対: relative, 相对, 상대

【主節のテンス】

> 「ル形」「テイル形」＝現在・未来を表す 　　「タ形」「テイタ形」＝過去を表す

主節のテンスは基本的には時間（過去・現在・未来）によって決まる。
「ル形」も「タ形」も、時間にとらわれない用法がある。

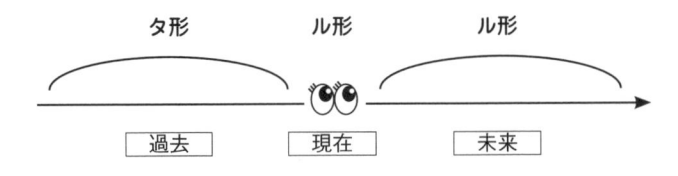

```
    タ形        ル形      ル形
 ⌒⌒⌒⌒⌒⌒⌒ 👀 ⌒⌒⌒⌒⌒⌒⌒→
   過去       現在      未来
```

ル形 ➡ 凡例
タ形 ➡ 凡例

用法: directions, 用法, 용법

（1）ル形・テイル形

① 現在

〈現在の状態〉＝ 状態動詞／可能動詞の「ル形」，形容詞／名詞の現在の形

- この大学のコンピュータ室にはパソコンが200台ある。〈状態動詞〉
- 私は3ヶ国語が話せる。〈可能動詞〉
- このレストランのカレーはおいしいですよ。〈形容詞〉

状態動詞 ➡ ❓p.249
可能動詞 ➡ ❓p.245

〈現在の動作の進行・状態の継続〉＝ 動作動詞／状態動詞の「テイル形」

- 今、図書館で本を読んでいます。〈動作動詞〉
- 教室の電気が消えています。〈状態動詞〉

進行: progression, 进行, 진행
継続: continuation, 持续, 계속
動作動詞 ➡ ❓p.250

② 未来

〈未来〉＝ 動作動詞の「ル形」

🔗 「まもなく」「これから」「明日」などと一緒に使うことが多い。

- この電車はまもなく発車します。
- これから、毎日2時間、日本語の勉強をします。

③ 時間にとらわれない用法

〈習慣、真理、法律・規則、事実、説明、ことわざ〉など＝「ル形」
→ただし、その状態について説明する習慣の場合は「テイル形」も使える。

- 私は毎朝8時に起きて、10時に｛寝ます／寝ています｝。〈習慣〉
- 太陽は東から上って、西に沈む。〈真理〉
- 日本では、車は左側を走る。〈法律・規則〉
- 4月に入学式が行われる。〈事実〉
- まずお金を入れて、それから、行き先ボタンを押します。〈説明〉

とらわれる: to be cosidered, 受限制, 얽매이다
真理: truth, 真理, 진리
ことわざ: proverb, 谚语, 속담
ただし: except, 但是, 단지

(2) タ形・テイタ形

① 過去

〈過去〉＝動詞・イ形容詞・ナ形容詞の「タ形」（過去の動作や出来事を表す。）

・今日の昼、学食でカレーを食べました。おいしかったです。

〈過去の動作の継続・過去の習慣〉＝動作動詞の「テイタ形」

・昨日は、1日中、ずっとテレビを見ていました。〈過去の動作の継続〉

・日本に来たばかりのときは、日本語の勉強のために、毎日テレビでドラマを見ていた。〈過去の習慣〉

② 時間にとらわれない用法

〈物・事柄・新事実の発見、想起、確認、決定、一瞬の感情の変化〉＝「タ形」

・あっ、大学行きのバスが来たよ。〈発見〉

・田中さんも大阪出身だったんですか。私もです。〈新事実の発見〉

・そうだ、明日は田中さんと打ち合わせがあった。〈想起〉

・資料のコピーは10部でよかったっけ？〈確認〉

・どっちもいいなあ。あ、こっちに決めた！〈決定〉

・わあ、驚いた。彼がパーティーに来るなんて、珍しいね。〈一瞬の感情の変化〉

→ 未来のことであっても、起きたこととして仮定して表すときは「タ形」を使う。

　　◎「とき」「場合」と一緒に使うことが多い。

・万が一のことがあったときのために、保険に入っておきます。

・財布を落とした場合、どうすればいいでしょうか。

新事実：new fact, 新事实, 새로운 사실
発見：discovery, 发现, 발견
想起：remember, 想起, 상기
一瞬：a moment, 一瞬, 한순간

仮定する：to assume, 假设, 가정하다

【従属節のテンス】

「〜まえに」「〜あとで」「〜てから」「〜とき」「〜ところ」「〜ばかり」

(3) 〜まえに：
　　　　動詞の辞書形 ＋ まえに
　　　　　名詞 ＋ の ＋ まえに

●主節の動作＝先にする① ／ 従属節の動作＝後にする②

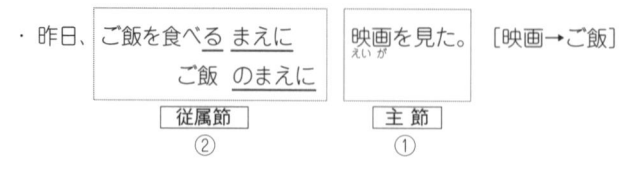

・昨日、ご飯を食べる まえに　映画を見た。［映画→ご飯］
　　　　　ご飯 のまえに
　　　　　　従属節　　　　　　　主節
　　　　　　　②　　　　　　　　①

・友だちが来るまえに、宿題をやってしまおうと思います。［宿題→友達が来る］

(4) ～あとで： 動詞のタ形 ＋ あとで
　　　　　　　　名詞 ＋ の ＋ あとで

　→ 2つの動作が直接関連しない動作でも使える。

　● 従属節の動作＝先にする① ／ 主節の動作＝後にする②

　・昨日、 ご飯を食べた あとで ｜ 映画を見た。［ご飯→映画］
　　　　　　 ご飯 のあとで
　　　　　　　従属節　　　　　　　主節
　　　　　　　　①　　　　　　　　②

　・A：ねえ、早く、ゲームしようよ。一人で始めちゃうよ。
　　 B：この宿題すぐ終わるから、これが終わったあとで、一緒に遊ぼうよ。
　　　　　　　　　　　　　　　　　　　　　　　　　　　　　　　［宿題→ゲーム］

(5) ～てから： 動詞のテ形 ＋ から

　→ 従属節の動作の後、主節の動作を行うという意味が強い。2つの動作が
　　関連していたり、連続して起こることが多い。

　● 従属節の動作＝先にする① ／ 主節の動作＝後にする②

　・ご飯を食べ てから、｜歯をみがきました。　［食べる→歯をみがく］
　　　　従属節　　　　　主節
　　　　　①　　　　　　②

　・日本では、体を洗ってから、お湯に入ります。［体を洗う→お湯に入る］

(6) ～とき： 動詞／イ形容詞 の普通形 ＋ とき
　　　　　　 ナ形容詞 （だ→な）＋ とき
　　　　　　　　　　　名詞 ＋ の ＋ とき

　① 動詞のル形／ナイ形＋とき

　　● 主節の動作＝先にする① ／ 従属節の動作＝後にする②

　　・国へ帰るとき、｜空港でお土産を買います。［お土産を買う→国へ帰る］
　　　　従属節　　　　主節
　　　　　②　　　　　①

　　・ドアを開けるときは、ノックしてください。［ノックする→ドアを開ける］

　　・授業に来られないときは、連絡してください。［連絡する→授業に来ない］

直接: direct, 直接, 직접
関連する: to be related to, 关联, 관련있다

連続する: continuation, 连续, 연속하다

普通形 ➡ 凡例

12 時の表現

111

② 動詞のタ形＋とき

　●従属節の動作・出来事＝先にする① ／ 主節の動作＝後にする②

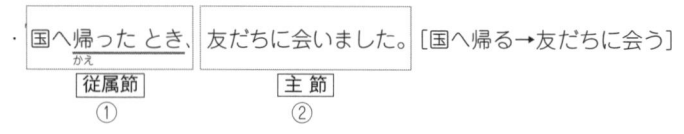

　・ 国へ帰ったとき、友だちに会いました。［国へ帰る→友だちに会う］
　　　　従属節　　　　主節
　　　　　①　　　　　②

　・ 電話をかけ間違えたとき、「すみませんでした」と謝ります。
　　　　　　　　　　　　　　　　　　　　　　［電話をかけ間違える→謝る］

③ イ形容詞の普通形＋とき，ナ形容詞の普通形＋(だ→な)＋とき

　名詞＋の＋とき

　●従属節が表す時間内に主節の動作をする

　・ 学生のとき、よく友だちと飲みに行きました。［学生の期間＝飲みに行く］
　　　従属節　　　　主節

　・ ひまなとき、一緒に映画でも見ませんか。

期間: period of time, 期間, 기간

(7) ～ところ： 動詞の{ル形／テイル形／タ形} ＋ ところ

① **動詞のル形＋ところ**：「ところ」につく動詞の動作がすぐ起こること

　・ 今から出かけるところなので、あとで連絡します。

② **動詞のテイル形＋ところ**：「ところ」につく動詞の動作が行われている最中

　・ 今、友だちと映画を見ているところです。

　・ 料理を作っているところなので、もう少し待ってください。

最中: to be in the middle of, 进行中, 한창, 진행되고 있는 도중

③ **動詞のタ形＋ところ**：「ところ」につく動詞の動作が終わった直後

　　◯◯「今」「たった今」などと一緒に使うことが多い。

　・ 今、家に帰ってきたところです。

　・ 料理を作ったところなので、時間があったら食べて帰ってください。

直後: directly after, 之后, 不久, 직후

(8) ～ばかり： 動詞のタ形 ＋ ばかり

従属節の動作が終わって、まだあまり時間が経っていないと話し手が感じるときに使う。その時間の長さは、話し手の感じ方によって違う。

　・ 日本に来たばかりなので、まだ日本についてあまりよく分かりません。

　・ 買ったばかりの携帯電話が、もう壊れてしまった。

時間が経つ: to let time pass, 时间过去, 시간이 지나다

練習1

▶ 次のa.とb.のうち、ふさわしいほうを選んでください。

1. 昨日、この漢字を習った（　）なのに、もう忘れてしまった。
   a. ところ　　　b. ばかり

2. 日本では、家に帰って（　）とき、「ただいま」と言います。あなたの国ではどうですか？
   a. くる　　　　b. きた

3. まず本屋へ行って（　）、図書館へ行きましょう。
   a. から　　　　b. まえに

4. あっ、探していたボールペンがこんなところに（　）。
   a. ある　　　　b. あった

5. 私が住んでいる町のバスは、（　）ときに料金を払うことになっています。
   a. 降りる　　　b. 降りた

6. 映画が（　）まえに、トイレに行っておきませんか。
   a. 始まる　　　b. 始まって

7. 部屋を（　）ときは、エアコンを消してください。
   a. 出る　　　　b. 出た

8. 15を5で割る(15÷5)と3に（　）。
   a. なっている　b. なる

9. 今後のことは、国へ（　）ときに、両親と相談して決めます。
   a. 帰る　　　　b. 帰った

10. ほら、あそこ見て！ 富士山が見えて（　）よ。きれいだねー。
    a. くる　　　　b. きた

さらにレベルアップ

① **過去完了**

〈過去の動作について完了したこと〉＝「タ形」

→否定形は「〜なかった／〜ませんでした」で表す。

- A：昨日、先生に会いましたか？
  B：はい、会いました。／いいえ、会いませんでした。

過去完了 ➡ ❓ p.245

② **現在完了**

〈現在の時点での動作、今まで続いていた動作が完了したこと〉＝「タ形」

→否定形は「まだ〜ていない」で表す。

- A：もう、宿題は終わりましたか？
  B：はい、終わりました。／いいえ、まだ終わっていません。

現在完了 ➡ ❓ p.247

時点：point in time, 时刻, 시점

③ **「〜ている」「〜ていた」のどちらも使える場合**

〈主節と従属節の事柄が同時に起こる場合／起こった状態が続く場合〉＝「〜ているとき」「〜ていたとき」

- 私たちは、アメリカに { 留学している／留学していた } とき、知り合いました。

④ **「〜たところ」と「〜たばかり」の違い**

「〜たところ」＝ 動作が終わってから、実際にあまり時間が経っていないことを表す。

「〜たばかり」＝ 動作が終わってから、実際には少し時間が経っている場合でも、話し手があまり時間が経っていないと感じたときにも使える。

実際：in actuality, 实际, 실제

- 私はこの会社に今年入った { ばかりです。（○）／ところです。（×） }

- 〈電話で〉
  A：いつ退院したんですか？
  B：{ 昨日、退院したばかりです。しばらく家で休みます。（○）／今、退院したところです。まだ病院にいるんですが、これからタクシーで家に帰ります。（○) }

練習2

▶次のa.～d.の中で、最もふさわしいものを選んでください。

1. A：具合が悪そうだけど、どうしたんですか。
   B：ここ数日、熱が（　）んです。食欲もないし…。
   a. 下がった　　b. 下がる　　c. 下がらない　　d. 下がらなかった

2. A：田中さんなんだけど、明日は（　）かな。
   B：さあ、どうだろうね。
   a. 来る　　b. 来た　　c. 来ている　　d. 来ていた

3. ここ1週間、私は、毎朝6時に（　）。
   a. 起きます　　b. 起きています　　c. 起きていました　　d. 起きました

4. 今日は（　）ので、昼ごはんが食べられなかった。もう5時過ぎちゃった。
   a. 忙しい　　b. 忙しかった　　c. 急いだ　　d. 急いでいる

5. 手帳が見つからない。（　）なぁ。
   a. 困る　　b. 困っている　　c. 困った　　d. 困って

6. A：昼ごはん、食べたの。
   B：うん、もう（　）よ。
   a. 食べる　　b. 食べた　　c. 食べている　　d. 食べていた

7. 〈携帯電話の着信をみながら〉
   日本語の授業を（　）ときに、母から電話があったみたいだ。
   a. 受けた　　b. 受けている　　c. 受ける　　d. 受けて

8. 国へ一時帰国（　）ときは、いつも事務室に届け出を出さなければなりません。
   a. する　　b. している　　c. した　　d. していた

9. 授業が（　）あとで、みんなでボーリングに行きました。
   a. 終わり　　b. 終わる　　c. 終わって　　d. 終わった

10. 先月からアルバイトを始めた（　）なので、まだ仕事に慣れていません。
    a. とき　　b. あいだ　　c. ところ　　d. ばかり

📝 文作り

▶ この課の項目（時の表現）を含む文を作ってください。

1. 父は毎晩、＿＿＿＿＿＿＿＿＿＿まえに、お酒を1杯飲みます。

2. 留学したいなら、その国について＿＿＿＿＿＿＿＿＿＿てから決めたほうがいい。

3. あ、ちょっと待ってて、すぐ行く。今＿＿＿＿＿＿＿＿＿＿ところだから。

4. 先週 a.＿＿＿＿＿＿＿＿ばかりの b.＿＿＿＿＿＿＿＿＿＿をなくしてしまいました。

5. 私の国では、a.＿＿＿＿＿＿ときに、b.「＿＿＿＿＿＿＿＿」と言います。

6. 試験が a.＿＿＿＿＿＿＿＿てからは、b.＿＿＿＿＿＿＿＿＿＿てはいけません。

7. A：昼ご飯食べた？

　 B：いや、a.＿＿＿＿＿＿＿＿｛て／で｝、b.＿＿＿＿＿＿＿＿＿＿＿＿＿＿。

8. 駅前の映画館でやっているあの映画、＿＿＿＿＿＿＿＿＿＿＿＿？

9. 昨日の晩、＿＿＿＿＿＿＿＿＿＿＿＿みたいだね。道路がぬれているよ。

10. 私は毎日、＿＿＿＿＿＿＿＿＿＿＿＿＿＿＿＿＿＿＿＿＿ています。

■ 間違い探し

▶ 次の文には間違いがあります。間違っているところに＿＿＿＿を引いて、正しく直してください。

1. 日本では、靴を脱いだあとで、部屋に入ります。

2. 地震がくるときは、すぐに外に飛び出してはいけません。

3. A：田中さんは？

　 B：田中さんは、今、食堂でご飯を食べます。

4. A：レポートはもう出しましたか？

　 B：いいえ、出しませんでした。

5. あ、あそこにスカイツリーが見えてくる。高いねー。

用例見つけた！

下の文章に、この課で勉強した項目（時の表現）が、使われています。どのように使われているか意味を考えながら、次の文章を読んでみましょう。

娘の小学校で先月、「2分の1成人式」があった。10歳になったばかりの娘に、何か記念になるものを残したいと考えていた。

そんな矢先、ふと通りかかった花屋さんの店先にあった「放春花」の鉢が目に入った。小さなつぼみをたくさんつけ、今か今かと春を心待ちにしているように思えた。

何の花だろうと見ると、ボケだった。春を放つ花。なんてすてきな名前なんだろう。じっくり選んで、赤と白の2鉢を買った。帰りの電車の中でも胸の前に大事に抱え、寒い日だったが、心はポカポカ暖かく感じた。

娘が生まれてから10年、あっという間だった。多分、これからの10年のほうが、もっと早く過ぎていくんだろう。

娘が成人式を迎えるまで、大切に育てて、毎年きれいな花を咲かせたい。少しずつ反抗期が始まってきている娘にも、この花の名前のように、周りに暖かな春を感じさせることができるような女性に育ってくれたらいいな、と思う。

買った時には固いつぼみだった花が開いた。私の心もふんわりと開いたような気がした。

「女の気持ち　2分の1成人式」より
毎日新聞 2010年3月24日

成人式: coming of age ceremony, 成人式, 성인식
記念: memorial, 纪念, 기념
矢先: with that in mind, 正要…的时候, 그 순간
通りかかる: to happen to pass by, 路过, 지나가다
鉢: pot, 盆, 화분
目に入る: to come into view/to spot, 看见, 눈에 들어 오다
つぼみ: bud, 花蕾, 꽃봉오리
心待ちにする: to look forward to, 盼望, 기대하다
放つ: to give off/to radiate, 绽放, 내다
じっくり: carefully, 仔细地, 곰곰이, 차분히
抱える: to carry under one's arm, 抱, 품다
迎える: to reach, 迎接, 맞이하다
反抗期: rebellious age, 叛逆期, 반항기
ふんわりと: gently, 软绵绵地, 푹짐하게

クロージング・トーク

私とアンナさんとリサさんは仲良しです。3人とも、1ヵ月前に日本に来たばかりですから、今、いろいろなお店を探して、一緒にご飯を食べています。昨日は、大学の近くの和食のお店で天ぷらを食べました。とてもおいしかったです。今日は、駅の近くにできたばかりのラーメン屋へ行くことにしました。ゼミが終わってから、みんなで一緒に行きたいと思います。

13 授受表現
じゅじゅひょうげん

スタート・トーク

次のような場面で、2人の会話はどうなるでしょうか。＿＿＿に適切な表現を書いて、会話を完成させてください。

① おふたりはどうやって知り合ったんですか。

② 駅で困っていた彼女にぼくがお金を貸して a.＿＿＿＿＿。そのあと、彼女がお礼にクッキーを b.＿＿＿＿＿のがきっかけです。

この課の表現

物の授受表現　「やる／あげる／さしあげる」「もらう／いただく」
「くれる／くださる」

行為の授受表現　「～てやる」「～てあげる／～てさしあげる」「～てもらう／～ていただく」
「～てくれる／～てくださる」

確認

【授受表現とは】

物をあげたりもらったりするときの表現。

(1) 物の授受表現

- 物をやりとりする表現には、「あげる」「もらう」「くれる」がある。
- 相手との関係によって使い分ける。

① **あげる系**： AはBに 名詞(物)を {やる／あげる／さしあげる}

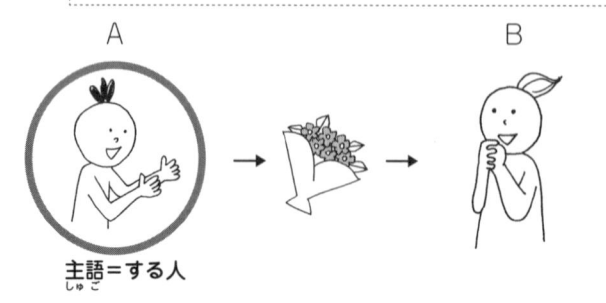

A → B

主語＝する人

やりとりする:
to exchange, 交換,
주거니 받거니 하다

使い分ける:
to differentiate between proper use, 区別用法,
구별해 쓰다

主語 → p.248

（A：私は）	B：妹に	花を	やりました。	［Bは目下の人］
（A：私は）	B：友だちに	花を	あげました。	［Bは友だち］
（A：私は）	B：先生に	花を	さしあげました。	［Bは目上の人］

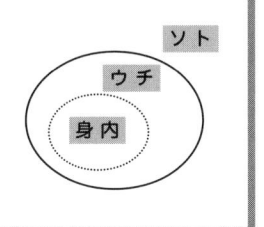

目下: lower rank, 小辈, 손아랫사람

目上: higher rank, 长辈, 손윗사람

② もらう系： B は　A に　名詞(物)を　｛もらう／いただく｝

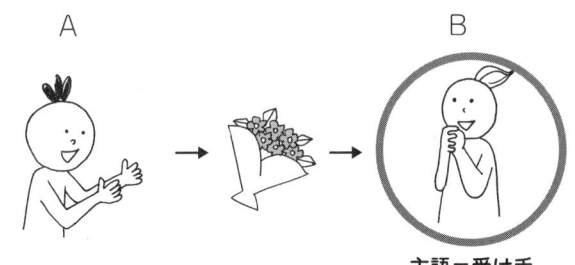

主語＝受け手

（B：私は）	A：妹に	花を	もらいました。	［Aは目下の人］
（B：私は）	A：友だちに	花を	もらいました。	［Aは友だち］
（B：私は）	A：先生に	花を	いただきました。	［Aは目上の人］

③ くれる系：

A が ｛B：私／B：私の身内（ウチの人）｝ に 名詞(物)を ｛くれる／くださる｝

身内: one's In Group, 亲属, 일가, 친척, 가족

B（話し手）は「私」になる。「私」の視点から述べている。

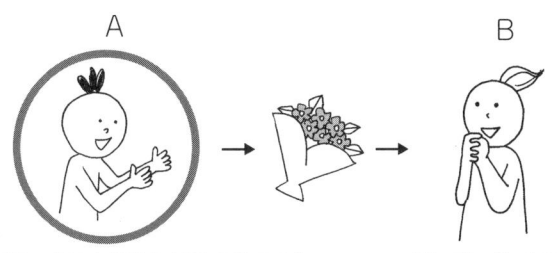

主語＝する人（「私」以外の他の人）　　話し手＝私、あるいは身内

A：妹が	B：私に	花を	くれました。	［Aは目下の人］
A：友だちが	B：私に	花を	くれました。	［Aは友だち］
A：先生が	B：私に	花を	くださいました。	［Aは目上の人］

■「身内」の考え方

「身内」とは、家族、親せきのことである。日本語では、自分と同じグループに属す人、たとえば親しい友だち、他の会社に対して同じ会社の人を「ウチ」とし、それ以外の人を「ソト」として分けて考える。

ウチとソト ➡ ❓ p.244

親せき: relatives, 亲戚, 친척

属す: to be affiliated with, 属于, 속하다

親しい: close (friends...), 亲密, 친하다

(2) 行為の授受表現

- 行為をやりとりする表現には、「〜てあげる」「〜てもらう」「〜てくれる」がある。
- 行為の方向は、物の授受表現の「あげる・もらう・くれる」と同じ。

① **あげる系**： Aは　Bに　(〜を) {〜てやる／てあげる／てさしあげる}

A → 行為 → B

主語＝する人

- AがBのために何かしたときに使う。
- Aがするその行為が、Bに対して直接行われる場合は「Bを」(①)、Bの所有物に対して行われる場合は「Bの名詞 を」(②)という形になる。

　① (A：私は) B：妹を 駅まで送ってやりました。
　② (A：私は) B：友だちの作文を チェックしてあげました。

- 困っている人を助けたときなど、Bのために何かをするような場合に使う。
  - 友だちが財布を忘れて困っていたので、お金を貸してあげた。

- 「〜てさしあげる」を目上の人に対して使う場合、相手がその行為を望んでいないと恩着せがましくなって失礼になるので、自分の動作を「**お〜する**」で表す。相手がその動作を望んでいるなら使うことができる。
  - 学生：先生、お荷物が重くて大変そうですね。{ 持ってあげます。(×)
　　　　　　　　　　　　　　　　　　　　　　　　持ってさしあげます。(×)
　　　　　　　　　　　　　　　　　　　　　　　　お持ちします。(○) }
  - 先生に頼まれて、お客さんに学校の中を案内してさしあげました。(○)

行為: deed, 行为, 행위

方向: direction, 方向, 방향

助ける: to help, 帮助, 돕다

望む: to wish for, 期待, 원하다

恩着せがましい: patronizing, 施恩图报, 생색을 내다

② もらう系： B は A に ～を ｛～てもらう／ていただく｝

i) 授受表現
・B が A から恩恵を受けるときに使う。
・行為をする人(A)は「に」で表す。

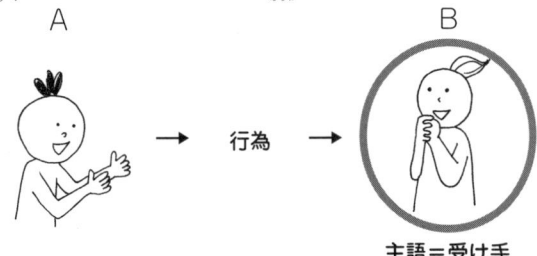

恩恵：favor, 恩恵, 은혜

主語＝受け手

(B:私は) A:妹に　　　歌を　　　歌ってもらいました。　　[A は目下の人]
(B:私は) A:友だちに　日本語を　教えてもらいました。　　[A は友だち]
(B:私は) A:先生に　　推薦書を　書いていただきました。　[A は目上の人]

ii) 依頼表現

「～てもらえますか／～てもらえませんか／～てもらいたいんですが」
「～ていただけますか／～ていただけませんか／～ていただきたいんですが」の形で B が A に丁寧に依頼するときに使う。

依頼表現 ➡ p.244

丁寧に：politely, 礼貌的, 정중히

・〈隣の人に〉すみません。教科書を忘れてしまったので、見せてもらえますか。
・この本を田中さんに渡してもらいたいんですが。
・もう少し大きい声で話していただけませんか。
・〈事務室で〉IC レコーダーを貸していただきたいんですが。

③ くれる系： A が B ｛に／を｝(～を) ｛～てくれる／てくださる｝

i) 授受表現
・B(私あるいは身内)が、A(「私」以外の人)から恩恵を受けるときに使う。
・行為をする人(A)は「が」で、行為を受ける人(B)は「に／を」で表す。

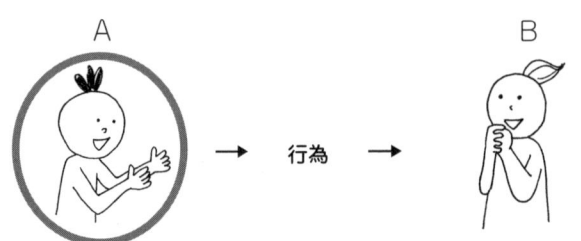

主語＝する人
(「私」以外の人)

(私、あるいは身内)

A：子どもが　B：私に　　ボールを　投げてくれました。［Aは目下の人］
A：友だちが　B：私・妹に　日本語を　教えてくれました。［Aは友だち］
A：先生が　　B：私に　　推薦書を　書いてくださいました。
　　　　　　　　　　　　　　　　　　　　　　　［Aは目上の人］

ⅱ）依頼表現

「〜てくれますか／〜てくれませんか」「〜てくださいますか／〜てくださいませんか」の形でBがAに丁寧に依頼するときに使う。

・（食堂で）ちょっと、そこのしょうゆを取ってくれますか。
・すみません。ペンを忘れたので貸してくれませんか。
・秋葉原までの行き方を教えてくださいませんか。

練習1

▶ 次のa.とb.のうち、ふさわしいほうを選んでください。

1. A：わぁ、きれいな花ですね。どうしたんですか。
   B：鈴木さんが（　　　）んです。
   a. あげた　　　　b. くれた

2. A：その時計、素敵ですね。どうしたんですか。
   B：ああ、これは中村さんに（　　　）んですよ。
   a. もらった　　　b. くれた

3. A：大きい花束ですね。どうしたんですか。
   B：シェリーさんに（　　　）んですよ。今日は彼女の誕生日なんです。
   a. もらう　　　　b. あげる

4. 学生A：来週は先生の還暦のお祝いですね。プレゼントどうしましょうか。
   学生B：ネクタイを（　　　）たらどうでしょうか。
   a. さしあげ　　　b. いただい

5. A：リサさん、この間のパーティーのときの写真なんですが、パソコンにメールで送って（　　　）ませんか。
   B：ええ、いいですよ。じゃあ、今晩送りますね。
   a. いただき　　　b. いただけ

6. A：これ、小学校のときの先生が（　　　）んです。

   B：へぇ、素敵なアルバムですね。

   a. くださった　　　b. いただいた

7. 〈動物園の看板〉

   動物にえさを（　　　）ないでください。

   a. あげ　　　　b. やら

8. A：田中さん、昨日、妹の仕事を手伝って（　　　）んだってね。ありがとう。

   B：どういたしまして。

   a. あげた　　　b. くれた

9. 昨日、鈴木さんはリサさんに家まで送って（　　　）んだって。

   a. くれた　　　b. もらった

10. 今日は自分の仕事が早く終わったから、田中さんの仕事を手伝って（　　　）。

    a. あげよう　　b. もらおう

さらに レベルアップ

①「～てあげる／～てさしあげる」を使わない場合

「～てあげる／～てさしあげる」は、場合によっては横柄な態度になることがあるので、目上の人に提案をするとき(話し言葉)は「お～します」「お～しましょうか」(敬語)を使ったほうがいい。

・先生、荷物を持って ｛ あげましょうか。（×）
　　　　　　　　　　　　さしあげましょうか。（×）

　→ 先生、荷物をお持ちします。（○）
　　　先生、荷物をお持ちしましょうか。（○）

事実を説明する場合は、敬語を使う必要はない。

・先生の本を中国語に翻訳して ｛ あげました。（×）
　　　　　　　　　　　　　　　　さしあげました。（×）

　→ 先生の本を中国語に翻訳しました。（○）

横柄な: arrogant, 傲慢的, 건방진

態度: attitude, 态度, 태도

提案: suggestion, 提议, 제안

話し言葉 → p.251

敬語 → 第15課

② 「(〜て)あげる」を使う場合

ペットや自分で育てている植物に「〜(て)やる」ではなく「(〜て)あげる」を使う場合もある。

- 毎朝、花に水を { やります。 / あげます。 }

- 母　　：ひろし、ポチ（犬）を散歩に連れていって { やって。 / あげて。 }

  ひろし：はーい。

植物：plant, 植物, 식물

③ 「〜てもらう」と「〜てくれる」の違い

「〜てもらう」…こちらから頼んでしてもらったことに使う。

「〜てくれる」…相手の親切な行為に対して、「〜てもらう」より、さらに感謝の気持ちが表れる。頼んでいないのに、相手がした行為に使うことが多い。

- 私は手をけがして料理が作れないので、主人に頼んで作ってもらった。

- 毎日忙しくしていたら、私は何も言っていないのに、主人が料理を作ってくれた。

感謝：gratitude, 感謝, 감사

表れる：to be expressed, 表現, 나타나다

④ 「〜てくれる」と「〜てくれない」の意味

「〜てくれる」…感謝を表す。

「〜てくれない」…不満を表す。

- 妹が部屋をそうじしてくれた。（感謝）

- 夫が部屋をそうじしてくれない。（不満）

不満：dissatisfaction, 不満, 불만

練習2

▶ 次のa.〜d.の中で、最もふさわしいものを選んでください。

1. A：探していた本、図書館にあった？

   B：ううん。でも田中さんが持っていたから、田中さんに貸して（　　　）よ。

   a. くれた　　b. もらった　　c. あげた　　d. いただいた

2. A：夏休みに北海道まで車で旅行したんだ。

   B：へえ、車買ったの？

   A：ううん、友だちの車に乗せて（　　　）んだよ。

   a. やった　　b. あげた　　c. くれた　　d. もらった

3. A：ポチ(犬)にえさ(　　　)？

   B：うん。(　　　)よ。

   a. さしあげた　　b. やった　　c. もらった　　d. くれた

4. 田中さんはいつも私の仕事を手伝って(　　　)から、とてもありがたい。

   a. あげる　　b. くれる　　c. もらう　　d. やる

5. 先生、先日は弟に本を(　　　)まして、ありがとうございました。

   a. さしあげ　　b. ください　　c. あげ　　d. もらい

6. せっかくケーキを作ったのに、彼が食べて(　　　)。

   a. いただけない　　b. もらわない　　c. あげない　　d. くれない

7. 〈事務室で〉

   すみません。奨学金の申し込みについて教えて(　　　)ませんか。

   a. あげ　　b. くれ　　c. もらい　　d. いただけ

8. 友だちの大学の学園祭に行って、構内を案内して(　　　)ました。とても楽しかったです。

   a. あげ　　b. くれ　　c. もらい　　d. いただけ

9. A：新しい会社はどうですか？

   B：ええ、みなさん親切で、分からないところはいろいろ教えて(　　　)ます。

   a. さしあげ　　b. ください　　c. いただき　　d. もらい

10. 〈貼り紙〉

    子犬がたくさん産まれたので、欲しい方に(　　　)ます。かわいがってください。

    a. さしあげ　　b. ください　　c. いただき　　d. もらい

✏️ 文作り

▶ この課の項目(授受表現)を使って文を作ってください。4番の(　　　)の中は、①・②どちらかを使って文を作ってください。

1. A：きれいな指輪ですね。

   B：ええ。これは祖母に_____指輪なんです。

2. あっ、いけない！ 家の植木に_____のを忘れてきちゃった。

3. A：今年、お正月に実家に帰ったとき、もう大学生なのに、両親がお年玉を＿＿＿＿＿＿＿＿
   んです。びっくりしましたよ。

   B：あなたが帰ってきてうれしかったんでしょうね。

4. A：夏休みはどこかへ行きましたか？

   B：ええ。ホストファミリーに、京都（①に・②を）＿＿＿＿＿＿＿＿＿＿＿＿＿＿＿＿。

5. 昨日、小学校へ行って、子どもたちに私の国の言葉を＿＿＿＿＿＿＿＿＿＿＿＿。

6. 〈空港のレストランで〉

   客　：注文した料理がまだ来てないんですが…。出発まで時間がないので、
   　　　ちょっと＿＿＿＿＿＿＿＿＿＿＿＿＿＿。

   店員：申しわけありません。すぐにお持ちします。

7. もし結婚するなら、家事を＿＿＿＿＿＿＿＿＿＿＿＿＿＿人と結婚したい。

8. レポートが進まなくて困っていたところ、先生が参考になる論文を＿＿＿＿＿＿＿＿＿＿
   のでとても助かった。

9. A：5月は母の日、6月は父の日がありますね。何か考えていますか。

   B：そうですね。休みが取れれば、親を旅行に＿＿＿＿＿＿＿＿＿＿＿＿＿たいです。

10. 母：このゴミ、ゴミ捨て場に＿＿＿＿＿＿＿＿＿＿＿＿＿＿＿＿＿＿＿ない？

    子：はーい。

間違い探し

▶ 次の文には間違いがあります。間違っているところに＿＿＿＿を引いて、正しく直してください。

1. すみません。ちょっと写真を撮っていただきませんか。

2. 国の家族が私に荷物を送りました。

3. 先生：今度の冬休み、中国へ行くんです。

   学生：そうなんですか。よろしかったら、北京の町をご案内してあげます。

4. 自転車が壊れて、田中さんが困っていたので、田中さんに自転車を直してあげました。

5. 私の論文の日本語をチェックしていいですか。

用例見つけた！

下の文章に、この課で勉強した項目（「授受表現」）が、使われています。どのように使われているか意味を考えながら、次の文章を読んでみましょう。

要するに他人に物をもらうと、たいへん日本人は苦しむのである。このことから、日本人は他人に物が簡単にあげられないことになる。「これをあなたにあげたなら、あなたはお返ししなければいけないと思うだろう」と思うのである。それをやわらげるためには、他人に物を贈る場合に、日本人らしいあいさつが生まれる。たとえば「まことにつまらないものですが」というような。これに対してアメリカの人は、なぜ、つまらないと知って持ってきたか、と思うそうであるが、日本人としては、これをあなたにさしあげるけれども、つまらないものだからお返ししようとしなくてもいいのだ、という意味なのだ。「何もございませんが、召し上がって下さい」という言い方も、これを食べても何も食べなかったと同じだと思ってほしい、という日本人のやさしい心のあらわれだということになる。

金田一春彦（1988）『日本語（上）』p.240，岩波書店

要するに: simply put, 総之, 요컨데
苦しむ: to struggle, 苦悩, 고심하다
やわらげる: to soften, 使缓和, 완화시키다
贈る: to give (a gift), 贈送, 선물하다, 수여하다
つまらない: boring, 不值钱的, 하찮다
あらわれ: an expression, 表现, 표출

クロージング・トーク

＜結婚式の場面＞

新郎：僕たちは3年前に出会いました。彼女が駅で財布を忘れて困っていた時に、僕がお金を貸してあげたんです。そのあと、彼女がお礼にお菓子を作ってくれました。彼女は料理が上手です。結婚したら、毎日、おいしいお弁当を作ってもらうのが夢だったので、結婚できて幸せです。

14 尊敬語・謙譲語

スタート・トーク

次のような場面で、2人の会話はどうなるでしょうか。＿＿＿に適切な表現を書いて、会話を完成させてください。

①先生、今日の5時ごろ、研究室に a.＿＿＿＿＿か？

②うん、いるよ。

③そうですか。じゃ、のちほどそちらに b.＿＿＿＿＿もよろしいでしょうか。

この課の表現

尊敬語、謙譲語

確認

【敬語とは】
コミュニケーションの場において、相手に対する尊敬の気持ちを表したり、自分と相手の関係の近さ遠さを表したりする。

目上の人
身内
知らない人
ウチ
ソト
自分

(1) 敬語を使う場面
① 目上の人（先生、上司、年上の人など）と話すとき
② 知らない人や親しくない人と話すとき（初対面のときなど）
③ ビジネスの場面など、あまり親しくない人（友だちではない人）と話すとき
④ フォーマルな場面で話すとき（発表、会議など）

(2) 敬語の種類
　尊敬……相手が主語で、相手の動作を高くする
　謙譲……自分が主語で、自分の動作を低くする
　丁寧……名詞や文末を丁寧にする

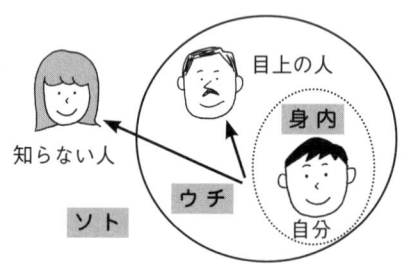

敬語 → p.247
コミュニケーション: communication, 交流, 커뮤니케이션
上司: one's superior, 上司, 상사
年上: someone who is older, 年長者, 연상
初対面: first encounter, 初次见面, 첫 대면
フォーマルな場面 → p.252
発表: presentation, 发表, 발표
文末: end of a sentence, 句末, 문말

	種類	形	例文
尊敬	尊敬語	特別な形	田中さんが本をご覧になります。
	尊敬表現	規則的な形	田中さんが本をお読みになります。
		れる・られる	田中さんが本を読まれます。
謙譲	謙譲語	特別な形	(私が)田中さんの都合をうかがいます。
	謙譲表現	規則的な形	(私が)田中さんの都合をお聞きします。
丁寧	丁寧表現	語頭	お食事のご用意ができました。
		文末	こちらが今回発売された新製品でございます。

尊敬: respect, 尊敬, 존경
尊敬語: honorific language, 尊敬语, 존경어
尊敬表現: honorific form, 尊敬表现, 존경표현
謙譲: humility, 谦让, 겸양
謙譲語: humble language, 谦让语, 겸양어
謙譲表現: humble form, 谦让表现, 겸양표현
丁寧: polite, 丁宁, 정중
丁寧表現: expressions of politeness, 丁宁表现, 정중표현

(3) 敬語の形

○特別な形 ＜ 尊敬語（ご覧になる）
　　　　　　謙譲語（拝見する）　　　➡ 14課

○動詞の規則的な形 ＜ 尊敬表現（お読みになる）
　　　　　　　　　　謙譲表現（お読みする）

○〜れる・られる ── 尊敬表現（読まれる）　➡ 15課

○語頭・文末の表現 ── 丁寧表現（読みます）

規則的な形: a set format, 规则形, 규칙적인 형태

語頭: prefix, 语头, 어두

【尊敬語と謙譲語】

(1) 尊敬語

話し手が動作をする人(相手)に敬意を表すために使う。

□主語＝相手
　→上司、先生、先輩などの目上の人、知らない人、あまり親しくない人

・先生、昨日の新聞記事、ご覧になりましたか。(＝見ましたか)

・社長、明日のパーティーは、どうなさいますか。(＝しますか)

敬意: honor/respect, 敬意, 경의

主語 ➡ p.248

(2) 謙譲語

動作をする人(主に「自分」)を低くして、相手に敬意を表すために使う。目上の相手が持っている物に対して動作をするときにも使われる。

□主語＝私、私たち、私の家族など(身内)
→「私」はよく省略されるので、主語が出ていなくてもその動作をするのは話している人(「私」)である。

・先生の論文を拝見しました。(＝読みました)

身内: one's In Group, 親属, 일가, 친척, 가족

省略する: to abbreviate, 省略, 생략하다

【対等】

対等: equal, 対等, 대등

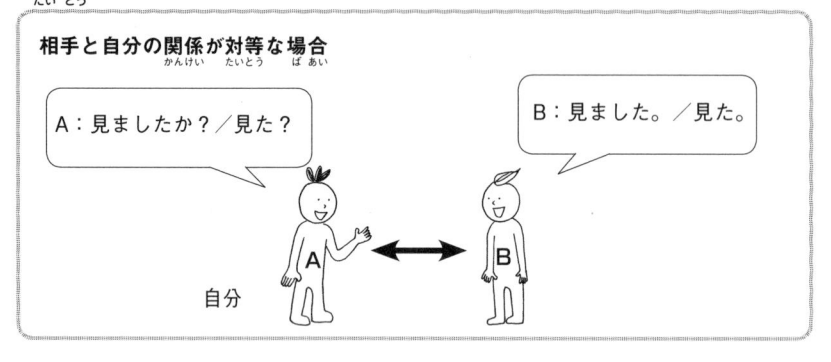

相手と自分の関係が対等な場合

A：見ましたか？／見た？
B：見ました。／見た。

自分

【尊敬】

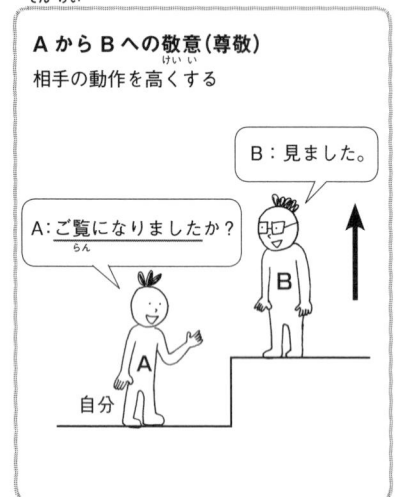

AからBへの敬意(尊敬)
相手の動作を高くする

A：ご覧になりましたか？
B：見ました。

自分

【謙譲】

AからBへの敬意(謙譲)
自分の動作を低くする

B：見ましたか？
A：拝見しました。

自分

■特別な形の敬語

尊敬語	辞書形	謙譲語
いらっしゃる※	いる	おる
	来る	まいる
	行く	
なさる※	する	いたす
めしあがる	食べる	いただく
	飲む	
	もらう	
	あげる	さしあげる
くださる※	くれる	
ご覧になる	見る	拝見する
	読む	
	見せる	ご覧にいれる
		お目にかける
おっしゃる※	言う	申す
ご存じだ	知っている	存じている
	会う	お目にかかる
	聞く	うかがう
訪問なさる※	訪問する	うかがう／訪問いたす

➡ 普通、「る」で終わる1グループの動詞は、マス形が「ります」になるが、※印をつけている動詞はマス形が「ります」ではなく、「います」になる。

練習 1

▶ 次の a. と b. のうち、ふさわしいほうを選んでください。

1. A：川田さん、こんにちは。どちらに(　　　)んですか。
   B：ちょっと郵便局まで。
   a. いく　　　b. いらっしゃる

2. 最近、ゴルフをやる人が増えていますが、先生も(　　　)ますか。
   a. なさい　　　b. なさり

3. すみません、ちょっと(　　　)たいことがあるんですが、よろしいですか。
   a. うかがいし　　　b. うかがい

4. 他の大学の先生：どこかで会いましたかね？
   学生（私）：はい。去年の学会で（　　）ました。
   a. お目にかけ　　b. お目にかかり

5. あれ、この人、誰だろう。木村さん、この写真の人、（　　）か。
   a. ご存じです　　b. 存じています

6. これ、私が作ったんです。どうぞ（　　）ください。
   a. めしあがって　　b. いただいて

7. 先生：リサさん、昨日の夜、メール送ったんだけど読んだ？
   学生：はい。（　　）ました。
   a. ご覧になり　　b. 拝見し

8. A：あの、お名前は何と（　　）んですか。
   a. おっしゃる　　b. 申す

9. B：キムと（　　）ます。
   a. おっしゃい　　b. 申し

10. 先生、実験室の掃除でしたら、私たちが（　　）ます。
    a. なさい　　b. いたし

さらにレベルアップ

① 補助動詞の敬語

「〜てくる」「〜ていく」「〜ている」「〜てもらう」など、補助動詞として使うときも敬語にすることができる。

- 今日は、めずらしい物を持って<u>まいりました</u>。（←〜てきました）
- その本、何を読んで<u>いらっしゃる</u>んですか。（←〜ています）
- 田中さんに駅まで送って<u>いただきました</u>。（←〜てもらいました）

補助動詞 ➡ ❓ p.253

② 敬語を使う相手

家族は身内なので、基本的に家族内では敬語を使わない。

- ［×］お父さん、ニュースを<u>ご覧になり</u>ますか。
  ⇒［○］お父さん、ニュース、<u>見る</u>？

基本的に：fundamentally, 基本上, 기본적으로

ただし、身内(家族、ウチの人)の動作が相手(ソトの人)に直接向けられるときは、身内の動作について謙譲語を使う場合がある。

・〈学生が先生に、自分の母親の行動について話している〉
　5時ごろ、母がそちらにうかがいますのでよろしくお願いいたします。

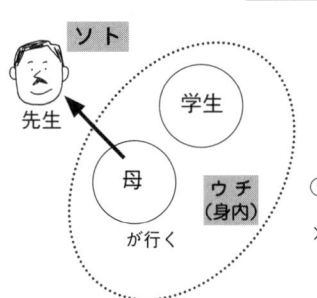

○「母がそちらにうかがいます」(謙譲)
× 「母がそちらにいらっしゃいます」(尊敬)

行動: conduct, 行动, 행동

ウチとソト ➡ p.244

③ 丁寧表現

尊敬語、謙譲語を使うときは、その動詞だけではなく文中の名詞や文末表現なども丁寧な表現にする。

・[×]先輩、あの店にいらっしゃったことある？
　⇒[○]先輩、あのお店にいらっしゃったことがありますか。

丁寧表現 ➡ 第15課
文中: within a sentence, 句中, 문장중
文末表現 ➡ p.252

④「まいる」と「うかがう」

「まいる」= 自分が相手の所へ行くことを伝えるときに使う。
「うかがう」= 自分が相手の所へ行くことを伝えるときや、相手の所へ行くための許可をもらうときに使う。

・[○] 3時に先生のお宅にまいります。
　[○] 3時に先生のお宅にうかがいます。

・[×] のちほど、そちらにまいってもよろしいでしょうか。
　⇒[○] のちほど、そちらにうかがってもよろしいでしょうか。

許可をもらう: to receive permission, 获得许可, 허가를 받다

練習2

▶ 次のa.～d.の中で、もっともふさわしいものを選んでください。

1. 何かご意見がありましたら、(　　　)ください。
　a. おっしゃりて　　b. おっしゃって　　c. おっしゃい　　d. おっしゃり

2. 木村　：ジョンさんの時計、すてきですね。
　ジョン：ありがとうございます。兄が(　　　)んです。
　a. いただいた　　b. くださった　　c. あげた　　d. くれた

3. 学生：先生、先週、駅で奥様に（　　）ました。

    先生：ああ、家内に聞いたよ。

    a. 拝見し　　　b. ご覧になり　　　c. お目にかけ　　　d. お目にかかり

4. 学生：先生、何時まで大学にいらっしゃいますか。

    先生：今日は5時まで（　　）よ。

    a. います　　　b. いらっしゃいます　　　c. あります　　　d. まいります

5. 〈会議室の忘れ物の連絡〉

    携帯電話の忘れ物がありました。黒い携帯電話を忘れた方は（　　）か？

    a. いません　　　b. おりません　　　c. ございません　　　d. いらっしゃいません

6. 〈パーティーで〉

    A：遠慮せずにたくさん食べてくださいね。

    B：はい。もう十分（　　）ました。ありがとうございます。

    a. めしあがり　　　b. あがり　　　c. いただき　　　d. おっしゃい

7. A：何見てるの？

    B：写真だよ。昨日、先生が（　　）んだ。

    a. なさった　　　b. さしあげた　　　c. くださった　　　d. いただいた

8. A：昨日、何をしましたか？

    B：昨日ですか。友だちの部屋で、一緒にテレビを（　　）。

    a. 拝見しました　　b. 見ました　　c. うかがいました　　d. ご覧になりました

9. 〈社長室で〉

    社長：これについて、もっと詳しいデータがあるかな。

    社員：はい、調べてあります。机に置いてありますので、すぐに取って（　　）。

    a. まいります　　　b. いらっしゃいます　　　c. うかがいます　　　d. お目にかかります

10. 先輩：発表の資料を作ったんだけど、分かりにくいところがないか、ちょっと読んでもらえないかな？

    後輩：はい、じゃ、ちょっと（　　）。

    a. ご覧になります　　b. 拝見します　　c. うかがいます　　d. さしあげます

✏️ 文作り

▶ この課の項目（尊敬語、謙譲語）を使って文を作ってください。1.～4.については、下線部の動詞を適切な敬語にして文を作ってください。

1. 〈パーティーの会場が「ベル」に決まった。先生がその会場を<u>知っている</u>かどうか聞きたい〉

    学生：パーティーの会場は「ベル」ですが、＿＿＿＿＿＿＿＿＿＿＿＿＿＿＿。

    先生：いや、知らないな。

2. 〈先生に相談したいことがあって、明日の1時に研究室に<u>行ってもいいか</u>聞きたい〉

    学生：先生、明日なんですが、1時に研究室に＿＿＿＿＿＿＿＿＿＿＿＿＿＿も、よろしいで

    　　　しょうか。

    先生：ええ、いいですよ。

3. 〈上司に、次の打ち合わせをいつに<u>する</u>か聞きたい〉

    部下：部長、次の打ち合わせですが、いつに＿＿＿＿＿＿＿＿＿＿＿＿＿＿。

    上司：そうだな。じゃ、来週の火曜日に。

4. 〈あまり親しくない人に、どんな仕事を<u>している</u>のか聞きたい〉

    私　：あの、お仕事は、何を＿＿＿＿＿＿＿＿＿＿＿＿＿＿＿＿＿＿＿。

    相手：えっと、銀行に勤めています。

5. 〈今は午後〉

    学生：先生、今朝、何時ごろこちらに＿＿＿＿＿＿＿＿＿＿＿＿＿＿んですか。

    先生：そうですね、10時ごろだったと思いますけど。

6. 〈人を知っているかどうか確認する〉

    先生：君は、T大学の木村先生に会ったことがあるかな。

    学生：えっと、お名前だけは a.＿＿＿＿＿＿＿＿＿＿＿＿＿が、b.＿＿＿＿＿＿

    　　　＿＿＿＿＿＿＿＿＿＿＿＿＿ことはありません。

7. 〈会議で。先に川野さんが意見を言った〉

    司会：中村さん、いかがでしょうか。

    中村：はい、私も、さっき川野さんが＿＿＿＿＿＿＿＿＿＿＿＿＿意見に賛成です。

8.〈初対面の人と〉

　　A：趣味は映画を見ることです。

　　B：そうですか。最近は＿＿＿＿＿＿＿＿＿＿＿＿＿＿＿＿＿＿＿＿＿。

9.　後輩：ちょっとこの機械の使い方について＿＿＿＿＿＿＿＿＿たいんですが…。

　　先輩：うん、いいよ。

10.　A：これ、ハワイのお土産で、チョコレートです。

　　　　どうぞ、みなさんで＿＿＿＿＿＿＿＿＿＿＿＿＿＿＿＿＿＿＿＿＿。

　　B：ありがとう。わあ、おいしそう。

■間違い探し

▶次の文には間違いがあります。間違っているところに＿＿＿＿＿を引いて、正しく直してください。

1. 先輩、昨日のパーティーで何を召し上がった？

2. このパンフレット、お目にかかってもよろしいでしょうか。

3.〈会社の人と話す〉
　　明日の会議の時間が変わったと聞きましたが、ご存じましたか。

4. 日本のお酒を買って、国の父にさしあげます。

5. 私は田中さんが申したことに賛成です。

用例見つけた! 下の文章に、この課で勉強した項目（尊敬語・謙譲語）が、使われています。どのように使われているか意味を考えながら、次の文章を読んでみましょう。

> スマート敬語実戦講座 ～名門ホテルの極意を学ぶ
>
> 　数多くのVIPも宿泊するホテルオークラ東京には、利用客に気持ちよくホテル内で過ごしてもらうための「言葉遣いの基本」がある。（中略）
> 　「佐藤様のフルネームをお願いいたします」。ホテル、レストランの予約時などによく聞く常とう句だが、ホテルオークラ東京ではNG。「カタカナ語をむやみに使うとお客様に不快な印象を与える恐れがあります。この場合は『佐藤様のお名前を伺えますか』、または『佐藤何様でいらっしゃいますか』と話すようにしています」（新入社員研修を担当する畑中哲子さん）。
> 　「離席」「出張中」などの熟語も、「突き放した硬い感じを相手に与える」（畑中さん）ので会話では避けたほうがよい。「席を外しております」「出張しております」と話し言葉にすれば、伝わる印象もずっと柔らかなものになる。
>
> 「休み明け　電子版でスイッチオン」より
> 日本経済新聞 2011年8月21日

実践: in practice, 실천
名門: notable, 名门, 명문
極意: essential tips (from a master), 秘诀, 비법
VIP: very important person, 贵宾, VIP
常とう句: commonly heard phrase, 套话, 상투적인 구호
むやみに: more than necessary, 胡乱地, 무턱대고
不快な: unpleasant, 不愉快的, 불쾌한
印象: impression, 印象, 인상
恐れ: fear, 担心, 두려움
突き放す: to be taken as, 猛力推开, 내치다
避ける: to avoid, 避免, 피하다
話し言葉 ➡❓p.251

クロージング・トーク

　私は、携帯電話で、先生が5時ごろ研究室にいらっしゃるかどうかうかがいました。「いる」とおっしゃったので、夕方、研究室に向かいました。研究室に着いたとき、先生は、雑誌をご覧になっていました。レポートのテーマについて話したあと、お茶をいただきました。

15 尊敬表現・謙譲表現・丁寧表現

スタート・トーク

次のような場面で、2人の会話はどうなるでしょうか。＿＿＿に適切な表現を書いて、会話を完成させてください。

① すみません。おはしを貸していただけませんか。

② はい、
a. ＿＿＿＿＿＿＿＿＿＿

③ ありがとうございます。じゃ、使わせていただきます。

この課の表現

尊敬表現　「{お／ご}〜になる」
謙譲表現　「{お／ご}〜する」
丁寧表現　「{お／ご}＋{名詞／イ形容詞／ナ形容詞}」「〜ございます」

確認

(1) 尊敬表現

話し手が、動作をする人（相手）に敬意を表すために使う。動作をする人と相手が直接関係があるとき、尊敬表現を使う。

○ 1・2グループの動詞＝「お＋動詞のマス形＋になる」
○ 3グループの動詞＝「{お／ご}＋漢語＋なさる」

＊「お／ご」の付け方は名詞のルールと同じ。(p.140 表参照)

1グループ ➡ 凡例
2グループ ➡ 凡例
3グループ ➡ 凡例

漢語 ➡ p.245

1・2グループ　読む　⇒　読みます　⇒　お読みになります

3グループ　出席する　⇒　ご出席なさいます

・先生、今日は何時ごろお帰りになりますか。

→ ただし、2グループで、マス形にしたときに、「マス」の前が1文字になるものはこの形にしないで特別な形を使うことがある。

見る → みます → ご覧になる　　　いる → います → いらっしゃる
着る → きます → お召しになる　　　寝る → ねます → お休みになる

- 〈お店で〉
  客　：このコート、色もいいし、暖かそうですね。
  店員：ええ。よろしかったら、どうぞ、お召しになってみてください。（着る）

- 先生は、毎晩何時ごろ、お休みになるんですか。（寝る）

【相手に勧める表現「ください」と一緒に使うとき】

○1・2グループの動詞　＝「お ＋ 動詞のマス形 ＋ ください」
○3グループの動詞　＝「{お／ご} ＋ 漢語 ＋ ください（←する）」

1・2グループ　読む　⇒　読みます　⇒　お読みください
3グループ　　出席する　　　　⇒　ご出席ください

勧める：to recommend, 劝说, 권하다

- みなさま、資料があるかどうかご確認ください。
- こちらのパンフレットはご自由にお取りください。

(2) 謙譲表現

動作をする人を低くして、相手に敬意を表すために使う。動作をする人と相手が直接関係があるとき、謙譲表現を使う。

○1・2グループの動詞　＝「お ＋ 動詞のマス形 ＋ {する／いたす}」
○3グループの動詞　＝「{お／ご} ＋ 漢語 ＋ {する／いたす}」

→「いたす」のほうがより丁寧である。

1・2グループ　借りる　⇒　借ります　⇒　お借りします／いたします
3グループ　　紹介する　　　　⇒　ご紹介します／いたします
　　　　　　　電話する　　　　⇒　お電話します／いたします

- 〈レジで〉
  店員：1000円、お預かりいたします。

15 尊敬表現・謙譲表現・丁寧表現

(3) 丁寧表現

相手に対して、丁寧な気持ちを表す。お客さんを相手にする場所やサービスの場面でよく使うが、公の場所やフォーマルな場面でもよく使う。

お久しぶりです。佐藤です。 ⇒ お久しぶりです。佐藤でございます。

・〈お店で〉
客 ：すみません、もっと大きいサイズはありませんか？
店員：はい、こちらにございます。

名詞に「お」や「ご」をつけて丁寧にすることができる。普通、和語には「お」、漢語には「ご」がつく。また、カタカナ語や公共機関には「お」「ご」を付けない。ただし、この使い方には、下のような例外もある。

公の場所: public settings, 公共场合, 공적인 장소

フォーマルな場面 → ? p.252

和語 → ? p.253

カタカナ語: speech using words that would be written in katakana, 片假名语, 가타카나어

公共機関: public agency, 公共机关, 공공기관

例外: exception, 例外, 예외

■「お」「ご」がつく名詞

		基本	例外
和語	お	お名前、お国、お車、お休み、お父さん、お忙しい、おひま、おきれい　など	ごゆっくり
漢語	ご	ご専門、ご住所、ご協力、ご入学、ご案内　など	お時間、お勉強、お食事、お料理、お留守、お上手、お電話
カタカナ語	―	タクシー、メール、ドリンク	おビール、おトイレ
公共機関など	―	大学、図書館、信号、駅、入り口	お出口

練習1

▶（　）の動詞を尊敬表現の形にして文を完成させてください。

例） 先生は黒板に漢字を <u>お書きになりました</u> 。（書いた）
　　こちらにお名前を <u>お書きください</u> 。（書いてください）

1. スミス先生はいつも日本語で_____。（話す）

2. スミス先生は毎日７時に_____。（帰る）

3. スミス先生、コピー機を_____。（使いますか）

4. 何かありましたら、こちらの番号に_____。（連絡してください）

5. 資料は後ろにあります。みなさま各自＿＿＿＿＿＿＿＿＿＿＿＿＿。(取ってください)

6. エレベーターはこちらの奥にございます。
   よろしければ＿＿＿＿＿＿＿＿＿＿＿＿＿。(利用してください)

練習2

▶ (　)の動詞を謙譲表現の形(「{お／ご}〜{する／いたす}」)にして文を完成させてください。

例) 先生にEメールを<u>お送りしました</u>。(送った)

1. 今日決まったことは私から木村さんに＿＿＿＿＿＿＿＿＿＿。(伝えた)

2. 明日、この本を田中先生に＿＿＿＿＿＿＿＿＿＿＿＿＿。(返す)

3. 昨日、東京でとった写真を先生に＿＿＿＿＿＿＿＿＿＿＿。(見せた)

4. 旅行のスケジュールは来週＿＿＿＿＿＿＿＿＿＿＿＿。(知らせる)

5. 調査した内容について、私から＿＿＿＿＿＿＿＿＿＿＿。(報告する)

6. 〈講演会で〉
   まず、今回の講師の先生を＿＿＿＿＿＿＿＿＿＿＿＿。(紹介する)

7. 何か必要な物がありましたら、おっしゃってください。
   こちらで＿＿＿＿＿＿＿＿＿＿＿＿＿＿。(用意する)

練習3

▶ 次の言葉に「お」か「ご」をつけて丁寧表現にしてください。

1. 今日は、みなさんに大切な(　)<u>知らせ</u>があります。

2. ここに必要事項を記入してください。まず、(　)<u>名前</u>、(　)<u>年</u>、(　)ところ、です。
   (　)<u>住所</u>はアパート名までお願いします。
   それから、(　)<u>職業</u>もよろしければお書きください。
   何かありましたら、こちらから(　)<u>連絡</u>します。

3. 〈アンケート調査の依頼〉

　　あの、(　)忙しいところすみません。ちょっと(　)時間よろしいでしょうか。

　　…以上ですが、何か(　)質問はありますでしょうか。

　　…これで、アンケートは終わりです。(　)協力ありがとうございました。

4. 来週のパーティーに(　)招待したいんですが、(　)都合はいかがですか。

5. 今日は、パーティーに(　)招きいただき、ありがとうございます。

6. (　)料理が(　)上手ですね。どれもとてもおいしいです。

　　いつも(　)食事は、(　)自分でお作りになるんですか。

7. (　)兄弟は何人いらっしゃるんですか？

8. 今後とも、(　)指導のほど、よろしくお願いいたします。

さらにレベルアップ

① 尊敬を表す「れる・られる」の表現

特別な形や、「お／ご～になる」「お／ご～する」を使う場合に比べて敬意の程度は低くなる。形は受身形と同じ(p.203 参照)。

・この意見について、鈴木さんはどう思われますか。

・中村さんは、普段、お酒を飲まれますか。

② 尊敬の表現を使うときの注意

尊敬表現は、いくつかの種類があるが、1つの文章に2つ以上使うのは使いすぎである。これを「二重敬語」と言う(現在、より丁寧な表現をするために会話では使う人もいるが、本来、間違いである)。

　　[○] 社長は今、お客様と話していらっしゃいます。

　　[○] 社長は今、お客様とお話しになっています。

　　[○] 社長は今、お客様と話されています。

　　[×] 社長は今、お客様とお話しになっていらっしゃいます。

　　[×] 社長は今、お客様と話されていらっしゃいます。

いくつか: many, 几个, 몇가지

二重敬語 → p.251

より: more, 更, 보다

本来: essentially, 本来, 본래

③「ウチ」と「ソト」の考え方

話し手が「ソト」の人と話すとき、家族から「ソト」の人に向けられる行動には謙譲の表現を使う。家族は「ウチ」、それ以外の人は「ソト」になるためである。

〈学生が先生に、自分の母親の行動について話している〉
・5時ごろ、母がそちらにうかがいますのでよろしくお願いいたします。

会社などの組織では、他社の人(ソト)と会話をするとき、自分の会社の社長や上司(ウチ)の行動についても尊敬の表現ではなく、謙譲の表現を使う。また、「社長」などの役職名や「〜さん」などの敬称は、省略する。

・A(他社の人)　：斉藤社長にお会いしたいんですが。
　B(斉藤の部下)：斉藤はただいま外出しております。
　　　　　　　　（※「斉藤社長」ではなく「斉藤」）

・詳しい内容に関しましては、のちほど部長の鈴木からご連絡いたします。

④ 相手に申し出をするときの表現

相手に自分から動作を提案する場合、謙譲表現の「{お／ご}〜{する／いたす}」を使う。「〜てさしあげる」を、行為を向ける相手に使う場合、「あなたのために特別にする」という意味になるので、親切を押しつける感じがして失礼になる。

〈先生に〉
・[×] 荷物を持ってさしあげます。
　[○] お荷物、お持ちします／お持ちいたします。

⑤ 目上の人の動作を確認するときの表現

目上の人に何か依頼して、その人がその動作を「したかどうか」を確認するとき、目上の人を主語にして尊敬表現を使うと失礼になる。その場合、自分を主語にして「〜していただけましたか」のように「〜していただく」を使う。また、それを省略することもできる。

・[×] 先週お願いした推薦状ですが、お書きになりましたか。
　[○] 先週お願いした推薦状なんですが、書いていただけましたでしょうか。
　[○] 先週お願いした推薦状なんですが…。

また、目上の人に「したいかどうか」を確認する場合、「お〜になりたいですか」は使えない。その場合、「〜ますか」を使う。

・[×] 先生、この雑誌をお読みになりたいですか。
　[○] 先生、この雑誌をお読みになりますか。

練習4

▶ 次のa.～d.の中で、もっともふさわしいものを選んでください。

1. その仕事については私から（　　　）。

   a. ご説明なさいます　　b. ご説明になります　　c. ご説明いたします　　d. ご説明ございます

2. 〈先輩Aが後輩Bに本を貸している〉

   A：これ、まえ言ってた本。どうぞ。でも、今使ってるから早めに返してね。

   B：はい、分かりました。週末読んで、来週の月曜日には（　　　）ます。

   a. お返し　　　b. お返しし　　　c. お返しられ　　　d. お返しになり

3. みなさん、どうぞお（　　　）ください。会議を始めます。

   a. 座って　　　b. 座り　　　c. 座る　　　d. 座りて

4. 〈A大学で〉

   学外の人　　：すみません、講堂はどこでしょうか。

   A大学の人：すぐそこですので、（　　　）。

   a. ご案内です　　　b. ご案内ます　　　c. ご案内します　　　d. ご案内になります

5. 学生A：田中さん、スミス先生はまだ研究室にいらっしゃいますか。

   学生B：先生はもう（　　　）よ。

   a. お帰りいたしました　　b. お帰りにしました　　c. お帰りされました　　d. お帰りになりました

6. 先生、この資料をあさってまでお借り（　　　）よろしいでしょうか。

   a. されても　　　b. しても　　　c. なさっても　　　d. くださっても

7. お宅に帰られたら、ご家族のみなさまによろしく（　　　）ください。

   a. お伝え　　　b. 申して　　　c. おたずね　　　d. 言われて

8. お預かりしている荷物は、私が来週お届け（　　　）。

   a. くださいます　　　b. なさいます　　　c. ございます　　　d. いたします

文作り

▶ この課の項目（尊敬表現、謙譲表現、丁寧表現）を使って文を作ってください。1番は（　）の中の動詞を使ってください。4番の（　）の中は、「お」か「ご」のどちらかを選んでください。

1. 先輩：ジョンさん、昨日のパーティーの会費、もらったっけ？
   ジョン：あ、まだでした。すみません。今、(支払う)＿＿＿＿＿＿＿＿＿＿。

2. 田中：このケーキ、手作りなんです。よかったらどうぞ。
   中村：わあ！これ、田中さんが＿＿＿＿＿＿＿＿＿＿んですか。

3. 〈客がレストランに入ったところ〉
   店員：いらっしゃいませ。お客様、コートはこちらで＿＿＿＿＿＿＿＿＿＿。
   客　：あ、ありがとうございます。

4. 〈旅行社で〉
   係りの人：(お・ご) 旅行の (お・ご) 申し込みですか。
   　　　　　こちらに (お・ご) 名前と (お・ご) 住所を＿＿＿＿＿＿＿＿＿＿。

5. 〈エレベーターで〉
   次は3階、婦人服売り場＿＿＿＿＿＿＿＿＿＿。

6. 〈駅のアナウンス〉
   駅員：電車がまいります。線の内側まで＿＿＿＿＿＿＿＿＿＿。

7. A：主人は、週末も仕事でうちにいないんです。
   B：え、ご主人は、週末も＿＿＿＿＿＿＿＿＿＿。

8. A：次回の会議について、日にちが決まりましたらすぐ＿＿＿＿＿＿＿＿＿＿。
   B：わかりました。お願いします。

間違い探し

▶ 次の文には間違いがあります。間違っているところに_____を引いて、正しく直してください。

1. 先輩：昨日、何したの？

   後輩：昨日は、一日中、小説をお読みしました。

2. こちら割引チケットです。ご自由にお取りしてください。

3. 〈先生の研究室へ（何回も行っている）〉

   学生：失礼します。先生、リンと申します。

4. 学生：先生、昨日メールをお送りしたんですが、ご確認なさいましたか。

5. 学生：先生、この雑誌をご覧になりたいですか。よろしかったら、どうぞ。

6. 学生：先生、何をご覧になっていらっしゃるんですか。

用例見つけた！ 下の文章に、この課で勉強した項目（尊敬表現、謙譲表現、丁寧表現）が、使われています。どのように使われているか意味を考えながら、次の文章を読んでみましょう。

オンラインでのご予約の流れ
[お申し込み方法について]
ご希望のコースのお見積もり後、「オンライン申込み」へおすすみください。
お申込フォーム「お客様情報」にご入力頂き、お支払い方法をご選択ください。
なお、お申込フォーム「お客様情報」のご入力はツアー確保ではございません。正式な回答メールをお待ち下さい。
オプショナルの時間帯選択があるものや、バス等乗車場所の選択がある場合は、要望欄へのご記入をお願い致します。
お申し込みのご登録完了後、受付完了の確認メールが届きますので、内容にお間違いないか今一度ご確認ください。
確認メールが届かない場合は、ご登録が完了していないか、ご登録のメールアドレスが間違っている可能性もございますので、お問い合わせください。

H.I.S. WEBサイト　首都圏版「国内旅行のご案内・ご注意とご予約の流れ」より
http://www.his-j.com/kokunai/kanto/nagare.htm　2013.2.21

オンライン: online, 网上, 온라인
流れ: the flow/process, 流程, 흐름
見積もり: an estimate, 估计, 견적
入力: input, 输入, 입력
確保: security, 确保, 확보
オプショナル: optional tour, 任意的, 옵션
時間帯: time of day, 时间帯, 시간대
要望欄: request column, 要求栏, 요망란
登録: registration, 注册, 등록
受付: acceptance, 受理, 접수
問い合わせる: to inquire, 咨询, 문의

15 尊敬表現・謙譲表現・丁寧表現

クロージング・トーク

　私はフランス料理のレストランでアルバイトしています。お客様は、はじめ、ナイフとフォークをお使いになっていましたが、おはしを貸してほしいと言われたので、おはしをお渡ししました。お客様は喜んでくださいました。私にとっては、おはしの使い方のほうが難しいです。文化によって食べ方も違うのでおもしろいと思いました。

16 否定表現
ひ　てい　ひょうげん

スタート・トーク

次のような場面で、2人の会話はどうなるでしょうか。＿＿＿に適切な表現を書いて、会話を完成させてください。

①なかなか日本人の友だちができないんですけど…。

②そんなに心配する
a.＿＿＿＿＿＿＿＿＿＿。

先生

③どうすれば友だちが作れるでしょうか。

④サークルに参加してみたらどうですか。

私

この課の表現

否定表現「～とは限らない／～とも限らない」「～とは言えない／～とも言えない」
「～ことはない／～こともない」「～ないことはない／～ないこともない」

✓ 確　認

【否定表現とは】

○ **完全否定**…動詞、イ形容詞、ナ形容詞、名詞に「ない」がついて、否定の意味を表す。

・明日は大学に行か<u>ない</u>。
・今日は暑く<u>ない</u>。
・私は日本人では<u>ない</u>。

完全否定 ➡❓p.246

○ **部分否定**…動詞、イ形容詞、ナ形容詞、名詞に「ない」がついて、部分的に否定する意味を表す。「～ない可能性がある」という意味を表したり、可能性はあるが低いという意味を表したりする。

・勉強したからといって試験に受かるとは限らない。
　　　　　　　　　　　　　　　　　（＝受からない可能性がある）
・勉強したからといって試験に落ちないとは限らない。
　　　　　　　　　　　　　　　　　（＝落ちる可能性がある）

部分否定 ➡❓p.252

部分的に：partially, 部分的, 부분적으로

(1) ～とは限らない／～とも限らない

| 動詞／イ形容詞 ナ形容詞／名詞 の普通形 | ＋ | とは限らない / とも限らない |

① 「100％そうだ」と決まっていない、「いつもそうだ」とは言えない、「そうでない場合もある」という意味を表す。

- カラオケが好きだからといって、必ずしも歌が<u>上手だとは限りません</u>。
（←カラオケが好きな人なら歌が上手だろうと思うが、そうではない人もいる）

- ダイエットするからといって、必ず<u>やせるとも限らない</u>。
（←ダイエットをするとやせるだろうと思うが、そうではない場合もある）

| 動詞／イ形容詞 ナ形容詞／名詞 のナイ形 | ＋ | とは限らない / とも限らない |

② 「100％そうではない」と決まっていない、「いつもそうではない」と言えない、「そうである場合もある」という意味を表す。

- お酒を飲まないからといって、お酒が<u>好きじゃないとも限らない</u>。
（←お酒を飲まない人はお酒が好きじゃないだろうと思うが、そうではない可能性がある）

➡ **機能** ……〈忠告〉

望む結果になる可能性が低い。
- 初めての実験なので、万全の準備をしても<u>成功するとは限らない</u>。
（←成功する可能性が低い）

望まない結果になる可能性がある。
- このまま勉強しないで遊び続けたら、<u>落ちないとも限らない</u>よ。
（←落ちる可能性がある）

(2) ～とは言えない／～とも言えない

| 動詞／イ形容詞 ナ形容詞／名詞 の普通形 | ＋ | とは言えない / とも言えない |

① 根拠が明確ではないため、はっきり言い切ることができないときに使う。

- このままがんばれば、あの大学には入れると思うけど、100パーセント<u>大丈夫だとは言えない</u>。（←大丈夫ではない可能性もある）

- 先輩：この試合は勝つ自信、あるよね。
  後輩：絶対<u>勝てるとは言えません</u>が、最善を尽くします。
（←勝てない可能性もある）

限る: to limit, 限于, 한정하다

ナイ形 ➡ 凡例

機能: function, 功能, 기능
忠告: advice, 忠告, 충고
望む: to wish for, 期待, 원하다

根拠: basis, 根据, 근거
明確な: clear, 明确的, 명확한
言い切る: to declare, 断言, 잘라 말하다

```
┌─────────────────────────┐
│ 動詞／イ形容詞          │ のナイ形 ＋ ｛とは言えない
│ ナ形容詞／名詞          │              ｛とも言えない
└─────────────────────────┘
```

② 「～かもしれない」、「～の可能性がある」のように、少しではあるが、可能性があることを表す。

・いくら運転が上手でも、絶対事故を<u>起こさないとは言えない</u>。
　　　　　　　　　　　　　　　　（←事故を起こす可能性が少しある）

・今回のトラブルについて彼に<u>責任がないとは言えない</u>。（←少し責任がある）

> ➡機能 ……〈遠慮〉〈配慮〉
> 自分の意見をはっきり言いたくない、または、相手の意見を完全に否定したくないときに使う。
> 　A：日本に来たばかりだから、大変でしょう。
> 　B：そうですね。<u>大変じゃないとは言えません</u>が、少し慣れてきました。
> 　　　　　　　　　　　　　　　　　　　　　　　　　　　　　（←少し大変だ）

配慮：consideration, 顾虑, 배려

完全に：completely, 完全的, 완전히

（3）～ことはない／～こともない

「～ことはない」は「～とは限らない」「～とは言えない」と違って、前に来る動詞が辞書形かナイ形かによって意味が異なる。

```
┌──────────────────────┐
│ 動詞の辞書形 ＋｛ことはない
│                ｛こともない
└──────────────────────┘
```

異なる：to differ from, 不同, 다르다

こと ➡第4課

「その必要はない」、「～しなくてもいい」という意味を表す。

・このくらいの雨なら、かさを<u>さすことはない</u>だろう。

・電話で済むことだから、わざわざ事務室まで<u>行くことはない</u>かもしれないなあ。

相手への軽い命令、忠告の意味を表す。

・1回失敗したくらいで<u>泣くことはない</u>でしょう。（←泣かないでください）

命令：command, 命令, 명령

忠告：advice, 忠告, 충고

> ➡機能 ……〈アドバイス〉
> 「～する必要があるのではないか」と心配している人に、「その必要はない」「そんなに心配しなくてもいい」とアドバイスするときにも使える。
> 　A：この仕事は今日中に終わらなければなりませんか。
> 　B：いいえ、今週中に終わればいいので、<u>無理することはありません</u>よ。
> 　　　　（←今日終わらなくてもいいので、無理する必要はない）

アドバイスする：to give advice, 劝告, 충고하다

(4) 〜ないことはない／〜ないこともない

| 動詞／イ形容詞　ナ形容詞 のナイ形 | ＋ | ことはない　こともない |

「ときどき〜(する)」「少し〜(する)」「〜と言える面もある」という意味を表す。断定した言い方をしたくないときに使う。

・映画館へ行かないこともないけど、最近は家でDVDを見ることが多い。
　（←ときどき映画館へ行く）

➡機能 ……〈謙遜〉

相手を否定したくないときや、自分の能力について謙遜するときに使う。

・A：田中さんの意見はどうでしょうか。
　B：田中さんが言いたいことは分からないこともないんですが、データをもう少し検討してみたらどうでしょうか。（←分かることは分かる）
・英語は、話せないこともないけど、上手ではない。（←少し話せる）

面：point of view, 面, 면
断定する：to decide, 断定, 단정하다

能力：ability, 能力, 능력
謙遜する：to be modest, 謙遜, 겸손하다

練習1

▶ 次のa.とb.のうち、ふさわしいほうを選んでください。

1. 適度な運動は必要だが、やり方を間違えれば、必ずしも体に（　　）とは限らない。
　a. いい　　　b. よくない

2. 彼はお酒を（　　）こともないが、あまり好きじゃないそうです。
　a. 飲む　　　b. 飲まない

3. お金持ちだからといってみんなが幸せだ（　　）。
　a. ではありません　　　b. とは言えません

4. いつでも車で行くほうが歩くより（　　）とは限らない。
　a. 速い　　　b. 遅い

5. まったくスーツを（　　）こともないですが、ふだんはジーンズにTシャツが多いです。
　a. 着る　　　b. 着ない

6. たとえ彼から連絡がなくても、彼が無事じゃない（　　）。山小屋で休憩しているかもしれませんんよ。
　a. とは限りません　　　b. ことはない

7. 1回失敗したぐらいで、がっかりする(　　)ですよ。「失敗は成功のもと」と言うじゃないですか。

    a. ことはない　　　b. とは言えない

8. その仕事は今月中に終わればいいので、(　　)ことはありませんよ。

    a. 無理する　　　b. 無理しない

9. 日本に長くいるからといってみんな日本語が上手に(　　)。

    a. なるとは限らない　　　b. ならない

10. 答えを間違えたからといって、そんなにはずかしがる(　　)ですよ。

    a. とは言えない　　　b. ことはない

さらにレベルアップ

①「〜とは限らない」「〜とは言えない」と一緒に使う表現

「〜(だ)からといって」「〜ても／でも」

- 一生懸命勉強したからといって、必ずいい点が取れるとは限らない。
- 日本人でも、みんなが日本のことをよく知っているとは言えない。

「必ずしも」「常に」「いつも」「誰でも」「何でも」などの副詞

- 大学を出ても必ずしもいい仕事が見つかるとは限らない。
- 新聞に書いてあることがいつも真実だとは言えない。

必ずしも: not always/not necessarily, (不)一定, (未)必, 반드시

常に: always, 经常地, 항상

誰でも: anyone, 谁都, 누구나

②「〜ないことはない」の類似表現

「〜なくもない」は「〜ないことはない」と同じ意味で使うことができる。

- フランス語はできなくもないけど、しばらく使っていないから、忘れているかもしれません。

③「〜ことはない」の使い方

「〜ことはない」は「〜する必要がない」の意味を表すときに、「わざわざ〜ことはない」の形で使うことが多い。

- 外は寒いんだから、わざわざ駅まで迎えに来ることはないですよ。
- 電話で連絡すればいいことを、わざわざ会いに行くことはないですよ。

わざわざ: especially, 特意, 일부러

相手を非難するときに使うこともある。その場合、「なにも｛あんなに／そんなに｝～ことはない」の形を使うことが多い。

- 漢字の書き方を間違えたくらいで、なにもそんなに笑うことはない。
- あなたの気持ちも分かるけど、みんなの前であんなに怒ることはないでしょう。
- 5分遅刻しただけで、なにも怒ることはない。

非難する: to criticize, 责备, 비난하다

④ 「～とは言えない」の使い方

「～とは言えない」は断言できないという意味以外にも、「～とは認められない」という意味を表すことができる。この場合、「～とは限らない」は使えない。

- このレベルでは、とてもプロとは言えない。（←プロだとは認められない）
- この字はとても大学生が書いた字とは言えない。（←とても字が下手だ）

認める: to recognize, 认可, 인정하다

練習2

▶ 次のa.～d.の中で、最もふさわしいものを選んでください。

1. 多数意見だからといって、それがいつも（　　）とは限りません。
   a. 悪い　　　b. よくない　　　c. 正しい　　　d. 間違い

2. 両親にメールを（　　）こともないんですが、電話のほうが多いんです。
   a. 書く　　　b. 書かない　　　c. 書かなかった　　　d. 書いた

3. 彼女を知らない（　　）が、そんなに親しくありません。
   a. とは限りません　　　b. とは限れません　　　c. こともありません　　　d. ことがあります

4. 急げば5時の電車に間に合わない（　　）けど、あわてるのもいやだし、その次の電車に乗ります。
   a. ことはない　　　b. こともある　　　c. ことがない　　　d. ことがなかった

5. 一生懸命勉強したからといって（　　）この大学に合格できるとは限りません。
   a. 誰でも　　　b. いつも　　　c. 何でも　　　d. 誰も

6. 日本は安全な国だからといって（　　）とは言えない。
   a. 危ない　　　b. 危なくない　　　c. 無事だ　　　d. 無事じゃない

7. このくらいの故障は修理すればまた直るから、新しいのを買う（　　）。
   a. とは限らない　　　b. とは言えない　　　c. ことはない　　　d. のもない

8. 駅から家まで10分しかかからないんだから、（　　）迎えに来ることはないですよ。
   a. わざわざ　　　b. わざと　　　c. いつでも　　　d. 誰でも

9. 外国人だからといって、日本語が（　　）。
   a. 話さないとは限らない　　　b. 話せないとは限らない
   c. 話さないこともない　　　d. 話せるとは言えない

10. A：このズボン、もう捨てようかと思ってるんだけど。
    B：まだはけるんだから、（　　）よ。はかないなら、私にゆずってくれる？
    a. 捨てるとは言えない　　　b. 捨てるとは限らない
    c. 捨てないことはない　　　d. 捨てることはない

✎ 文作り

▶ この課の項目（否定表現）を含む文を作ってください。

1. 私は＿＿＿＿＿＿＿＿＿＿＿＿こともないんですが、外食することが多いです。

2. このまま地球温暖化が進むと、＿＿＿＿＿＿＿＿＿＿＿＿＿＿＿。

3. 平日の新幹線はすいているから、＿＿＿＿＿＿＿＿＿＿＿＿＿＿。

4. ＿＿＿＿＿＿＿＿＿＿＿＿＿＿＿、試験に合格するとは限りません。

5. 彼は立派な人ですが、＿＿＿＿＿＿＿＿＿＿＿＿＿＿＿。

6. A：仕事が忙しくて、デートもできないんじゃないですか。
   B：忙しいのは忙しいんですが、＿＿＿＿＿＿＿＿＿＿＿こともありません。

7. 日本での生活は a.＿＿＿＿＿＿＿＿が、b.＿＿＿＿＿＿＿＿こともない。

8. a.＿＿＿＿＿＿＿（だ）から、わざわざ b.＿＿＿＿＿＿＿＿＿＿＿＿。

9. 留学生だからといって＿＿＿＿＿＿＿＿＿＿＿＿＿＿＿＿。

10. 料理が作れないからといって、＿＿＿＿＿＿＿＿＿＿＿＿＿＿。

間違い探し

▶ 次の文には間違いがあります。間違っているところに_____を引いて、正しく直してください。

1. みんな大きい会社に就職したいと思っているけど、「大きい会社がいい会社」ではない。

2. A：この靴下、もう古いからはけないですね。

   B：大丈夫ですよ。まだやぶれていないから、はきますよ。

3. いい大学を出ても、いい仕事を見つけない。

4. A：今日は雨が降っているから、自転車には乗らないほうがいいんじゃない？

   B：大丈夫だよ。慣れてるから。

   A：でも、絶対転ばないんじゃないし。気をつけてね。

5. A：ピーマンだけ残していますね。食べられないんですか。

   B：食べられないじゃないですが、あまり好きじゃないんです。

用例見つけた！

下の文章に、この課で勉強した項目（否定表現）が、使われています。どのように使われているか意味を考えながら、次の文章を読んでみましょう。

今回は、話し言葉でよく使ってしまう表現「～ないこともない」「～ないとも限らない」といった二重否定を取り上げます。これを文章で用いると、話し言葉の場合と同様に意味が曖昧になり、誤解のもとになってしまいます。

どこが問題？

- その条件でその価格なら、譲歩しないこともない。
- それなら、まだ刷り直しできないこともない。
- メンバーに彼が入るなら、課長も参加しないこともない。

ここが問題！二重否定を使っているので文意が曖昧になる

否定を否定することによって、「消極的な肯定」の意味になります。はっきりした言い方がしにくい場合に、このような表現を用いてしまいます。曖昧な表現を好む、日本の文化特性が原因にあると考えられます。

これで解決！二重否定は肯定表現に変える

「～ないこともない」などの二重否定表現は、「～だろう」「～かもしれない」などの肯定表現に変えましょう。

安田正「ITPro 悪文と良文から学ぶロジカル・ライティング 二重否定を避ける」より
http://itpro.nikkeibp.co.jp/article/COLUMN/20110414/359422/　2011.4.21

二重否定 → p.251
取り上げる：to pick up, 拿起, 삼다, 채택하다
用いる：to make use of, 使用, 사용하다
話し言葉 → p.251
同様に：similarly, 同様的, 마찬가지로
曖昧：vagueness, 暧昧, 애매
誤解：misunderstanding, 误解, 오해
もと：the root/origin, 根源, 원래
譲歩する：to compromise, 让步, 양보하다
刷り直す：to reprint, 重刷, 다시 인쇄하다
文意：meaning of a sentence, 文章的内容, 문장
消極的な：half-hearted, 消极的, 소극적인
特性：special quality, 特性, 특성

クロージング・トーク

私は今年の4月に日本に来たばかりだ。まだ日本人の友だちがいないので、先生に相談した。先生に「なかなか日本人の友だちができないんですけど」と私の悩みを話した。先生はあまり心配することはないとおっしゃった。それから、サークルに参加したら友だちができるかもしれないとアドバイスしてくださった。今度、大学のサークルに参加してみることにした。早く日本人の友だちができたらいいなあ。

column コラム 5

文と文をつなぐ言葉②
《追加》《比較》

文と文をつなぐ言葉で次に取り上げるのは、前の内容に後ろの内容を加える言葉と、前と後ろを比べる言葉です。

《追加》
① 「それから」「そして」は、時間的に連続していることをつなぐときに使います。
② 「それに」「しかも」「さらに」「なお」「また」は、付け加える意味を表すときに使います。

〈例〉
- 今日は先にお風呂に入りました。それから、晩ご飯を作って食べました。
- 図書館へ行って、借りていた本を返しました。そして、別の小説を借りました。
- 彼は仕事もよくできる。それに、性格もよくて、みんなに人気がある。
- この本はおもしろい。しかも、絵が多くて、とても読みやすい。

《比較》
「それに対して」「一方」「他方」「その反面」は、前後のことを比較してそれぞれの特徴を述べるときに使います。

〈例〉
- 初めて会ったとき、日本人はおじぎをする。それに対して、欧米人は握手をする。
- 2月、沖縄では桜の花が咲く。一方、北海道ではまだ雪が降る。

▶ (　)の中にふさわしい言葉を①～③の中から選んで入れてください。

　　①しかも　　　②一方　　　③そして

ある企業が日米の学生に学習時間に関する面接調査を行った。その結果、日本人学生が大学の授業に出ている時間は1日平均4.4時間、(a.　　　)、自分で勉強する時間は1日わずか2時間ぐらいである、ということがわかった。(b.　　　)、まったく勉強しない学生も3人に1人はいるそうだ。(c.　　　)で、アメリカの学生は1日平均7.7時間授業に出ており、1日に平均5時間以上勉強する学生が4割以上もいるという。すなわち、平均すると日本人学生はアメリカ人学生の半分程度の時間しか勉強していないということになる。

企業: company, 企业, 기업　　面接調査: interview survey, 面试调查, 면접조사　　平均: average, 平均, 평균
わずか: only a few, 仅仅, 불과　　足らず: just under, 不足, 모자람　　以上: more than, 以上, 이상

17 仮定表現
かていひょうげん

スタート・トーク

次のような場面で、2人の会話はどうなるでしょうか。＿＿＿に適切な表現を書いて、会話を完成させてください。

① 田中さん、来週締め切りの国際関係論のレポート、どんな本を a.＿＿＿＿ いいかな。何かいい本が b.＿＿＿＿ 紹介してもらえないかな。

② あ、国際関係論に関する本 c.＿＿＿＿、これがいいよ。読んでみて。ぼくも使うから、d.＿＿＿＿、すぐ返してね。

③ 本当に助かるよ。じゃ、e.＿＿＿＿ すぐに返すね。ありがとう。

この課の表現

仮定表現　「X ば Y」「X たら Y」「X と Y」「X なら Y」

✓ 確認

【仮定表現とは】

- 2つの事柄の因果関係を表したり、前件(X)で後件(Y)が成立する条件を表したりする表現である。

- 出来事を予想する場合［仮定］（「と」「ば」「たら」「なら」）と、実際の出来事を表す場合［事実］（「と」「たら」）がある。

因果関係: causal relationship, 因果关系, 인과관계

前件 ➡ ❓ p.249

後件 ➡ ❓ p.247

成立する: to come into existence, 成立, 성립하다

条件: condition, 条件, 조건

予想する: to predict/anticipate, 预想, 예상하다

17 仮定表現

(1) X ば Y

動詞／イ形容詞／ナ形容詞／名詞	ば（バ形）	話し手の判断を表す表現が多い
X		Y

バ形 ➡ 凡例
判断：judgment, 判断, 판단

「Xがあれば Yが起こる。Xがなければ Y は起こらない」という意味を表す。Yには話し手の判断を表す表現が多い。

- 走れば、9時のバスに間に合う。
  （＝走らなければ、9時のバスに間に合わない。）
- 一生懸命、練習すれば、上手になりますよ。
  （＝一生懸命、練習しなければ、上手にならない。）

[仮定]

Xを条件として仮定した場合（Xが成立するかしないかは決まっていない）、Yに予想される結果（目標、望んでいるいい結果）を表す。

仮定する：to assume, 假設, 가정하다
目標：aim/object of desire, 目標, 목표

X 仮定した条件（〜ば）	Y 予想される結果（目標、望む結果）
お母さんに正直に話せば	許してくれるかもしれません。
毎日、勉強すれば	日本語が上手になりますよ。
3時すぎに来れば	先生に会えると思います。
値段が安ければ	買いたいです。

Xに「疑問詞＋〜ば」の形で、Yが成立するための条件を聞く。

疑問詞 ➡ p.246

X 仮定（疑問詞＋〜ば）	Y 成立すること
どうすれば	日本語が上手になるでしょうか。
誰に頼めば	この仕事を手伝ってもらえるでしょうか。
どんなプレゼントを買えば	彼女が喜ぶでしょうか。
何時に来れば	先生に会えるでしょうか。

(2) X たら Y

動詞／イ形容詞／ナ形容詞／名詞	のタ形＋ら	
X		Y

「Xをした後、Yをする（Yになる）」という意味を表す。

- 宿題が終わったらおやつにしましょう。
- 彼から連絡が来たら、すぐ知らせてください。

159

[仮定]

Xが条件のとき、Yに起こりそうな当然の結果（いい結果、悪い結果）を表す。Xがすでに起こったことの場合、もしくは、起こったことと前提した場合、そのあとに起こる結果をYで表す。

X 仮定（〜たら）	Y 起こりそうな（いい／悪い）結果
痛み止めを飲んだら	頭痛が治ると思います。
テストの結果が悪かったら	単位がもらえないかもしれません。
そんなに甘いものばかり食べていたら	太りますよ。
明日、都合がよかったら	パーティーに参加してください。

当然: naturally, 理所当然, 당연

〜と前提する: to presume, 以〜为前提, 〜로 전제하다

Xに「疑問詞＋〜たら」の形で、Yが成立する条件もしくは状況を聞く。

X 仮定（疑問詞＋〜たら）	Y 成立すること
どうしたら	もっと日本語が上手になるでしょうか。
どこに行ったら	田中さんに会えるでしょうか。
いつになったら	桜の花が咲きますか。

XだけでなくYにも疑問詞を使って表現することができる。Xのあとで何が起こるか、もしくは何をするかについてYで疑問詞を使って聞く。

X 仮定（〜たら）	Y （Xの結果に関する質問）
宝くじに当たったら	何をしますか。
もし地震が起きたら	どこへ避難したらいいでしょうか。
もし試験に合格したら	誰に一番先に報告しますか。

[事実]

Yで存在や過去の事実、発見の意味を表すとき、「XたらY」は事実を説明する。「Xと」に言い換えられるが、「Xば」「Xなら」には言い換えられない。

X （〜たら）	Y 存在、過去の事実、発見
その角を曲がったら ＝曲がると	信号がありますよ。〈存在〉
先生にメールを書いたら ＝書くと	すぐ返事が来て嬉しかった。〈過去の事実〉
図書館に行ったら ＝行くと	田中君も来ていたので一緒に勉強した。〈発見〉

発見: discovery, 发现, 발견

言い換える: to say in exchange, 换句话说, 바꾸어 말하다

(3) X と Y

動詞／イ形容詞／ナ形容詞／名詞 の普通形	と	自然の原理、社会の法則、個人の特徴、順序の説明など
X		Y

※ X に過去形はつかない。
※ 丁寧形を使う場合もある。

[仮定]
X と Y が一般的に成立する因果関係を表す。X が条件のとき、Y に当然起こりそうな結果（自然の原理、社会の法則）を表す。また、Y には個人の特徴や順序の説明などを表すこともできる。

X 仮定（〜と）	Y 成立すること
水を冷やしていくと	0℃で凍り始める。〈自然の原理〉
日本では20歳にならないと	お酒が飲めません。〈社会の法則〉
このボタンを押しますと	ドアが閉まります。〈順序の説明〉
雨だと	洗濯物が乾きにくい。〈当然の結果〉
私はお酒を飲むと	すぐ顔が赤くなります。〈個人の特徴〉

[事実]
Y で現実の状況の説明、過去の事実、発見などを表すとき、「X と Y」は事実を説明する。「X たら」に言い換えられるが、「X ば」「X なら」には言い換えられない。

X （〜と）	Y 状況の説明、過去の事実、発見
あの角を曲がりますと ＝曲がりましたら	郵便局があります。〈状況の説明〉
先生の研究室に行くと ＝行ったら	田中先輩が私を待っていた。〈過去の事実〉
玄関を開けると ＝開けたら	セールスマンが立っていた。〈発見〉

自然: natural, 自然, 자연
原理: principle, 原理, 원리
法則: law, 法則, 법칙
特徴: characteristic, 特征, 특징
順序: sequence, 順序, 순서

現実: reality, 现实, 현실

(4) X なら Y

動詞／イ形容詞 の普通形 ナ形容詞／名詞 (だ)	(の)なら	義務、依頼、勧めなど
X		Y

義務: obligation, 义务, 의무
勧め: recommendation, 劝告, 권유

※仮定の意味を強調したい場合は、「のなら」を使う。

[仮定]

Xが実現するための前提となる条件をYに表す。Yには義務、依頼、勧め、などの表現が来ることが多い。動作の順番はY→Xとなる。

X 仮定（～なら）	Y Xのための前提（義務、依頼、勧め）
新幹線に乗るなら	乗車券と特急券を買わなければなりません。〈義務〉
このコースを受けたいのなら	まず授業を担当する先生と相談してください。〈依頼〉
英語の翻訳なら	リサさんに頼んだらやってくれると思いますよ。〈勧め〉

会話の中で相手の話を受けて、それに基づいて自分の考えを述べる。Yに義務、依頼、勧めの意味を表す表現が来ることが多い。

基づいて: according to, 根据, 의거해서

X （～なら）	Y 義務、依頼、勧め
A：彼には本当に申し訳ないと思っているんです。 B：申し訳ないと思っている(の)なら、	ちゃんと謝るべきです。〈義務〉
A：たばこをやめたいと思っているんですが、なかなかやめられないんです。 B：本気でたばこをやめたい(の)なら、	病院で相談してみてください。〈依頼〉
A：ケーキがおいしいお店、知らない？明日、彼女の誕生日なんだ。 B：おいしいケーキのお店なら、	駅前の「レモン」がいいんじゃない。〈勧め〉

【仮定表現の使い方の制限】

制限: limit, 限制, 제한

(1) X ば Y

「X ば Y」… 話し手が望んでいるいい結果を表すことが多い。
　　　→ 話し手が望んでいない結果を表す場合は「X たら Y」を使う。
　　　→ 逆接の意味を表したい場合は「～なければ、～ない」になる。

逆接 ➡ ❓ p.246

- ［○］薬を飲めば、治りますよ。
- ［○］薬を飲まなければ、頭痛は治らないと思いますよ。
- ［×］薬を飲めば、眠くなることがあるのでご注意ください。
  → ［○］薬を飲んだら、眠くなることがあるのでご注意ください。

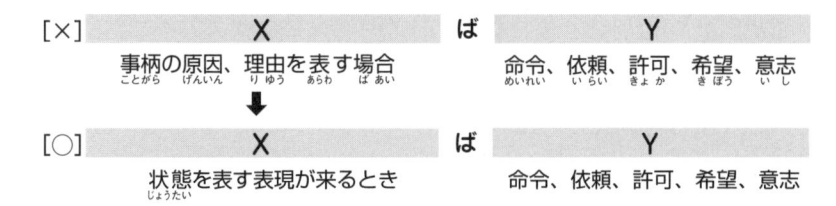

	X	ば	Y
［×］	事柄の原因、理由を表す場合	ば	命令、依頼、許可、希望、意志
	↓		
［○］	X	ば	Y
	状態を表す表現が来るとき		命令、依頼、許可、希望、意志

事柄：affairs, 事情, 사항, 내용

「Xば」が、事柄の原因、理由を表す場合、Yに命令、依頼、許可、希望、意志の表現は普通は使えない。しかし、「Xば」に状態を表す表現（ある／できる／イ形容詞／ナ形容詞／名詞＋である）が来るときだけ「Xば」が使える。

- ［×］ご飯を食べれば、お皿を洗いなさい。
- ［×］宿題が終われば、遊びに行きたいです。
- ［○］これに反対意見があれば、どうぞ言ってください。〈依頼〉
- ［○］このワンピース、値段が安ければ買いたい。〈意志〉

(2) X たら Y

	聞き手がする動作		話し手の判断、希望、勧め
［○］	X〈先にすること〉	たら	Y〈後に起こること〉
［×］	X〈同時に起こること〉	たら	Y〈同時・先にすること〉
［○］	X〈同時に起こること〉	なら	Y〈同時・先にすること〉

同時に：simultaneously, 同時, 동시에

主語 → ❓ p.248

「XたらY」は、Xの主語が聞き手で、Yに話し手の判断、希望、勧めなどの表現を使う場合、必ずXが先、Yがあとに起こることでなければならない。XとYが同時に起こるか、Yが先に起こることは「XたらY」は使えない。その場合、「XならY」を使う。

- ［○］（あなたが）中国語を勉強したら、一緒に中国に行きたいです。〈希望〉
  ［×］（あなたが）中国語を勉強したら、この本がいいですよ。
  →［○］（あなたが）中国語を勉強するなら、この本がいいですよ。〈勧め〉

- ［○］（あなたが）ケーキを作ったら、私も食べてみたいです。〈希望〉
  ［×］（あなたが）ケーキを作ったら、お手伝いしたいです。
  →［○］（あなたが）ケーキを作るなら、お手伝いしたいです。〈判断〉

(3) X と Y

	事柄の原因、理由を表す場合		希望、意志などの表現
[×]	X	と	Y
[○]	X	たら	Y

「Xと」が事柄の原因、理由を表す場合、Yに話し手の希望、意志などの表現は使えない。その場合は「Xたら」を使う。

- [×] 夏になると、一緒に泳ぎに行きましょう。
  [○] 夏になったら、一緒に泳ぎに行きましょう。

- [×] 台風が来ると、部活を休もう。
  [○] 台風が来たら、部活を休もう。

(4) X なら Y

	過去の出来事を仮定する		現在の状況について判断したこと
[×]	X	なら	Y
[○]	X	タ形＋なら	Y

「Xなら」で過去の出来事が事実だと仮定するか、反事実を述べる場合、Yで話し手が現在の状況について「～と思う」「～かもしれない」と判断したことを表すときは、「タ形＋なら」の形を使う。

- [×] 7時に家を出るなら、もうすぐ到着すると思います。
  [○] 7時に家を出たなら、もうすぐ到着すると思います。

- [×] もっと早く気がついているなら、この事故は防げたかもしれない。
  [○] もっと早く気がついていたなら、この事故は防げたかもしれない。

練習1

▶ 次のa.とb.のうち、ふさわしいほうを選んでください。

1. A：日本の教育制度について調べたいんですが、何かいい資料はないでしょうか。
   B：この資料を（　）、いろいろなことが分かると思いますよ。
   a. 調べば　　　b. 調べれば

2. 電車は3時に出発しますから、今すぐ（　）、間に合いますよ。
   a. 出かければ　　　b. 出かけなければ

3. 値段が(　　)、その店で買うかもしれません。

   a. 安ければ　　　　b. 安いと

4. やり方が分からないときは、誰に(　　)、教えてもらえるんでしょうか。

   a. 聞くなら　　　　b. 聞けば

5. 日曜日にスーパーへ買い物に(　　)、先生に会った。

   a. 行けば　　　　b. 行ったら

6. 信号が青に(　　)、左右をよく確認して、横断歩道を渡ってください。

   a. 変われば　　　　b. 変わったら

7. A：あのう、すみません。この辺にお手洗い、ありますか。

   B：この道を100メートルぐらいまっすぐ(　　)、右側に小さい公園があります。お手洗いはその公園の中にありますよ。

   a. 行くなら　　　　b. 行くと

8. 私は朝6時に(　　)、いつも自然に目が覚めます。朝、早く起きていますから、朝ご飯もしっかり食べて大学に来ます。

   a. なると　　　　b. なれば

9. 毎週水曜日はレディースデーですから、女性(　　)誰でも1000円で映画を見ることができます。

   a. であると　　　　b. なら

10. 午後3時から授業があるので教室に行った。しかし、ドアを(　　)、誰もいなかった。掲示板を見ると休講の知らせがはってあった。

    a. 開ければ　　　　b. 開けたら

17 仮定表現

さらにレベルアップ

①「もし」が使えない場合

Xで仮定する内容が実現することがはっきり分かっているとき、仮定表現は「もし」と一緒に使えない。

・[○] もし彼から電話がかかってきたら、今度こそ告白しようと思う。

　[×] もし3時になったら、おやつにしましょう。

② **事実的条件**

「X たら Y」「X と Y」には、仮定の意味ではなく、実際に起こったことを表す場合がある。その場合、Y には出来事の事実を述べる。

・ 部屋の中にいるときは気がつかなかったが、外に出たら、雨が降っていた。

・ 誕生日の大きなプレゼントの箱を開けると、大きな人形が入っていた。

事実的条件 ➡ ❓ p.248

③ **反事実的条件**

「X ば Y」「X たら Y」には、実際にはないことや起こらなかったことを仮定して表す場合がある。その時は、Y には「～ところだった」の表現が来ることが多い。話し手が後悔していることを表す場合、Y には「**夕形＋のに**」の表現が来ることが多い。

・ もしあの電車に乗っていたら、私も事故に巻き込まれるところだった。
（→ 実際は、あの電車に乗らなかったので、事故に巻き込まれなかった。）

・ もっとお金があれば、友だちと一緒にスキーに行けたのに。〈後悔〉
（→ 実際は、お金がなくて、スキーに行けなかった。）

反事実的条件 ➡ ❓ p.251

後悔する: to regret, 后悔, 享회하다

④ **話し手の助言**

Y に「～たらどうですか」の形を使って、相手に対して話し手の勧めや助言を表す。

・ A：昨日彼女に渡したプレゼント、気に入ってくれたかな。
　B：じゃ、彼女に聞いてみたらどう。〈勧め〉

・ A：顔色が悪いですね。早く帰って休んだらどうですか。〈助言〉
　B：ありがとうございます。じゃ、そうさせていただきます。

助言: advice, 建议, 조언

⑤ **最低条件**

Y が成立するために必要な最低限の条件を表すとき、「X ば Y」の前に「～さえ」をつけて「～さえ X ば Y」の形を使う。

・ あなたさえよければ、彼もパーティーに招待したいんですが、いいですか。
（→たった1人あなたが賛成すれば、彼をパーティーに招待する。）

・ この間違いさえなければ今回のテストは満点だったのに、悔しい。
（→たった1つこの間違いがあったから、満点がとれなかった。）

最低条件: minimum requirement, 最低条件, 최저조건

最低限の: minimum, 最低限的, 최저한의

練習2

▶ 次のa.〜d.の中で、最もふさわしいものを選んでください。

1. 今から少し休みます。1時に（　）起こしてもらえますか。
   a. なると　　b. なれば　　c. なったら　　d. なるなら

2. チャイムがなって玄関を（　）、彼が花束を持って立っていたので、びっくりした。
   a. 開いたら　　b. 開けると　　c. 開けるなら　　d. 開ければ

3. あのとき、彼に好きだと告白（　）、今も一緒にいるかもしれないのに。
   a. すれば　　b. すると　　c. していたら　　d. するなら

4. 休暇が取れたので、お金さえ（　）旅行できるのに、どこへも行けない。
   a. あると　　b. なければ　　c. あれば　　d. あるなら

5. A：どんな本を（　）、日本語がもっと上手になるのでしょうか。
   B：この本を読んでみたらどうですか。
   a. 読んだら　　b. 読むなら　　c. 読むと　　d. 読めれば

6. A：北海道を旅行したいんですが、いつがいいでしょうか。
   B：北海道へ（　）、2月がいいですよ。雪まつりがありますから。
   a. 行けば　　b. 行ったら　　c. 行くと　　d. 行くなら

7. 先生：田中さんとなかなか連絡がとれませんね。もし田中さんと（　）、私の研究室に来るように伝えてください。
   中村：はい、分かりました。そう伝えます。
   a. 連絡がとれば　　b. 連絡がとれたら　　c. 連絡をとると　　d. 連絡をとるなら

8. 書道を（　）、駅前の教室がいいですよ。先生がとても親切ですから。
   a. 習えば　　b. 習ったら　　c. 習うなら　　d. 習うと

9. 私はいつも好きな人の前に（　）、緊張して何も話せなくなってしまいます。
   a. 立てれば　　b. 立てたら　　c. 立つと　　d. 立つなら

10. A：日本人の友だちがほしいんですが、どうしたらいいでしょうか。
    B：部活をやって（　）どうですか。
    a. みれば　　b. みたら　　c. みると　　d. みるなら

✏️ 文作り

▶ この課の項目（仮定表現）を使って文を作ってください。

1. この機械を＿＿＿＿＿＿、もっと早く作業が終わるだろうと思います。

2. そんなに甘いものばかり＿＿＿＿＿＿＿＿＿、すぐに太ってしまいますよ。

3. バランスのとれた食事を＿＿＿＿＿＿＿＿＿、病気になってしまいますよ。

4. この仕事にそんなに文句が a.＿＿＿＿＿、b.＿＿＿＿＿ほうがいいと思います。

5. このボタンを押すと、＿＿＿＿＿＿＿＿＿、気をつけてくださいね。

6. ＿＿＿＿＿＿＿＿＿＿＿＿たら、ハワイに行きたいと思っています。

7. 明日、a.＿＿＿＿＿＿＿たら、b.＿＿＿＿＿＿＿＿てください。

8. もしあのとき、あの人に出会っていなかったら、＿＿＿＿＿＿＿＿＿＿。

9. 私は a.＿＿＿＿＿と、必ず b.＿＿＿＿＿＿＿＿。

10. a.＿＿＿＿さえ b.＿＿＿＿＿ば、c.＿＿＿＿＿＿＿＿＿＿。

■ 間違い探し

▶ 次の文には間違いがあります。間違っているところに＿＿＿を引いて、正しく直してください。

1. もし3月になったら、国へ家族に会いに帰りたいと思っています。

2. A：新しいパソコンを買いたいと思っているんだけど、いい店、知ってる？
   B：パソコンを買えば、秋葉原がいいんじゃない？

3. もっと早く間違いに気がついていると、こんな失敗はしなかったのに。

4. 梅雨が明ければ、暑くなるよね。いやだなぁ。

5. 授業が終わって外に出たなら、雪が降っていた。

用例見つけた！

下の文章に、この課で勉強した項目（仮定表現）が、使われています。どのように使われているか意味を考えながら、次の文章を読んでみましょう。

また大きな地震が起きたら、どうしますか？
　東日本大震災では、言語の壁が外国人にとって問題でした。漢字が読めないため、何がどのくらい危険な状態なのか多くの外国人はわかりませんでした。ニュースでむずかしい専門用語が使われ、不安をあおりました。
　株式会社ウェザーニューズが震災後に行った調査によると、多くの人がテレビや携帯サイトから災害情報を得ていました。しかし、揺れが大きくなるにつれて、より多くの人が停電のためラジオから災害情報を得るようになりました。震度6（気象庁震度階級）以上の地域ではテレビを越えました。
　震災時のための最も大切な準備は何かと言う問いには、多くの人が「防災グッズ」「非常食」という回答でした。次いで「家族との連絡手段」「避難所の確認」でした。災害時のために、ラジオと懐中電灯、水などを備えておくべきです。「備えあれば憂いなし」。

Hir@gana Times 2012.2 (pp.20-21)

言語の壁: language barrier, 言语的障碍, 언어의 장벽
危険: dangers, 危险, 위험
専門用語: technical terms, 专业术语, 전문용어
不安: sense of unease, 不安, 불안
あおる: to add to, 煽动, 부축이다
災害情報: disaster information, 灾害信息, 재해정보
揺れ: tremor, 摇晃, 진동
停電: blackouts, 停电, 정전
気象庁: Japan Meteorological Agency, 气象厅, 기상청
階級: level/scale, 等级, 계급
越える: to exceed, 超过, 넘다
防災グッズ: emergency kit, 抗灾物品, 방재용품
非常食: emergency rations, 应急食品, 비상식
避難所: place of refuge/shelter, 避难所, 피난소
懐中電灯: flashlight/torch, 手电筒, 회중전등
備える: to set aside/prepare, 备置, 대비하다
憂い: anxiety, 忧虑, 근심

クロージング・トーク

　来週までに国際関係論のレポートを提出しなければならない。図書館で資料を探してもなかなかいいものが見つからなかった。国際関係論が得意な田中さんならいい資料を持っているのではないかと思って、彼に相談したら、本を1冊貸してくれた。彼もすぐ使うと言っていたので、読み終わったらすぐに返そうと思う。いい資料が見つかってよかった。レポート、がんばろう！

18 複合動詞

スタート・トーク

次のような場面で、2人の会話はどうなるでしょうか。＿＿＿に適切な表現を書いて、会話を完成させてください。

① ねえ、日本文化の授業の感想文、もう書き a.＿＿＿＿の？

② ううん、まだ。おとといから書き b.＿＿＿＿んだけど、夕方までには書き c.＿＿＿＿と思うわ。

③ ぼくはずっと考えているんだけど、なかなかいいアイデアが浮かばなくて…。

④ 明日の朝が締め切りだから、今日中に書かないとね。がんばって！

この課の表現

開始・継続・終了 「〜始める」「〜続ける」「〜終わる」
程度 「〜切る」「〜込む」「〜ぬく」
方向 「〜かける」「〜入れる」「〜出す」
失敗 「〜忘れる」「〜のがす」「〜間違える」

確認

【複合動詞とは】

動詞のマス形の後ろに別の動詞を接続して、複合動詞を作ることができる。複合動詞の後ろにつく動詞は、前の動詞に開始・継続・終了、程度の度合い、動きの方向、出来事の成立・不成立・失敗の意味を追加する。

〈例〉 読みます ＋ 始める → 読み始める
　　　動詞のマス形　　　　　　　複合動詞

前の動詞が表す動作 → 開始・継続・終了、程度、方向、出来事の成立・不成立・失敗の意味を追加

開始: start, 开始, 개시
継続: continuation, 持续, 계속
終了: completion, 完成, 종료
度合い: extent, 程度, 정도
動き: movement, 动作, 움직임
成立: existence, 成立, 성립
不成立: nonexistence, 不成立, 불성립
追加する: to add to/to supplement, 追加, 추가하다

(1) ～始める、～続ける、～終わる：開始・継続・終了を表す

- 動作動詞の後ろについて、開始、継続、終了の意味を表す。
- 受身や使役のマス形にもつけることができる。

動作動詞 ➡ ❓ p.250

受身 ➡ 第21課
使役 ➡ 第22課

本を読む

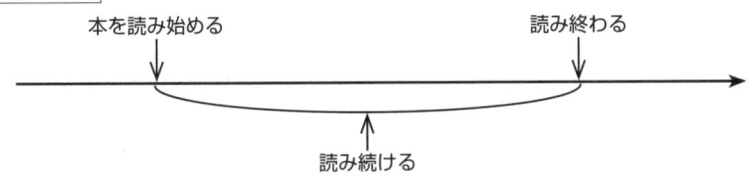

本を読み始める → 読み終わる
↑
読み続ける

①動詞のマス形＋始める

意味 目的や意志を持って動作をスタートして、その動作が続くこと

- 昨日から、夏目漱石の『こころ』を読み始めた。
- 日本で携帯電話が広く使われ始めたのは、2000年代になってからだ。
- 子どもが5歳のとき、ピアノを習わせ始めた。

マス形 ➡ 凡例

スタートする: to start, 开始, 시작하다

②動詞のマス形＋続ける

意味 ある期間、動作が続いていること

- 2時間も歩き続けたから、足が棒になった。
- 5年前に買ったパソコンを今も使い続けている。

期間: period of time, 期间, 기간

③動詞のマス形＋終わる

意味 ある期間、続いていた動作が終わったこと

- やっと、明日提出のレポートが書き終わった。
- パソコンを使い終わったら、コンセントを抜いてくださいね。

(2) ～切る、～込む：程度を表す

①動詞のマス形＋切る

意味1 ある動作を最後まで、完全に行うこと
（動作が完全に終わったことを表したいときに使う）

- 今持っている物を使い切ってから、新しい物を買ってください。
  （←今持っている物を完全に最後まで使ったあと、新しい物を買う）
  今持っている物を使って、新しい物を買ってください。
  （←今持っている物を使ってみて、そのあとで新しい物を買う）

- 病院からもらった薬を飲み切りました。（←病院からもらった薬を全部飲んだ）
  病院からもらった薬を飲みました。
  （←量や回数は関係なく病院からもらった薬を飲んだ）

完全に: completely, 完全的, 완전히

18 複合動詞

→可能表現のナイ形(「〜切れない」「〜切ることができない」)にすると、その動作が「完全には〜できない」という意味になる。

- 私の国では、夜、数え切れないほどの星を見ることができる。
- 面接では緊張しすぎて持っている力を出し切れなかった。

意味2 ある状態がそれ以上はないぐらい、ひどいこと

→何かをした結果の状態を表す表現について、その程度が大きいことを表す。状態を表す表現なので、意志を表す「〜よう」「〜たい」、依頼の意味を表す「〜てください」と一緒に使わない。

- 寒いところに長時間いたので、体がすっかり冷え切ってしまった。
- 30度を超える暑さの中、90分のサッカーゲームを戦った選手たちは疲れ切っていた。
- [×]風邪をひかないように、体を十分に温まり切ってください。
  →[○]風邪をひかないように、体を十分に温めてください。

② **動詞のマス形＋込む**

意味1 動作主の意志と関係なく、ある状態がしばらく続いていること

- 久しぶりに友だちから電話がかかってきて、つい2時間も話し込んでしまった。
- 簡単な問題なのに答えが思い出せなくて、30分も考え込んでしまった。

意味2 目的があって、意識してその動作をすること

○○「徹底的に」「十分に」「よく」「じっくり」などと一緒に使われることが多い。

- この会社では新入社員にあいさつのしかたを徹底的に教え込んでいる。
- 煮物を作るなら、1時間ぐらい、よく煮込んだほうがいい。

意味3 ある動作をした結果、その結果によって、対象になる場所の中に入る(入れる)こと

- 子どもがプールに飛び込んだ。
- そんなに荷物を詰め込んだら、ふたが閉まらなくなるよ。
- 犯人は、人質を連れて、民家に逃げ込んだ。

意識する: to be aware of, 意识, 의식하다

徹底的: thoroughly, 彻底地, 철저히

(3) 〜かける、〜入れる、〜出す：方向を表す

① 動詞のマス形＋かける

意味 相手もしくは他の人（物）に向かって動作を行うこと

- A：あの人、かわいいなぁ。
  B：話しかけてみたら。
- 父母会は学校側に対して子どもたちの安全を守るよう働きかけた。

② 動詞のマス形＋入れる

意味 対象となる人、物を外から中（内部）に移動すること

→「〜入れる」の前につく動詞は、目的や方法も一緒に表すことが多い。

- この病院はいつでも患者を温かく受け入れている。
- この新製品は新しい技術をたくさん取り入れて開発したものである。

③ 動詞のマス形＋出す

意味 対象となる人、物を中（内部）から外に移動すること

- 彼はかばんの中から書類を取り出した。
- 大事にしていた鳥がカゴから逃げ出してしまった。

(4) 〜忘れる、〜のがす、〜間違える：失敗を表す

① 動詞のマス形＋忘れる

意味 やらなければならないと思っている動作を忘れること

- 先生からの伝言を彼に伝え忘れてしまった。
- 先生にレポートの締め切りを聞き忘れた。

② 動詞のマス形＋のがす

意味 その動作をしようと思っていたが、結果的にはできなかったこと

- 会議で、大事なところを聞きのがしてしまった。
- 毎週見ていたドラマの最終回を見のがしてしまって、結末が分からない。

③ 動詞のマス形＋間違える

意味 あることを誤って理解したり、勘違いをしたりすること

- 彼との約束の時間を聞き間違えて、1時間も約束に遅れてしまった。
- 最近、漢字を書き間違えることが多い。もっと書く練習をしなきゃ。

方向: directions, 方向, 방향

内部: inside, 内部, 내부
移動する: to move, 移动, 이동하다

のがす: to miss/to let escape, 遺漏, 놓치다

結果的に: ultimately, 从结果上看, 결과적으로

誤る: to make an error, 弄错, 틀리다
理解する: to comprehend, 理解, 이해하다
勘違い: mistake/misunderstanding, 误会, 오해

(5) 慣用表現

以下の表現「落ち込む」「落ちつく」「張り切る」などは、2つの動詞に分けられず、1つの言葉として使われる。

- 彼女はテストの結果が悪かったので、落ち込んでいる。
- やっぱり自分の部屋が一番落ちつくなぁ。
- 彼は来週の試合で必ず優勝すると張り切っている。
- 来年も日本語のコースを取りたい人は、明日までに申し込んでください。
- 毎月、電気料金を銀行口座に振り込まなければならない。
- すっかり忘れていたことを、急に思い出して、ハッとすることがある。

慣用表現 → p.246

落ち込む：to be depressed, 气馁, 낙심하다
落ちつく：to be calm, 平静, 침착하다
張り切る：to be excited/enthusiastic, 干劲十足, 힘이 넘치다, 의욕이 넘치다

練習1

▶ 次のa.とb.のうち、ふさわしいほうを選んでください。

1. そろそろケーキを作り（　）ないと誕生日パーティーに間に合わないよ。

    a. 始め　　　b. 始まら

2. 私たちのチームは今回のトーナメントで負けることなくずっと勝ち（　）た。

    a. 続け　　　b. 始め

3. A：食べ（　）ら、そのお皿とフォーク、洗ってね。

    B：うん、分かった。

    a. 切った　　　b. 終わった

4. 彼はにんじんが苦手だが、彼女が作ったにんじんケーキは残さず全部食べ（　）。

    a. 切った　　　b. 込んだ

5. 彼は彼女にプロポーズするためにフランスまで追い（　）行った。

    a. 込んで　　　b. かけて

6. 田中さんは歌手になりたいという夢をあきらめ（　）ないでいる。

    a. 終わら　　　b. 切れ

7. 電話をかけ（　）ように気をつけてください。

    a. 間違えない　　　b. のがさない

8. 昨日買った本は、長編の小説だったが、おもしろかったので一晩で読み（　）。

    a. 切った　　　b. 込んだ

174

9. この商品は消費者の意見を取り(　　)作りました。

　　a. かけて　　　　b. 入れて

10. 彼は自分の悩みについて1時間もずっと話し(　　)。

　　a. 続けた　　　　b. かけた

さらに レベルアップ

① 動詞のマス形 ＋ 出す（予想していない動作の開始）

意味 話し手が予想できなかった動作が始まったこと

→ 感情を表す動詞（泣く、笑う、怒るなど）につくと、話し手のびっくりした気持ちを表す。

「急に」「突然」と一緒に使われることが多い。

・16歳の娘が、突然「彼と結婚する」と言い出して、両親は困っている。

・さっきまでニコニコしていた赤ちゃんが、急に泣き出したので驚いた。

予想する: to predict/to anticipate, 预想, 예상하다

② 動詞のマス形 ＋ ぬく

意味 動作主が強い意志を持って、ある期間中にその動作を行ったこと、努力や苦労をして、最後まで動作を行ったこと

・父は7時間かけて、フルマラソンを走りぬいた。

・一度やると決めたら、最後まであきらめずにやりぬくべきだ。

努力: effort, 努力, 노력
苦労: labor/toil, 艰苦, 고생

練習2

▶ 次の a.～d. の中で、最もふさわしいものを選んでください。

1. 4月に入って暖かくなったので、どの公園でも桜の花が(　　)。

　　a. 咲き始めた　　b. 咲き切った　　c. 咲き続けた　　d. 咲きかけた

2. 角から急に子どもが(　　)きて、びっくりした。

　　a. 飛び始めて　　b. 飛び出して　　c. 飛びぬいて　　d. 飛び続けて

3. この歌は今年1年間、ずっと(　　)ている。
　　a. 売れ始め　　b. 売れ出し　　c. 売れ続け　　d. 売れ終わっ

4. 明日提出のレポート、やっと(　　)よ。これで寝られる。
　　a. 書き始めた　　b. 書き出した　　c. 書き続けた　　d. 書き終わった

5. 一度引き受けたことは、時間がかかっても、最後まで(　　)のが社会人としての責任だ。
　　a. やり続ける　　b. やり始める　　c. やりぬく　　d. やり込む

6. アメリカに留学していた彼女が1年ぶりに帰ってくるので、(　　)ない。
　　a. 待ちぬけ　　b. 待ち切れ　　c. 待ち込め　　d. 待ち終わら

7. 電車でとなりに座っていた人がゲームをしながら急に(　　)びっくりした。
　　a. 笑い続けて　　b. 笑いかけて　　c. 笑い出して　　d. 笑い込んで

8. テストになると、知っている漢字でも、いつも(　　)なくなってしまう。
　　a. 思い出せ　　b. 思い込ま　　c. 思いぬけ　　d. 思いかけ

9. 生徒の父母たちが必死に学校に(　　)くれたおかげで、スクールバスが運行されることになった。
　　a. 働き続けて　　b. 働き切って　　c. 働きかけて　　d. 働き込んで

10. 友だちの教科書には、授業で先生が話していたことがぎっしり(　　)いた。
　　a. 書き入れて　　b. 書き込んで　　c. 書き込まれて　　d. 書き切って

練習3

▶ ☐の中から、動詞を1つずつ選んで、a.〜e.の中に書いてください。また適切な形に変えてください。

| 例)出す　始める　切る　込む　かける　入れる |

例) 箱からプレゼントを取り　出した　。

1. 彼女に話し a._____ みたいけど、なかなか勇気が出ない。

2. 私と彼は付き合い b._____ ばかりなので、このことを知っている人は少ない。

3. 今回のプロジェクトには私の意見がたくさん取り c._____ ている。

4. 旅行は大好きだが、今日は7時間も歩いたので、もう疲れd.＿＿＿＿＿てしまった。

5. 彼女は自分が正しいと思いe.＿＿＿＿＿いて、なかなか人の意見を聞こうとしない。

✏️ 文作り

▶ この課の項目（複合動詞）を使って文を作ってください。1番、2番は＿＿の中の動詞を使って複合動詞を作ってください。

1. 電車を乗＿＿＿＿＿＿＿＿＿＿＿、目的地と反対方向に行ってしまった。

2. 多くの人にパソコンが使＿＿＿＿＿＿＿＿のは、90年代に入ってからだ。

3. 親しい友人であっても、個人の生活に深く＿＿＿＿＿＿すぎないように、注意しなければならない。

4. 事故にあっても、あわてないで、＿＿＿＿＿＿＿＿＿＿行動してください。

5. 道の曲がり角から、急に＿＿＿＿＿＿＿＿＿＿＿＿＿＿＿＿＿。

6. 忘れ物をしたのを＿＿＿＿＿＿＿＿＿＿＿、家に戻ってきた。

7. 海開きのセレモニーが終わると、子どもたちがみんな海へ＿＿＿＿＿＿＿＿＿。

8. スポーツジムに＿＿＿＿＿＿＿＿＿＿＿＿から、体の調子がとてもいい。

9. 彼は彼女に100回以上もプロポーズを＿＿＿＿＿＿＿＿＿＿のにあきらめない。

10. この映画を見て、感動のあまり、涙が＿＿＿＿＿＿＿＿＿止まらなかった。

🔍 間違い探し

▶ 次の文には間違いがあります。間違っているところに＿＿＿を引いて、正しく直してください。

1. コンビニにあるATMで、お金を振り入れることができます。

2. スマートフォンを使い出したばかりなので、まだ慣れていない。

3. こんなにたくさんの料理、一人では食べ終われません。

4. 彼は苦しい状況から抜け込むために、必死でがんばっている。

5. 親は子どもをしかる前に、何が問題なのか、子どもに問い出すことが大事だ。

用例見つけた！

下の文章に、この課で勉強した項目（複合動詞）が、使われています。どのように使われているか意味を考えながら、次の文章を読んでみましょう。

誰でも人間というものは、何か新しいことに取り組むときには心機一転して張り切ったり、いろんな決意をしたりするものだと思う。小学生や中学生の頃、「来年は1年間日記をつけるぞ」と決意して新しい日記帳を買ってきたり、新しいノートを使い始める度に「このノートは最後まできれいな字で丁寧に書き続けるぞ」と決意してみたりなんていうのは、誰にでも心当たりのあることではないだろうか。

（「総務省の情報通信政策に関するポータルサイト　若手行政官コラム」）
http://www.soumu.go.jp/main_sosiki/joho_tsusin/wakate/0408_01.html
2004.8.1

取り組む: to tackle/to strive for, 全力以赴, 몰두하다, 착수하다

心機一転: making a fresh start, 心机一变, 심기일전

張り切る: to be enthusiastic, 干劲十足, 힘이 넘치다, 의욕이 넘치다

決意: resolution, 决意, 결의

日記帳: diary, 日记本, 일기장

度に: each time, 每次, 때마다

心当たり: having some knowledge of, 头绪, 짚이는 곳

クロージング・トーク

日本文化の授業で読んだ本の感想文の締め切りは明日の朝なのに、健二君はいいアイデアが浮かばないと言って、今日もずっと考え込んでいた。夕方になって、やっと書き始めて、晩ご飯も食べないで書き続けていた。私はおとといから書き始めたので夕方には書き終わって、ほっとしている。

column コラム 6

「ない」は「ない」でも、どのくらい「ない」？

　ひとことで「～ない」と言っても、少しだけ「ない」のか、100％「ない」のか、それぞれ違いがあります。その違い（程度の差）を表す言葉、「さっぱり」「全然」「ちっとも」「なかなか」「めったに」を見てみましょう。

　お客さんが、ビールを売っているおじさんに話しかけました。次の会話を読んで、どのような違いがあるか考えてください。

　　A：おじさん、ビール、売れてる？
　　B：①さっぱり売れないよ。
　　　　②全然売れないよ。
　　　　③ちっとも売れないよ。
　　　　④なかなか売れないよ。
　　　　⑤めったに売れないよ。

　この場合、どの表現を使っても「売れない」ということが言いたいのですが、一緒に使う言葉によって、売れない程度（どのくらい売れないか）が変わります。それぞれ、
　「さっぱり売れない」は「売れてほしいと期待しているけど、期待はずれ」、
　「全然売れない」は「どのくらい売れないかと言うと、ゼロに近い」、
　「ちっとも売れない」は「全然売れない」のカジュアルな表現、
　「なかなか売れない」は「売れてほしいけど、今の状況からは売れるのが難しい」、
　「めったに売れない」は「買いに来る人は1人か2人ぐらいで、とても少ない」、
　このような違いがあるのです。

▶（　）の中にふさわしい言葉を入れてください。
1. A：最近手紙を書くことある？
   B：昔は書いたけど、最近はメールが多いから手紙は（　　　）書かないな。年に2、3回ぐらいかな。
2. A：田中さんから返信来た？
   B：ううん、昨日から5通もメールを送っているけど、（　　　）返信くれないの。
3. A：ねえ、コンサートのチケットがあるんだけど、一緒に行かない？
   B：行く！行く！この歌手、今すごい人気ですぐに買いに行かないと、チケットは（　　　）手に入らないんだよ！

19 自動詞と他動詞

スタート・トーク

次のような場面で、2人の会話はどうなるでしょうか。＿＿＿に適切な表現を書いて、会話を完成させてください。

① コップが a.＿＿＿＿＿！
誰が b.＿＿＿＿＿の？

② さぁ。誰だろう。

にゃ～。

田中

この課の表現

「する」と「なる」，自動詞と他動詞

確認

(1)「する」と「なる」

① する

> （人）が（名詞）+ を + 名詞／ナ形容詞(な) + にする
> （名詞）+ を + イ形容詞(い) + くする

する・なる ➡ 第8課

意味　人が自分の意志で、あるいは、何かの目的があって対象（名詞）に変化を加えることを表す。

→変化の対象（名詞）を、「を」で表すことが多い。

→動作をした人（動作主）に注目する。

対象: object, 対象, 대상

注目する: to pay attention to, 注目, 주목하다

・先生は電気をつけて部屋を明るくしました。
  [注目]

・（私は）ひとつのケーキを半分にして、妹と食べます。
  [注目]

・午後から友だちが来るので、（私は）部屋をきれいにしました。
  [注目]

② なる

> （名詞）＋ が ＋ 名詞／ナ形容詞(な) ＋ になる
> （名詞）＋ が ＋ イ形容詞(い) ＋ くなる

意味 人、または自然の力で対象（名詞）が変化したことを表す。

→変化の対象（名詞）を、「が」で表すことが多い。

→人が対象を変化させた場合も、動作主ではなく、物やことに注目する。

・停電で、部屋が真っ暗になった。
　　　　　　[注目]
・先生が出張に行ったので、授業が休講になった。
　　　　　　　　　　　　[注目]
・電気をつけたら、部屋が明るくなった。
　　　　　　　　[注目]

自然：natural, 自然, 자연
変化する：to change, 変化, 변화하다

（2）他動詞と自動詞

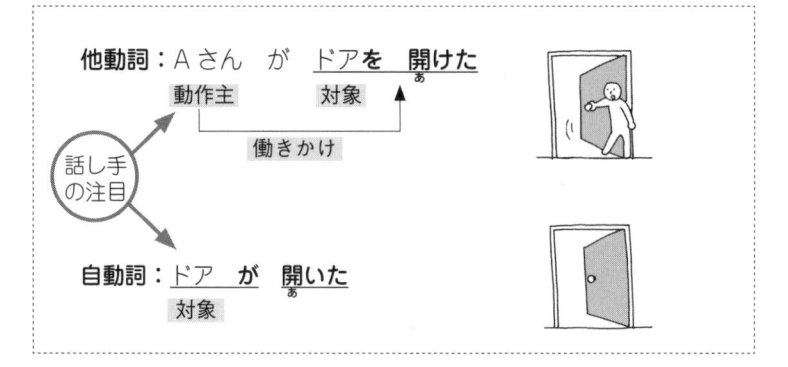

他動詞：Aさん が ドアを 開けた
　　　動作主　　対象
　　　　　　働きかけ

話し手の注目

自動詞：ドア が 開いた
　　　　対象

働きかけ ➡ ❓ p.251

ペアがある他動詞と自動詞の一覧

他動詞（人 が 対象（名詞）を ～）	自動詞（対象（名詞）が ～）
教室のドア を 閉める	教室のドア が 閉まる
会議 を 始める	会議 が 始まる
切手 を 集める	切手 が 集まる
日本で仕事 を 見つける	日本で仕事 が 見つかる
職場に電話 を かける	職場に電話 が かかる
子ども を 育てる	子ども が 育つ
部屋の電気 を つける	部屋の電気 が つく
時計 を 壊す	時計 が 壊れる
ろうそくの火 を 消す	ろうそくの火 が 消える
コップ を 割る	コップ が 割れる

ペア：pair, 一対, 짝, 페어
一覧：table, 一览, 일람

① 他動詞

　→ **対象への働きかけがある動作を表す場合に使う。**

　→ 働きかけを受ける対象を、「**を**」で表すことが多い。

　→ 動作主が意志を持って動作をする。話し手は動作主に注目する。

　・テストが始まる前に、携帯電話の電源を切ってください。

　・これから、落ち葉を集めて、芋を焼きます。

② 自動詞

　→ **対象への働きかけがない動作を表す場合に使う。**働きかけがある場合でも、動作主には注目しないで、対象の変化に注目するときに使う。

　→ 対象（人・物）を「**が**」で表すことが多い。

　→ 自然の力で起こったことや人がコントロールできないことを表す。

　・エレベーターが急に止まった。

　・薬を飲んで一晩ゆっくり休んだら、すっかり風邪が治った。

　→ 人が行った動作でも、話し手が物やこと（動作を受ける対象）に注目しているときに使う。

　・田中さんが修理してくれたので、ブレーキが直って、乗れるようになった。
　　　　　　　　　　　　　　　　　注目

　→ 話し手が、動作の結果や変化に注目している場合、自分がした動作であっても、自分の力でそうなったのではないという意味になる。

　・蛇口をひねっても水が出ない。壊れているかもしれないな。
　　　　　　　　　注目

　→ 動作の結果がそのまま残っていることを表現する場合、「**自動詞＋ている**」を使う。

　・風でドアが開いた。（今も）ドアが開いている。

　・ろうそくの火が消えた。（今も）ろうそくの火が消えている。

他動詞: transitive verb, 他动词, 타동사

自動詞: intransitive verb, 自动词, 자동사

コントロールする: to control, 控制, 컨트롤하다

練習1

▶ ペアがある他動詞、自動詞を書いてください。

	他動詞	自動詞
1.	 a. タクシーを（　　　　）	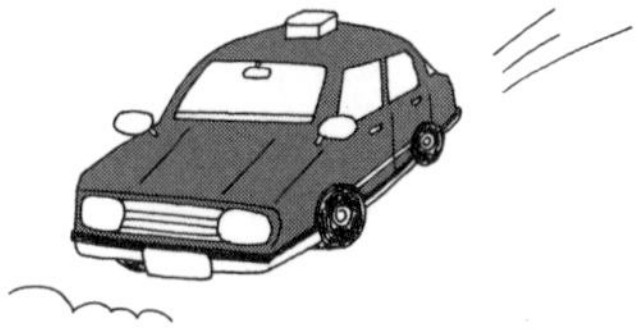 b. タクシーが（　　　　）
2.	 a. 洋服を（　　　　）	 b. 洋服が（　　　　）
3.	  a. 電話を（　　　　）	 b. 電話が（　　　　）
4.	 a. 水を（　　　　）	 b. 水が（　　　　）
5.	 a. 卵を（　　　　）	 b. 卵が（　　　　）

練習2

▶ 次のa.とb.のうち、ふさわしいほうを選んでください。

1. ろうそくの火が(　　)ました。
   a. 消し　　　b. 消え

2. あ〜、どこにあるんだろう。かぎが(　　)ない。
   a. 見つから　b. 見つけ

3. 次回の会議の日程を(　　)ましょう。
   a. 決め　　　b. 決まり

4. 信号が、青に(　　)、渡りましょう。
   a. 変わったら　b. 変えたら

5. 4月になって、(　　)なってきました。
   a. 暖かい　　b. 暖かく

6. この部屋は暗いですね。電気を(　　)ましょう。
   a. つけ　　　b. あけ

7. 最近、物の値段が(　　)ね。いやだなぁ。
   a. 上げた　　b. 上がった

8. 先生：授業を(　　)ますよ。早く席についてください。
   a. 始め　　　b. 始まり

9. ずっと髪を(　　)いたが、急に切りたくなって美容院へ行った。
   a. のばして　b. のびて

10. このお肉、もう少し安く(　　)もらえませんか。
    a. なって　　b. して

さらにレベルアップ

① 話し手の注目点の違い

> 今日は寒いなぁ。
> あっ、**窓が開いている**。
> だから寒いんだ。
> — A

> **私が開けたの**。
> 暖房が効きすぎて
> さっきは暑かったから。
> — B

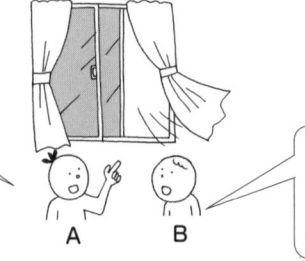

注目点: object of attention, 注目点, 주목점

Aの注目点＝窓の状態（「窓が開いている」）（自動詞）
動作主のことは考えないで、今、目の前にある物の状態を表す。

Bの注目点＝動作主（「窓を開けた」）（他動詞）
誰かの動作なので「誰かが何かの目的のためにした」ということを表す。

② 他動詞と一緒に使う表現

🔗 「〜たい」「〜よう(と思う)」「〜てください」「〜ましょう」「〜ておく」「〜てある」のような意志を表す表現と一緒に使うことが多い。

・この机、もう少し右に<u>動かして</u>ください。
・旅行の日程を早く<u>決め</u>ましょう。

③ 自動詞と一緒に使う表現

自動詞は、基本的には意志を表す表現（「〜たい」「〜よう(と思う)」「〜てください」「〜ましょう」など）と一緒に使うことはできないが、以下の自動詞の場合は使うことができる。

基本的に: fundamentally, 基本上, 기본적으로

🔗 「出る」「入る」「走る」「行く」「飛ぶ」「歩く」「渡る」「通る」「出発する」など（移動動詞）

移動動詞 ➡️ ❓ p.244

・来年こそは東京マラソンに<u>出</u>たい。
・今度の夏休みに、北海道へ<u>行こう</u>と思っている。
・健康のために、これから毎日10km <u>歩こう</u>と思っている。
・学校を10時に<u>出発</u>しましょう。

19
自動詞と他動詞

◯◯「集まる」「止まる」「並ぶ」など（動作動詞） 　　動作動詞 ➡ ❓ p.250

- 10時に正門に集まってください。
- この白線のところで止まってください。
- こっちの列の方がすいていますから、こっちに並びましょう。

◯◯「起きる」「寝る」など（動作動詞）

- 明日の集合は朝8時ですから、7時に起きましょう。
- 明日は朝早いから、今日は10時までに寝ようと思う。

④ 自動詞と一緒に使う助詞

自動詞は普通、助詞**「が」**を使うが、「出る」「走る」「飛ぶ」「歩く」「通る」などの移動動詞の場合は、**「を」**を使う。

- 子どもたちが学校の校庭を走る。
- 公園を通って学校に行く。
  → これらの「を」は、その動作が行われる場所や起点を表す助詞なので、動作の対象を表す助詞ではない。　　助詞「を」➡ 第2課

⑤ 他動詞を使うときの注意

他動詞は自分が相手に望んでいる動作に対して使うと、失礼になる場合がある。　　望む: to wish for, 期待, 원하다

〈学生は期末試験の結果を知りたいと思っている〉
- 学生：あのー、期末試験の結果はいつ出しますか。（×）
　　　　　→ 出ますか。（〇）

また、相手がした動作について質問すると、聞き手に動作の責任があるという意味になるので注意が必要である。人を主語にしないで、物や結果が主語になるように、自動詞を使ったほうがいい。

責任: responsibility, 责任, 책임
主語 ➡ ❓ p.248

- 学生：先生、ゼミの発表の順番、どうして変えたんですか。（×）
　　　　　　→ 変わったんでしょうか。（〇）

練習3

▶ 次のa.～d.の中で、最もふさわしいものを選んでください。

1. まもなく演奏が（　　）ますので、お静かにお願いします。
　　a. 始め　　　b. 始まり　　　c. 始まって　　　d. 始めて

2. 宝くじが(　　)ので、海外旅行に行くことにしました。
　　a. 当てられた　　b. 当たられた　　c. 当てた　　d. 当たった

3. このケーキ、あとで食べるから、(　　)おいてね。
　　a. 残されて　　b. 残られて　　c. 残して　　d. 残って

4. すみません、今いらっしゃった方はこちらの列に(　　)ください。
　　a. 並び　　b. 並んで　　c. 並べて　　d. 並べられて

5. 仕事を手伝ってくれてありがとう。本当に(　　)よ。
　　a. 助けて　　b. 助かって　　c. 助けた　　d. 助かった

6. はぁ。やっとひっこしの荷物が(　　)。これで明日から普通に生活できるよ。
　　a. 片付けた　　b. 片付いた　　c. 片付ける　　d. 片付く

7. 昨日友だちと海へ行った。日焼け止めをたくさんぬったのに(　　)しまった。
　　a. 焼かれて　　b. 焼いて　　c. 焼けられて　　d. 焼けて

8. 私は記念切手を(　　)のが趣味なんです。
　　a. 集める　　b. 集まる　　c. 集められる　　d. 集まれる

9. この橋を(　　)ください。
　　a. 渡して　　b. 渡って　　c. 渡し　　d. 渡り

　　そして、右に(　　)ください。
　　a. 曲がり　　b. 曲げ　　c. 曲がって　　d. 曲げて

10. 田中さんに、明日のクラブは休みだと(　　)くれませんか。
　　a. 伝って　　b. 伝わって　　c. 伝えられて　　d. 伝えて

練習4

▶ 次の文に適当な動詞(他動詞・自動詞)を選んでください。

1. A：あれ、コップが(割って / 割れて)いるよ。
　 B：本当だ。誰が(割った / 割れた)んだろう。早く片づけないと危ないね。

2. A：あっ、かぎが(かけて / かかって)いますね。
　 B：誰が(かけた / かかった)んだろうね。これじゃ中に入れないよ。

3. A：この机、もう少し右に（ 動かし ／ 動い ）てもらえないかな。
   B：いいよ。

4. 〈朝の会話〉
   母：お姉ちゃんは、もう（ 起こした ／ 起きた ）かな？
   妹：ううん。まだみたいだよ。
   母：じゃあ、ちょっと（ 起こして ／ 起きて ）きてくれる？
   妹：はーい。…お姉ちゃーん！！

5. A：今日はカレーか。私辛いのが好きだから辛く（ して ／ なって ）ね。
   B：うん。

6. A：昨日のパーティーの料理、どうだった？
   B：おいしい料理がたくさん（ 出した ／ 出た ）よ。
   A：そうなんだ。よかったね。人はたくさん（ 集め ／ 集まっ ）た？

7. A：昔の恋人からもらった手紙、今も持ってる？
   B：持ってないよ。全部、（ 破って ／ 破れて ）捨てちゃった。

8. A：昨日の台風、すごかったですね。
   B：そうですね。葉っぱがたくさん（ 落として ／ 落ちて ）いますね。
      あそこは木の枝が（ 折って ／ 折れて ）いますよ。
   A：あ、向こうはもっと大変。木が（ 倒して ／ 倒れて ）いますよ。

9. A：肉が（ 焼いた ／ 焼けた ）ら、それを２つに（ 切って ／ 切れて ）ください。
   B：はい、わかりました。この野菜はどうしたらいいですか。
   A：野菜は、沸騰したお湯の中に（ 入れて ／ 入って ）、30秒ぐらい茹でてください。
   B：はい、わかりました。じゃあ、お湯を（ 沸かし ／ 沸き ）ますね。

10. 風邪を引いちゃった。友だちに風邪が（ うつさ ／ うつら ）ないようにマスクをして出かけなきゃ。

✏️ 文作り

▶ この課の項目（自動詞・他動詞）を使って文を作ってください。8番は＿＿の中の動詞を使ってください。

1. 母親：テレビを見ながら勉強できないでしょ。

   勉強するときは、＿＿＿＿＿＿＿＿＿＿＿＿＿＿＿＿＿＿＿＿＿＿なさい。

2. 母親　：ケーキが_____ましたよ。

　　子ども：やったー！

3. A：やっと来月、ひっこしするんだ。

　　B：そうなの？いい部屋_____、よかったね。

4. 明日はゼミがあって授業に出られませんので、スピーチの日にちを_____くださいませんか。

5. A：この荷物、鈴木さんに_____ください。

　　B：分かりました。

6. あ、シャツのボタンが_____。お母さんにつけてもらおう。

7. あっ。ジュースが_____そうだよ。気をつけて！

8. 私の国では、熱を a. 出_____ときは、b._____習慣があります。

9. A：「七転び八起き」という言葉を知っていますか？

　　B：いいえ。どういう意味ですか？

　　A：_____、つまりあきらめないという意味です。

10. おかしいな。何度携帯に電話を a._____ても b._____。

　　鈴木さん、何かあったのかな。

■ 間違い探し

▶ 次の文には間違いがあります。間違っているところに_____を引いて、正しく直してください。

1. 24時間で地球を1回まわします。

2. なべに野菜を入ってください。それから5分ぐらい炒めてください。

3. 部長、会議の時間ですが、どうして変えたんですか。

4. ここに自転車を止まらないでください。

5. このビンのふたは固くて、なかなか開けない。

用例見つけた！

下の文章に、この課で勉強した項目（自動詞・他動詞）が、使われています。どのように使われているか意味を考えながら、次の文章を読んでみましょう。

　日本では、夫が妻に全ての収入を渡し、逆に月々の小遣いをもらう慣習があります。先の6月に発表された「2010年サラリーマンの小遣い調査」によると、日本人サラリーマンの1ヵ月の平均小遣いは 40,600 円です。今年の結果は昨年と比べると 5,000 円減り、この20年では、1ヶ月あたり 35,000 円近く減ったことをあらわしています。

　小遣いが減った理由の1つは、景気が悪いため収入が増えない一方で、支出を節約して預金を増やそうとしているからです。しかし、妻の小遣いは、一般的に生活費をやりくりする中で補われます。

　景気がよかった頃は、「へそくり」という言葉がよく使われました。「へそくり」とは妻が生活費から内緒で貯めるお金のことです。この秘密のお金は、妻の小遣いになったり、いざというときに使われたりします。しかし、今は、へそくりをする余裕のある家庭はほとんどありません。

「サラリーマンの小遣いは月4万円」より
Hir@gana Times (2010.8) p.20

収入: income, 收入, 수입
小遣い: allowance/pocket money, 零花钱, 용돈
減る: to decrease, 減少, 줄다
景気: economic situation, 景气, 경기
支出: expenses, 支出, 지출
節約: to save, 节约, 절약
やりくりする: to manage, 安排, 변통하다
補う: to compensate for, 填补, 보충하다
内緒: secret, 秘密, 비밀
貯める: to save money, 积攒, 저축하다
余裕: room/flexibility, 余裕, 여유

クロージング・トーク

　今日、日本語の授業のあとで研究室に行ったら、コップが割れていました。そのコップは田中さんがとても大事にしていたコップでした。それを見つけた田中さんは「誰が割ったの？」ととても怒って、犯人探しを始めました。ところが、犯人はなんとネコでした。田中さんは、ネコが割ったならしかたがないとあきらめたようでした。

column コラム 7

仮定・推量の表現 —お相手探し

ここでは、仮定表現「〜たら」「〜ても」、推量の表現「〜かもしれない」と一緒に使う言葉を紹介します。「万一」「たとえ」「もしかすると」の3つです。一緒に使うと、言いたいことがよりはっきりするので、ぜひ覚えてください。

Aさんが旅行の準備をした友だち3人に話しかけました。次の会話は、それぞれどんな意味があるでしょうか。

A：旅行するの？
B：うん。海外旅行。<u>万一</u>事故にあっ<u>たら</u>大変だと思って、保険にも入ったよ。
C：うん。冬山登山の予定。危ないから家族は反対しているけど、でも、<u>たとえ</u>家族に反対され<u>ても</u>山に挑戦したいんだ。
D：うん。1人でね。行き先は決めてないけど、旅行しながら将来のことを考えたいんだ。<u>もしかすると</u>、1カ月ぐらい帰らない<u>かもしれない</u>よ。

どの表現とどの言葉が一緒に使われるか、分かりましたか。
「万一〜たら」がセットです。「万一」は、命に関わるような大事件を想像します。
「たとえ〜ても」がセットです。「たとえ」は、「もし」という意味ですが、「ても」と一緒に使うと、前の文とは反対の内容が後ろの文に来ます。
「もしかすると〜かもしれない」がセットです。話し手は、可能性が低いことを想像して、「もしかすると」を使います。

▶（　　　）の中にふさわしい言葉を入れてください。

1. 飛行機は予定通り到着すると思うけど、（　　　　　）遅れるかもしれない。
2. （　　　　　）事故が起こったらすぐ連絡してください。
3. （　　　　　）どんな困難があっても、必ず君に会いに行くから待ってて。

20 結果・状態

スタート・トーク

次のような場面で、2人の会話はどうなるでしょうか。＿＿＿に適切な表現を書いて、会話を完成させてください。

① ビールは冷たいほうがいいと思うんだけど、もう a.＿＿＿＿＿いるかな？

② うん、b.＿＿＿＿＿あるよ。昨日から冷蔵庫に入れて c.＿＿＿＿＿から、もうきんきんに d.＿＿＿＿＿いると思うよ。それに、白ワインも e.＿＿＿＿＿あるんだよ。

この課の表現

結果・状態 「自動詞 + ている（〜てる）」「他動詞 + てある」
「他動詞 + ておく（〜とく）」「他動詞／自動詞 + てしまう（〜ちゃう）」

確認

(1) 自動詞 + ている（〜てる）［→自動詞のテ形 + いる］

意味 人の動作による変化や結果、もしくは自然に起こったことがそのまま残っている状態を表す。

→ 話し手は、物に注目し、その物が受けた動作の結果、状態を表す。

・そのパソコンは壊れていて使えません。そのとなりのパソコンを使ってください。
　　　　　　[注目]　　[状態]

→ 話し言葉では「〜てる」になる。

・家の前に宅配便のトラックが止まってる。荷物が届いたのかな。

・あれ？ ドアの鍵が開いてます。変ですね…。

話し言葉 ➔ p.251

192

(2) 他動詞 + てある ［→他動詞のテ形 + ある］

意味 動作主が何かの目的のために行った動作の結果や変化が、そのまま残っていることを表す(意志動詞を使う)。

意志動詞 ➡️❓p.244

→ 話し手は、動作主もしくはその行為に注目している。

行為: deed, 行為, 행위

→ 直接物を目で見た場合と、状況を説明する場合がある。

【直接目で見た場合】
- A：電気がついていますね。
  B：つけてあるんです。 ←［注目］
  A：どうしてですか。
  B：すぐ授業が始まりますから。

【状況を説明する場合】
- A：鈴木さんに明日のこと、連絡した？
  B：うん、もう連絡してあるよ。 ←［注目］

(3) 他動詞 + ておく（〜とく） ［→他動詞のテ形 + おく］

意味1 後で起こる(だろう)ことのために、その準備として、今することを表す。

→ 動作の目的が明確なときに使う。

明確な: clear, 明確地, 명확한

→ 話し手の動作・行為を表すので、意志動詞を使う。

- 自然災害はいつ起こるか分からないから、水や乾パンを買っておこう。

- 〈病院で〉
  順番になったらお呼びしますから、待っている間に熱を測っておいてください。

→ 話し言葉では「〜とく」になる。

- 失敗したコピー用紙は、その箱に入れといてね。紙の裏面を使うから。

意味2 ある目的のために今の状況をそのままにすることを表す。

- A：お皿もう片付けましょうか。
  B：いいえ、みんなが帰るまでそのままにしておきましょう。

- A：ここにかばんを置いておいてもいいですか。ちょっと飲み物を買ってきます。
  B：ええ、いいですよ。

(4) 他動詞／自動詞 ＋ てしまう（〜ちゃう）

① 他動詞 ＋ てしまう ［→他動詞のテ形＋しまう］

意味 近い将来(または決められた時)に、その動作を完全に終わらせるという意味を表す。「〜てしまった」は、その動作が完全にそうなったという意味を表す。

→ 話し言葉では「〜てしまう」が「〜ちゃう」、「〜でしまう」が「〜じゃう」になる。

- 仕事を始める前に、食事をすませてしまいましょう。
- A：それ、最新刊？
  B：うん、そうだよ。貸そうか？
  A：いいの？
  B：うん、私はもう読んじゃったから、いいよ。

② 自動詞 ＋ てしまう ［→自動詞のテ形＋しまう］

意味 話し手(もしくは聞き手)が望まないことが起こったり、予測とは違うことが起こったりすることを表す。

予測：prediction, 預測, 예측

→ 相手がその動作をしたら(あるいは、しないと)、将来困ったことになるだろうという気持ちを表す。相手に注意をうながすときに使う。

注意：caution, 注意, 주의
うながす：to urge, 督促, 재촉하다

- 早く論文を書き始めないと、締切に間に合わなくなってしまいますよ。
- 忘れてしまうかもしれないから、約束の時間をメモしとこう。

③ 他動詞／自動詞 ＋ てしまった

意味 話し手の「残念」「失敗」「困ったこと」「おわびの気持ち」を表す。

おわび：apology, 道歉, 사과

- とても大切にしていた時計が壊れてしまった。〈残念〉
- 今日、朝寝坊して、授業に遅刻してしまいました。〈失敗〉
- パスポートを落としてしまったんです。どうしたらいいですか。〈困ったこと〉
- あのう、先日、お借りしていた本、少し汚してしまいました。〈おわびの気持ち〉

→ 自分のしたことが相手に迷惑をかけた場合は、「**他動詞＋てしまう**」の形で自分に責任があることや謝罪の気持ちを伝える。

迷惑：trouble/bother, 麻煩, 폐
責任：responsibility, 責任, 책임
謝罪：apologetic, 謝罪, 사죄

- ［×］先生、プリンターを壊しました。すみません。
  →［○］先生、プリンターを壊してしまいました。すみません。〈責任〉
- ［×］待ち合わせの時間に遅れました。すみません。
  →［○］待ち合わせの時間に遅れてしまいました。すみません。〈謝罪の気持ち〉

練習1

▶ 次の a. と b. のうち、ふさわしいほうを選んでください。

1. 田中さんの家の電気が(　　)。旅行から帰ってきたのかな。

    a. つけてる　　　　b. ついてる

2. 机の上にスケジュール表が置いて(　　)から、1枚ずつ取ってください。

    a. います　　　　b. あります

3. 〈駅で〉

    A：どうしよう。9時の電車に乗れるかな。あと10分しかない。

    B：急がないと、もう(　　)よ。

    a. 行っちゃう　　　　b. 行っとく

4. 部屋の電気が(　　)から、田中さんは留守のようですね。

    a. 消えています　　　　b. 消しています

5. パソコンが(　　)から、仕事ができません。

    a. 壊してある　　　　b. 壊れている

6. いすが(　　)ね。これから何かあるんでしょうか。

    a. 並んであります　　　　b. 並べてあります

7. 冷蔵庫にビールが(　　)から、どうぞ飲んでくださいね。

    a. 冷やしてあります　　　　b. 冷えてあります

8. ヒーターをつけたばかりですから、部屋がまだ(　　)いません。

    a. 暖まって　　　　b. 暖めて

9. 来週泊まるホテルは私が昨日(　　)ました。

    a. 予約してあり　　　　b. 予約しておき

10. 居酒屋の看板には、「商い中」と(　　)。

    a. 書いてある　　　　b. 書いている

さらにレベルアップ

①「～てある」と「～ている」の違い

窓が **開けてある**　　　　　　　窓が **開いている**

「窓が**開けてある**」＝「誰が窓を開けたのだろう」または「何のために窓を開けたのだろう」ということを表す。

「窓が**開いている**」＝ 窓を開けた人のことは考えないで、窓の状態について表現している。

②「～てある」と「～ておいた」の注目点の違い

「～てある」が動作や準備が終わったことを表す場合、「～ておいた」と似た意味になるが、以下のように注目点が違う。

「名詞 ＋ が ＋ 動詞 ＋ てある」
→「～てある」は動作や準備をした結果の状態に注目する。

「名詞 ＋ を ＋ 動詞 ＋ ておいた」
→「～ておいた」は、目的のために準備するという動作が完了したことに注目する。

完了する: to complete, 完成, 완료하다

- A：お風呂は？
  B：もう沸かしてあるよ。【話し手の注目点＝**お風呂の状態**】
  　　もう沸かしておいたよ。【話し手の注目点＝**私の動作の完了**】

- 今夜パーティーがあるので、たくさん料理 ｛ が準備してあります。
  　　　　　　　　　　　　　　　　　　　　【話し手の注目点＝**料理**】
  　　　　　　　　　　　　　　　　　　　を準備しておきました。
  　　　　　　　　　　　　　　　　　　　【話し手の注目点＝**料理を準備した動作**】

③「〜ておく」の時制と動作の完了

「〜ておく」＝これから、準備の動作をすることを表す。〈未来〉

「〜ておいた」＝準備の動作が終わったことを表す。〈過去〉

時制：tense, 时态, 시제

- 先生がすぐに授業が始められるように、パソコンをつけておきましょう。
  （＝今からパソコンの電源を入れて、立ち上げる）〈未来〉

- A：あっ！どうしよう。田中さんに電話するのを忘れちゃった。
  B：大丈夫だよ。さっき私がしておいたから。（＝さっき田中さんに電話した）
  〈過去〉

練習2

▶ 次の a.〜d. の中で、最もふさわしいものを選んでください。

1. 〈キッチンで〉
   ボウルに卵が（　）あった。今日の夕飯はオムライスかな。
   a. 割れて　　　b. 割って　　　c. 割られて　　　d. 割らせて

2. 教室の壁には、ずっと昔から、ひらがな表とカタカナ表が（　）。
   a. はっています　b. はってあります　c. はられます　d. はります

3. 学生：先生、この宿題を見ていただきたいんですが。
   先生：分かりました。今はちょっと忙しいので、机の上に（　）ください。
   a. 置いていて　b. 置いてみて　c. 置いておいて　d. 置いてしまって

4. 昨日カレーを作りすぎてしまって、まだたくさん（　）んだけど、今日の夕飯もカレーでいい？
   a. 残っている　b. 残ってある　c. 残している　d. 残してある

5. あっ、かばんの口が（　）よ。
   a. 開いてある　b. 開けてある　c. 開けておく　d. 開いている

6. 先生：今日の講義内容について、来週の授業でディスカッションします。資料をよく読んで、（　）ください。
   a. 考えてあって　b. 考えていて　c. 考えておいて　d. 考えてしまって

7. A：先生、宿題を家に（　）ました。すみません。
   a. 忘れてあり　b. 忘れてい　c. 忘れておき　d. 忘れてしまい

8. 後輩A：あ〜あ。先輩のマグカップ、(　　)ね。

　　後輩B：どうしよう。先輩が大切にしているカップだったのに…。

　　a. 割ってた　　　b. 割っちゃった　　　c. 割ってあった　　　d. 割っといた

9. 忙しいときは一週間分のご飯を炊いて、冷凍庫に(　　)。食べるときは、電子レンジで温めるだけなので、時間が節約できるんです。

　　a. 入ってあります　　　b. 入れています　　　c. 入っています　　　d. 入れておきます

10. 妹：リビングにきれいな花が(　　)ね。何かあるの？

　　姉：今日、大事なお客さんが来るからね。

　　a. 飾ってある　　　b. 飾っている　　　c. 飾っといた　　　d. 飾っちゃった

✏️ 文作り

▶ この課の項目（状態・結果）を使って文を作ってください。

1. 掲示板に a._____ が b._____ てありますから、確認してください。

2. a._____ に行く前に、b._____ たほうがいいですよ。

3. 〈電話で〉

　　A：起きたら時計が_____ の！今から出かけても間に合わないかも。

　　B：時計が壊れていたんだね。先生には私から_____ から、心配しないで。

4. A：どうしよう！_____ ちゃった（じゃった）。

　　B：それは大変だ！

5. A：あれ、スープに虫が_____ ますよ。

　　B：ギャー！

6. A：あっ、あそこに財布が_____ ますよ。

　　B：本当だ。警察に届けましょう。

7. お客さんが来る前に、_____ てしまおうかと思います。

8. あれ？おかしいな。さっき閉めたはずなのに、_____ 。

9. A：この忘れ物、誰のでしょうか。

　　B：あっ、ここに名前が＿＿＿＿＿＿＿＿＿＿＿＿＿＿＿＿＿よ。

10. しばらく休憩時間がないので、今、＿＿＿＿＿＿＿＿＿＿＿＿＿＿＿てください。

間違い探し

▶ 次の文には間違いがあります。間違っているところに＿＿＿を引いて、正しく直してください。

1. 冷蔵庫に入ってある食べ物はなんでも食べていいよ。

2. 私、韓国語が読めないんだけど、これ、何て書いているの？

3. あ、もう授業が始めていますよ。教室に戻りましょう。

4. 各テーブルには、名前が書いてあるプレートが置いていますから、自分の名前のところに座ってください。

5. 先生、お借りした本を汚しました。本当に申し訳ありません。

用例見つけた！

下の文章に、この課で勉強した項目（状態・結果）が、使われています。どのように使われているか意味を考えながら、次の文章を読んでみましょう。

「我々は楽器を探しに来たんです」と僕は言った。「あなたのところにうかがえば楽器がどこにあるかわかると教えられたんです」

彼は何度か肯いて、皿の上にかさねるようにして置かれたフォークとナイフをしばらく見つめていた。

「たしかに楽器ならここにいくつかあります。古いものなので使えるかどうかはわかりませんが、もし使えるものがあればお持ちになって下さい。どうせ僕には何も弾けません。並べて眺めているだけです。ごらんになりますか？」

「そうさせていただければ」と僕は言った。

彼は椅子を引いて立ちあがり、僕もそれにならった。

「どうぞこちらです。寝室に飾ってあるんです」と彼は言った。

「私はここにいて食器を片づけてコーヒーでもいれておくわ」と彼女は言った。

管理人は寝室に通じるドアを開けて電灯をつけ、僕を中に入れた。

「ここです」と彼は言った。

寝室の壁に沿って様々な種類の楽器が並んでいた。

『世界の終りとハードボイルド・ワンダーランド』（村上春樹）より

楽器: musical instrument, 乐器, 악기
肯く: nod, 点头, 끄덕이다
かさねる: to pile up, 叠起来, 겹치다, 포개다
眺める: to gaze at, 注視, 바라보다
ならう: to follow, 效仿, 배우다
寝室: bedroom, 卧室, 침실
管理人: manager, 管理员, 관리인
通じる: to connect to, 通往, 통하다
電灯: lamp, 电灯, 전등
沿う: to run along, 沿着, 따르다

クロージング・トーク

今日はゼミの打ち上げパーティーです。私が幹事をすることになりました。田中さんにビールが冷えているか聞いたところ、昨日から冷蔵庫に入れてあるそうです。もう、きんきんに冷えているでしょう。あとは、注文しておいた料理が届けば準備はオッケーです。先生には、もう連絡してあるので、もうすぐいらっしゃると思います。先生がいらっしゃったら、パーティーを始めましょう。

column コラム 8

「ぜひ」と「きっと」の違いは？

　希望や願望を表す表現、「ぜひ」と「きっと」は似ていますが違います。その違い、分かりますか。では、下の会話を読んで「ぜひ」「きっと」がどのような意味で使われているか考えてみてください。

1. A：この仕事を引き受けてくれる人はいませんか。
   B：はい。ぜひ、私にやらせてください。（×きっと）
2. A：今度の試験、できるかどうか心配だなあ。
   B：大丈夫。あんなに頑張ったんだからきっと大丈夫だよ。（×ぜひ）

　「ぜひ」は、「必ず」という意味で、自分がしたいこと、相手にしてほしいこと、相手に勧めることを表します。ですから、希望の表現「〜たい、〜てほしい、〜（さ）せてほしい」や、依頼の表現、相手に勧める表現「〜てください」と一緒に使います。この場合、否定の表現とは一緒に使いません。

　「きっと」は、「ぜひ」と同じように「必ず」の意味を持ちますが、「ぜひ」と違うのは、将来のことについてある結果になる可能性が高いという判断を表すことです。ですから、可能性が強いことを表す「〜だろう、〜でしょう、〜に違いない」と一緒に使うことが多いです。自分について言う場合は、「きっと〜する」や「きっと〜してみせる」のように使ってその動作を実行する強い気持ちを表し、相手に対して使う場合は「きっと〜てください」のような形で強い要望を表します。この場合も、否定の表現とは一緒に使いません。

▶（　）の中に「ぜひ」か「きっと」を入れてください。

1. A：今回は残念な結果になったけど、（　　　　　）またいいことがあるよ。
   B：うん、そうだね。
2. このお菓子、本当においしいんですよ。（　　　　　）1つ食べてみてください。
3. とてもいいレストランだったので（　　　　　）また利用したい。

21 受身
うけみ

スタート・トーク

次のような場面で、2人の会話はどうなるでしょうか。＿＿＿に適切な表現を書いて、会話を完成させてください。

① 元気ないね、どうしたの？

② 今日は大変だったんだよ。
朝、電車の中で、
a. ＿＿＿＿＿＿＿＿＿＿＿し、
学校では、宿題を忘れて
b. ＿＿＿＿＿＿＿＿＿＿＿し、
いいことなかったからね。

この課の表現

受身 「〜れる、〜られる」

確認

【受身とは】

私と他の人（物）の間で起こったことについて述べるとき、日本語では「私」を中心に話すほうが自然である。「私」が動作をしたことを表すときは「普通の文」を使い、「私」が動作を受けたことを表すときは「受身文」を使う。受身文は「行為を受けたこと」「被害」「一般的な事実」の意味を表す。

行為: deed, 行为, 행위
被害: damage, 受害, 피해
一般的: general, 一般的, 일반적

【受身文の3つの構文】

◆他動詞の受身文 ①

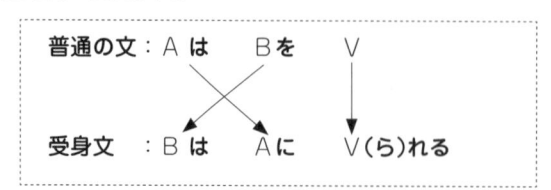

普通の文： A は　　B を　　V
受身文　： B は　　A に　　V(ら)れる

普通の文：先生は　　私を　　ほめました。
受身文　：私は　　先生に　　ほめられました。

◆ 他動詞の受身文 ②

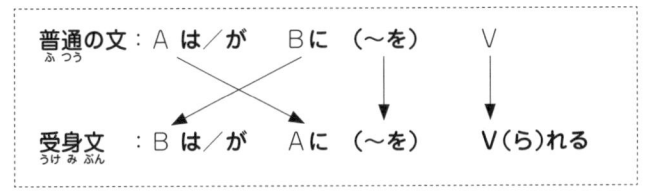

```
普通の文：A は／が    B に   （〜を）    V
受身文  ：B は／が    A に   （〜を）    V（ら）れる
```

普通の文：社長は　　　田中さんに　仕事を　頼みました。
受身文　：田中さんは　社長に　　　仕事を　頼まれました。

◆ 自動詞の受身文

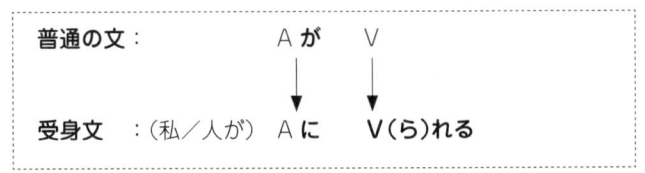

```
普通の文：         A が    V
受身文  ：（私／人が） A に    V（ら）れる
```

普通の文：雨が　　　降った。
受身文　：（私は）雨に　降られた。

	動詞	受身		動詞	受身
1グループ	書く	→ 書かれる	3グループ	する	→ される
2グループ	食べる	→ 食べられる		来る	→ 来られる

1グループ ➡ 凡例
2グループ ➡ 凡例
3グループ ➡ 凡例

(1) 行為を受けたこと

[主語＝人]

① 人が主語になり、他の人や物から行為や影響を受けたことを表す。その行為や影響は、嬉しいこと、迷惑なこと、中立的なことでも使える。

・私は、先生にほめられました。

・私は、母親にしかられました。

・田中さんは、社長に仕事を頼まれました。

・（私は）かわいがっていたペットに死なれて、悲しい。

② 状態・可能・存在の動詞は受身の形を作ることができない。

・（母親の気持ち）

　［×］娘に、私の悪いところばかり似られて嫌な気分だ。

　［○］娘は、私の悪いところばかり似るので嫌な気分だ。〈状態〉

・［×］お姉ちゃんに、上手に字が書けられて、私が下手なのが目立ってしまう。

　［○］お姉ちゃんは、上手に字が書けるので、私が下手なのが目立ってしまう。
　　　　　　　　　　　　　　　　　　　　　　　　　　〈可能〉

主語 ➡ p.248
影響：effect, 影响, 영향
迷惑な：troublesome/bothersome, 为难的, 곤란한, 성가심
中立的な：neutral, 中立的, 중립적인

状態：situation, 状态, 상태
存在：existene, 存在, 존재

・お母さんが、私とお姉ちゃんを比べるから、小さいころは

　　［×］お姉ちゃんに いられて嫌だった。

　　［○］お姉ちゃんが いて嫌だった。〈存在〉

（2）被害の意味

　［主語＝人］

　人が主語になり、他の人や出来事から被害や迷惑な行為を受けたことについて、その事実を言う。体の一部や、自分の持ち物について述べる場合、「私の＋足（名詞）＋が／は」のように私(主語)と物をひとまとまりにしない。

　　・［○］私は、女性に足を踏まれました。

　　　［×］私の足は、女性に踏まれました。

（3）一般的な事実

　［主語＝物、こと］

　物やことが主語になり、感情を表さないで、一般的な事実だけを述べる。

　　・日本は海に囲まれている。

　　・オリンピックは4年おきに行われます。

　　・電話はベルによって発明された。

被害：damage, 受害, 피해

持ち物：belongings, 所有物, 소유물

ひとまとまり：to bunch together, 归拢在一起, 한뭉치

練習1

▶ 次の a. と b. のうち、ふさわしいほうを選んでください。

1. ジムさんは、宿題をきちんとやってきたので、先生に（　　　）。
   a. ほめられた　　　b. ほめた

2. A：ねえ、田中さん、嬉しそうだけど、何かあったのかな？
   B：ああ、山田さんに映画に（　　　）らしいよ。
   a. 誘った　　　b. 誘われた

3. サリーさんは道に迷って、近くの交番で郵便局の場所を（　　　）。
   a. 聞いた　　　b. 聞かれた

4. 小林さんは両親に、自分の彼女を（　　　）。
   a. 紹介された　　　b. 紹介した

5. お父さんは子どもに携帯電話を(　　　)て、とても困っている。

   a. 壊し　　　　　b. 壊され

6. ずっと逃げていた犯人が、昨夜警察に(　　　)。

   a. 逮捕された　　b. 逮捕した

7. 町を歩いていたら、突然大声で名前を(　　　)嫌だった。

   a. 呼んで　　　　b. 呼ばれて

8. あとで食べようと思っていたケーキを、妹に(　　　)しまった。

   a. 食べて　　　　b. 食べられて

9. 家を出ようと思ったときに電話が(　　　)きて、授業に遅刻してしまった。

   a. かかって　　　b. かかられて

10. A：Bさん、山田さんをデートに誘ったの？どうなった？

    B：うーん、それが…、「忙しい」って(　　　)よ。

    a. 断れた　　　　b. 断られた

さらにレベルアップ

① 受身文の動詞

□他動詞：受身文は行為をする人（こと）と、行為を受ける人がいて、行為を受ける人の立場から話す表現なので、他動詞を使うことが多い。

・田中さんは社長に仕事を頼まれました。

他動詞 ➡ 第19課

立場：position, 立场, 입장

□自動詞：自動詞は、人に行為を与えるものではないので受身文で使われることは少ない。しかし、被害や迷惑な行為を受けた人が、その事実について述べる場合は、自動詞を使う。主語は必ず動作の影響を受ける「人」である。

自動詞 ➡ 第19課

与える：to be granted with, 给予, 부여하다

・（私は）スーパーで子どもに泣かれた。

・（私は）友だちに勝手に部屋に入られた。

・警察は犯人に逃げられた。

・（私は）急に友だちに家に来られた。

② **受身文を使う理由**

私、またはある人を主語にして述べる場合、1つの文の中の主語は同じ人にそろえたほうが自然である。主語をそろえるために、受身文を使う。私と他の人が関係する出来事について述べる場合は、「私」を主語にするのが自然である。

- (私は)机の上に日記を置いておいたら、{ (私は)日記を 母に読まれた。(○)
  　　　　　　　　　　　　　　　　　　 日記を 母が読んだ。(△)

- (私は)昨日買ったばかりの本を、{ (私は)友だちに汚された。(○)
  　　　　　　　　　　　　　　　　 友だちが汚した。(△)

そろえる: to make the same, 使一致, 맞추다

自然: natural, 自然, 자연

③ **普通の文と受身文の意味の違い**

普通の文 = 事実だけを述べ、自分の感情は表さない。

受身文 = 主語が、動作を受けて、その影響によって感情の変化(迷惑、嬉しいこと)が起こったことを表す。

- 普通の文　　公園で子どもが泣いていた。〈事実〉

  受身文　　　新幹線の中で隣に座った赤ちゃんにずっと泣かれた。〈迷惑〉

- 普通の文　　となりの家にどろぼうが入ったみたい。

  受身文　　　どろぼうに入られて、買ったばかりのパソコンを盗まれた。〈迷惑〉

- 普通の文　　先生が私の作文をほめた。

  受身文　　　私は先生に作文をほめられた。〈嬉しいこと〉

感情: emotion, 感情, 감정

④ **受身文と「〜てもらう」の違い**

受身文 = 被害や迷惑の気持ちを表すことが多い。

「〜てもらう」 = 嬉しい気持ちや感謝を表す。

- 友だちがうちに来た。〈事実〉

- 試験前、勉強したいのに、友だちにうちに来られた。〈迷惑〉

- パソコンが動かなくなったので、機械に詳しい友だちに来てもらった。〈感謝〉

感謝: gratitude, 感謝, 감사

⑤ **受身のまとめ**

他動詞+(ら)れる	感情(嬉しいこと)	私は、木村さんに食事に誘われた。
	感情 (嬉しくも悲しくもないこと)	私は、木村さんに仕事を頼まれた。
	一般的な事実	8月に夏祭りが行われる。
	迷惑	私は、木村さんに日記を見られた。
		私は、木村さんに本を汚された。
自動詞+(ら)れる	迷惑	私は、木村さんに勝手に部屋に入られた。
		私は、木村さんに笑われた。

練習2

▶ 次のa.～d.の中で、最もふさわしいものを選んでください。

1. 先生に翻訳の仕事を(　　　)。
   a. 頼んだ　　　b. 頼まされた　　　c. 頼まれた　　　d. 頼めた

2. 忙しいときに友だちに部屋に(　　　)困った。
   a. 来られた　　　b. 来られて　　　c. 来た　　　d. 来て

3. 姉に彼からの手紙を(　　　)、本当に嫌だった。
   a. 読んでもらって　　b. 読んでくれて　　c. 読んで　　d. 読まれて

4. 小説の『白雪姫』は、世界中の子どもたちに(　　　)いる。
   a. 読んでもらって　　b. 読んでくれて　　c. 読んで　　d. 読まれて

5. A：この建物は古そうですね。
   B：ええ、明治時代に(　　　)貴重な建物ですよ。
   a. 建てた　　b. 建てられた　　c. 建ててもらった　　d. 建ててくれた

6. 彼とどうしても結婚したいが、両親に(　　　)困っている。
   a. 反対されて　　b. 反対して　　c. 反対してもらって　　d. 反対してくれて

7. 私の声と妹の声は似ているので、電話に出るといつも妹に(　　　)。
   a. 間違える　　b. 間違えられる　　c. 間違ってもらう　　d. 間違ってくれる

8. 彼に突然プロポーズ(　　　)、どうしようか迷っている。
   a. してくれて　　b. してもらって　　c. されて　　d. して

9. 電気をつけないで自転車に乗っていたら、警察官に(　　　)。
   a. 注意した　　b. 注意された　　c. 注意してもらった　　d. 注意させた

10. 気象庁によって、桜の開花宣言が(　　　)。
    a. 出た　　b. 出られた　　c. 出した　　d. 出された

✏️ 文作り

▶ この課の項目（受身形）を使って文を作ってください。1〜3は、イラストを見て文を作ってください。

1. →＿＿＿＿＿＿＿＿＿＿＿＿＿＿＿＿＿＿＿＿＿＿＿＿＿＿

2. →＿＿＿＿＿＿＿＿＿＿＿＿＿＿＿＿＿＿＿＿＿＿＿＿＿＿

3. →＿＿＿＿＿＿＿＿＿＿＿＿＿＿＿＿＿＿＿＿＿＿＿＿＿＿

4. 一晩中子どもに＿＿＿＿＿＿＿＿＿＿＿＿＿、寝られなかった。

5. ビートルズの曲は、今でも世界中で＿＿＿＿＿＿＿＿＿＿＿＿＿＿＿＿＿。

6. 各国の代表が集まって、環境問題についての会議が＿＿＿＿＿＿＿＿＿＿＿＿＿。

7. 〈警察に説明する〉
   留守中に空き巣に＿＿＿＿＿＿＿＿＿＿＿みたいで、旅行から帰ってきたら、家の中がメチャメチャだったんです。

8. 私は幼いころ、両親ではなく、祖母に＿＿＿＿＿＿＿＿＿＿＿＿＿＿＿＿＿。

9. 子どもに、大切にしていた本を＿＿＿＿＿＿＿＿＿＿＿＿＿、困ってしまった。

10. 最近、詐欺による被害が増えています。みなさんも＿＿＿＿＿＿＿＿＿＿＿ようにくれぐれも気をつけてください。

◼️ 間違い探し

▶ 次の文には間違いがあります。間違っているところに＿＿＿を引いて、正しく直してください。

1. けがをしながらも、最後まで戦う彼女の姿に感動された。

2. 財布を忘れてしまった。でも、友だちにお金を貸されて助かった。

3. 大学に来る途中、知らない人が私に道を聞いた。

4. 私は日本に来る前、国でも日本人の先生に日本語を教えられました。

5. 私の自転車はどろぼうに盗まれた。

用例見つけた！ 下の文章に、この課で勉強した項目（受身）が、使われています。どのように使われているか意味を考えながら、次の文章を読んでみましょう。

　まんがとアニメは、世界的に注目されている日本の現代文化です。手塚治虫は、その基礎を築き、「まんがの神様」と評されています。単に面白いだけでなく、子どもにも大人にも感動を与える、さまざまなジャンルの名作を生涯をかけて創作しました。作品に共通するテーマは「命の尊さ」でした。（中略）

　手塚はまんが家としての才能を発揮し、間もなくして一流作家になりました。しかし、当時PTAなどの悪書追放運動が始まりました。そして、まんがはでたらめなことを伝え、子どもに嘘を教えていると思われて標的にされました。

　手塚は苦しい立場に追い込まれますが、まんがをもとにしたテレビアニメ「鉄腕アトム」を製作しました。主人公のアトムはさまざまな力を持つロボットですが、人間の感情も持っています。アトムはすぐに子どもたちのヒーローとなり、その人気が高まると共に、悪書追放運動は消えていきました。

　手塚のまんが家としての名声は高まりました。しかし1968年に、よりリアルな描写の劇画が登場すると、手塚の人気は下がり始めました。手塚ははやりの劇画の手法を試みますが、読者には受けませんでした。そしてさらに悪いことに、これまでのファンも離れていきました。

「命の大切さを描いた「まんがの神様」」より
Hir@gana Times（2011.5）pp.26-29

築く: to build, 构筑, 쌓다
評する: to comment on, 评论, 평가하다
単に: simply, 仅、只, 단지
ジャンル: genre, 类别, 장르
生涯: career, 一生, 생애, 일생
創作する: to produce literary works, 创作, 창작하다
尊い: value, 珍贵, 귀중하다
才能: talent, 才能, 재능
発揮する: to exhibit, 发挥, 발휘하다
悪書: harmful book, 坏书, 악서
追放: ban, 驱逐, 추방
でたらめ: nonsense, 胡说八道, 엉터리
標的: target, 目标, 표적
追い込む: to corner, 逼进, 몰아넣다
名声: fame, 名声, 명성
リアルな: real, 真实的, 리얼한
描写: depiction, 描写, 묘사
劇画: dramatic comic strip, 剧画, 사실적 묘사의 만화（만화기법의 하나）
はやり: fashion, 流行, 역시
受ける: to receive, 接受, 받다, 받아 들이다
離れる: to move away from, 远离, 멀어지다

クロージング・トーク

　今日は散々な１日でした。朝、学校へ行く途中、電車の中で女性に足を踏まれました。とても痛かったです。そして、宿題を忘れて先生にしかられました。今日は早く寝て、今日起こった嫌なことを全て忘れたいです。明日はいい日になりますように。

22 使役・使役受身

スタート・トーク

次のような場面で、2人の会話はどうなるでしょうか。＿＿＿に適切な表現を書いて、会話を完成させてください。

① 料理を手伝って。
お風呂掃除もね。
終わったら、勉強もやるのよ。

② お母さんは、いつも何でもぼくに a.＿＿＿＿＿＿＿けど、b.＿＿＿＿＿＿＿ぼくは大変だよ…。あー疲れた。

この課の表現

| 使役 | 「〜せる／させる」 |
| 使役受身 | 「〜される／させられる」 |

✓ 確認

【使役とは】

自分の動作によって、結果として相手が行動することを表すとき「〜せる／させる」を使う。これを使役という。使役には「強制」「許可」「誘発」「責任」の4つの意味がある。

強制：compulsion, 强制, 강제
許可：permission, 许可, 허가
誘発：cause, 诱发, 유발
責任：responsibility, 责任, 책임
主語 ➡ ❓p.248
自動詞 ➡ 第19課
他動詞 ➡ 第19課

◆使役文の形

```
A（主語）が／は　B（相手）を（〜に）　動詞（自動詞）（さ）せる

A（主語）が／は　B（相手）に　〜を　動詞（他動詞）（さ）せる
```

	動詞	使役		動詞	使役
1グループ	書く	書かせる	3グループ	する	させる
2グループ	食べる	食べさせる		来る	来させる

1グループ ➡ 凡例
2グループ ➡ 凡例
3グループ ➡ 凡例

- 母親(A)は子ども(B)に野菜を食べさせた。〈強制〉
- 子どもがピアノを習いたいと言ったので、私(A)は子ども(B)にピアノを習わせることにした。〈許可〉
- 妹(A)は大学の入学試験に合格して、両親(B)を喜ばせた。〈誘発〉
- 私(A)が休んだせいで、田中さん(B)に私の仕事をさせてしまった。〈責任〉

(1) 使役の4つの意味

①強制

意味 主語が、相手にある動作をするように命令、指示する。
→相手がその動作をしたいかどうかは関係ない。

- 先生は、宿題を忘れた私を廊下に立たせた。

命令する: to command, 命令, 명령하다
指示する: to indicate, 指示, 지시하다

②許可

意味 主語が、相手に、相手がしたいと思っていることを許可する(しない)。

- 父親は、心配のあまり、娘を海外旅行に行かせなかった。

許可する: to permit, 許可, 허가하다

⃝⃝ 自分がこれからしたい動作について、丁寧に相手に許可を求めるときは、授受動詞を使った依頼表現と一緒に使う。

求める: to request (permission), 要求, 요구하다

□ 使役形＋〜てください

- 先生、この資料を1枚コピーさせてください。
- 私にも、何か協力させてください。

依頼表現 ➡ ❓ p.244
授受動詞 ➡ 第13課

□ 使役形＋{〜ていただきます／〜ていただきたいんですが／〜ていただけませんか}

- あなたの結婚式なら、喜んで出席させていただきます。
- すみません。このコピー機を使わせていただきたいんですが。
- これから病院へ行きたいので、授業を休ませていただけませんか。

③誘発(感情の変化)

意味 主語の動作が、相手の感情を変える。

⃝⃝ 後ろの文には感情を表す動詞(喜ぶ、悲しむ、驚く、泣く、怒る、楽しむ、がっかりする、びっくりするなど)が来ることが多い。

- 私が友だちに急に声をかけて、友だちをびっくりさせた。

がっかりする: to feel disappointed, 失望, 실망하다

→ 普通の文は事実をそのまま表すだけだが、使役文にすると、「Bの感情が変化した原因は、Aの動作である」ということが強調される。

普通の文：俳優Aが、急に結婚を発表したので、みんなは驚いた。

使役文　：俳優Aは、急に結婚を発表して、みんなを驚かせた。

強調する: to emphasize, 强调, 강조하다

④ **責任**

意味 自分がした動作の結果、相手がある動作をすることになってしまって、責任を感じている。

🔗 「～てしまった」と一緒に使われることが多い。

・電車が遅れて20分も待たせてしまいました。本当にすみません。

【使役受身とは】

使役文の主語Aと動作をするBの順番を変えて、Bが主語の受身文にしたもの。これを使役受身という。使役受身には「強制」「誘発」の2つの意味がある。

順番: order, 顺序, 순번

◆ 使役受身文の形（or 作り方）

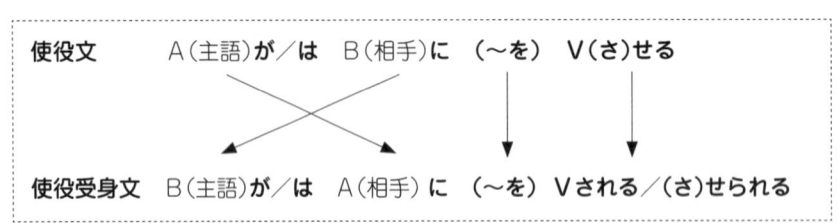

```
使役文　　　　A（主語）が／は　　B（相手）に　　（～を）　　V（さ）せる

                  ╲　　╱　　　　　　　↓　　　　　↓
                  　╳
                  ╱　　╲
使役受身文　　B（主語）が／は　　A（相手）に　　（～を）　　Vされる／（さ）せられる
```

	動詞	使役	使役受身
1グループ	書く	書かせる	書かされる（書かせられる）
2グループ	食べる	食べさせる	食べさせられる
3グループ	する	させる	させられる
	来る	来させる	来させられる

・使役文　　　：母(A)は　　子ども(B)に　　本を　　読ませた。

　使役受身文：子ども(B)は　母(A)に　　　本を　　読まされた。（読ませられた）

・使役文　　　：あの映画(A)は　私(B)を　　　　感動させた。

　使役受身文：私(B)は　　　　あの映画(A)に　感動させられた。

→ 1グループの動詞は、長い形（書かせられる）と短い形（書かされる）があるが、「話す」「直す」など、「－す」で終わる動詞は、短い形が作れない。

・小学生のとき、方言を標準語に ┌ 直させられた。（○）
　　　　　　　　　　　　　　　└ 直さされた。（×）

(2) 使役受身の2つの意味

① 強制

意味 主語がしたくないと思っていることを、相手に命令されて、しかたなくする。

使役文　　：母親は子どもに野菜を食べさせた。

使役受身文：子どもは母親に野菜を食べさせられた。
（子どもは野菜を食べたくなかったのに、親が「食べろ！」と言うので、しかたなく食べた。）

・この病院はとても込んでいるので、いつも3時間以上待たされる（待たせられる）。（長い時間待つのは嫌だが、待つ以外に方法がないので待つ。）

② 誘発（変化）

意味 主語が何かを見たり聞いたりして、感情が自然に変化した。

普通の文　　：私はあのすばらしい映画に心を動かした。

使役受身文：私はあのすばらしい映画に心を動かされた（動かせられた）。

自然に：naturally, 自然的, 자연히

練習1

▶ 次のa.とb.のうち、ふさわしいほうを選んでください。

1. 休日なのに、先生は学生を研究室に（　　　）。

   a. 来ました　　　　b. 来させました

2. お母さんは私に嫌いな食べものを（　　　）ので、とても嫌です。

   a. 食べさせられる　　b. 食べさせる

3. 先生は学生に、昨日休んだ理由を説明（　　　）。

   a. させた　　　　　b. させられた

4. クラスの中村君はとてもおもしろくて、いつもみんなを（　　　）いる。

   a. 笑わせて　　　　b. 笑って

5. 妻と買い物に行くと、いつも重い荷物を（　　　）。

   a. 持たされる　　　b. 持つ

6. あなたの意見を(　　)。

   a. 聞かせてください　b. 聞かされてください

7. あの子は小さいのに、とても上手に歌を歌うので、大人みんなが(　　)。

   a. 感心させた　　b. 感心させられた

8. 日本では、大学に入学するとき、たくさんの書類を(　　)。

   a. 書いてもらう　　b. 書かされる

9. 環境問題に関するドキュメンタリー番組を見て、地球の未来について(　　)。

   a. 考えられた　　b. 考えさせられた

10. その大統領は、国民の期待を裏切り、みんなを失望(　　)。

    a. させた　　　　b. した

さらにレベルアップ

① 使役(強制と許可)を使う場合の主語

強制と許可の場合は、「相手に無理に～をさせる」という意味や「相手がしたいと思っていることを許可する(しない)」という意味を表すので、「立場の強い人」が主語になり、「立場の弱い人」に「～(さ)せる」のように使われる。

・　親が　　　　　子どもに　　　　野菜を　食べさせる。
　　立場が上・強い　立場が下・弱い　　　　　使役

無理に: forcibly, 勉強的, 무리하게
立場: position, 立場, 입장

② 使役(許可)で一緒に使われる表現

🔗 相手がしたいと思っていることを許可する場合、「自由に」などの言葉と一緒に使われることが多い。

・子どもに自由におかしを選ばせる。

③ 使役受身形(誘発)でよく使われる動詞

🔗 使役受身形の誘発(感情の変化)の意味では、思考動詞・感情を表す動詞(感動する、感心する、驚く)がよく使われる。

思考動詞 ➡ ❓p.247

・戦争についての本を読んで、いろいろ考えさせられた。

・彼の心温まるスピーチに感動させられた。

・幼い彼女が、大人のような発言をしたことに、みんなが驚かされた。

・彼女はいつもボランティアをしていて、感心させられる。

④ 使役の「放置」の意味

相手がしている動作を止めないで放っておくという意味を表す。

⚭ 「そのまま」と一緒に使うことが多い。

・子どもがおもちゃで遊んでいるので、そのまま遊ばせておく。

放置: leaving as is, 放置, 방치

放っておく: to leave alone/to leave as is, 放任, 그대로 두다

⑤ 使役を使った丁寧な依頼表現

相手に丁寧に依頼する場合、「**使役形＋～ていただく／くださる**」のほかに「**使役形＋～てもらう／くれる**」を使うこともできる。この場合、敬語を使った表現よりも丁寧度は低くなる。

・このパソコンを使わせていただけませんか。

このパソコン、使わせてもらいたいんだけどいい？

このパソコン、使わせてもらえないかな？

このパソコン、使わせてもらってもいい？

このパソコン、使わせてもらえる？

このパソコン、使わせてくれない？

このパソコン、使わせてくれる？

丁寧度 ↑ 高い ／ 低い

丁寧度: degree of politeness, 礼貌度, 정중도

⑥ 受身文と使役文の意味の違い

受身文 ＝ 受身文は主語(話し手)が相手の動作の影響を受けたことを表す。動作を受ける人(受身文の主語、話し手)の立場に注目して表現するときに使う。

使役文 ＝ 使役文は相手(もしくは聞き手)の行為や感情の変化を表す。動作をする人(使役文の動作主、聞き手)の立場に注目して表現するときに使う。

→ 受身形の「怒られた」は、子どもが先生の「怒る」という行為を受けたことを表し、使役形の「怒らせた」は、子どもがいたずらをしたことによって、先生の中に「怒る」という感情の変化が起きたことを表す。

受身文：子どもがいたずらをして学校の先生に怒られた。

(先生が子どもを怒った)

使役文：子どもがいたずらをして学校の先生を怒らせた。

(先生の感情が変化した)

影響: effect, 影响, 영향

もしくは: or, 或者, 또는

練習2

▶ 次の a.～d. の中で、最もふさわしいものを選んでください。

1. この会社の社長は、いつも部下を遅くまで(　　　)。
   a. 働いてもらう　　b. 働かれる　　c. 働かせる　　d. 働かされる

2. この会社の社員は、いつも社長に残業(　　　)ている。
   a. され　　b. させ　　c. させてもらっ　　d. させられ

3. 忙しいのに、友だちのひっこしを(　　　)。
   a. 手伝ってもらった　　b. 手伝われた　　c. 手伝わせた　　d. 手伝わされた

4. こんなに小さな子どもを(　　　)なんて、大人気ないよ。
   a. 泣いてもらう　　b. 泣かれる　　c. 泣かせる　　d. 泣かされる

5. 子どもたちは、いつもいたずらをして、学校の先生を(　　　)。
   a. 怒ってもらう　　b. 怒られる　　c. 怒らせる　　d. 怒らされる

6. 大切にしていたまんがを、母親に(　　　)。
   a. 捨ててもらった　　b. 捨てられた　　c. 捨てさせた　　d. 捨てられさせた

7. 交番で道を(　　　)ので、すぐに分かりましたよ。
   a. 教えてもらった　　b. 教えてくれた　　c. 教えさせた　　d. 教えさせられた

8. 出かけると言ってからもう1時間…。妻の支度の遅さには、いつもイライラ(　　　)。
   a. させる　　b. させている　　c. される　　d. させられる

9. 聞こえないので、もっと大きい声で(　　　)ください。
   a. 話させて　　b. 話して　　c. 話させられて　　d. 話されて

10. 母親：今日は天気がよかったので、1日中、子どもを外で(　　　)。
    a. 遊びました　　b. 遊ばれました　　c. 遊んでもらいました　　d. 遊ばせました

✏️ 文作り

▶ この課の項目(使役・使役受身)を使って文を作ってください。9番の(　)の中は、①・②どちらかを使って文章を作ってください。

1. すみません。熱があるので、＿＿＿＿＿＿＿＿＿＿＿＿＿＿＿ください。

2. 彼女はいつも彼氏に＿＿＿＿＿＿＿＿＿＿＿＿＿＿＿いるんだって。

3. 昨日は社長に遅くまで＿＿＿＿＿＿＿＿＿＿＿から疲れちゃったよ。

4. 彼女とデートをすると、いつも＿＿＿＿＿＿＿＿＿＿＿＿＿＿＿。

5. 子どものころ、よく両親に＿＿＿＿＿＿＿＿＿＿＿＿＿＿＿。

6. ちょっとした一言で、友人を＿＿＿＿＿＿＿しまった。それ以降、口をきいてくれない。

7. ごめん！ちょっとそのパソコンを＿＿＿＿＿＿＿＿＿くれない？急いでメールをチェックしたいんだ。

8. 私が試験に落ちたせいで、家庭教師の先生を＿＿＿＿＿＿＿＿＿＿＿。

9. 私の両親はとても厳しいので、私(①に・②を)自由に＿＿＿＿＿＿＿＿＿＿＿＿＿＿＿＿＿＿＿＿＿＿くれない。

10. 司会：そろそろ会議を始める時間ですが、電車の事故でまだお越しでない方がいらっしゃるので、本日のこれからのスケジュールを＿＿＿＿＿＿＿＿＿＿＿＿＿＿＿。

■ 間違い探し

▶ 次の文には間違いがあります。間違っているところに＿＿＿を引いて、正しく直してください。

1. 部長、私は、仕事を担当させてください。

2. 私はあがり症なのに、みんなの前で話さされた。

3. 母：これ以上お母さんを心配させられないでよ。あなたはもう20歳でしょ。

　娘：はーい。

4. すみません。もう30分も待たせているんですけど、料理はまだですか。

5. 父は昔、女性に人気があったそうだが、同じ話を何度も聞かせてうんざりだ。

用例見つけた！

下の文章に、この課で勉強した項目（使役・使役受身）が、使われています。どのように使われているか意味を考えながら、次の文章を読んでみましょう。

　日本の職場で働けば当然電話を取ることになる。しかし、日本語が上手な外国人でも電話となると失礼な話し方になりがちだ。電話を取るときには、「はい、A会社です」とまず会社名を名乗る。相手に「Bさんをお願いします」と言われ、Bがいない場合にどう答えるべきだろうか。
　電話の応対に慣れていない外国人は「Bさんは、出かけています」と答えてしまうかもしれない。職場ではBさんと呼んでいても、社外の人に対しては、「Bは、出かけています」のように「さん」をつけない。「さん」は敬称なので、たとえ、社長でも呼び捨てにするのが慣わしだ。
　Bがいない場合には、「また、電話してください」ではなく、「戻ったら電話させましょうか」などと応対する。そして相手の名前、会社名、電話番号を聞く。このようなエチケットは、ビジネスにも差しさわりがでるので、入社したらすぐに学ぶべきである。

「電話での話し方にもルールがある」より
Hir@gana Times (2008.5) p.16

名乗る: to give the name, 自報姓名, 이름을 대다
社外: outside the company, 公司外, 회사 밖
敬称: honorific suffix, 敬称, 경칭
呼び捨て: addressing someone without using an honorific suffix, 直呼其名, 경칭을 쓰지 않고 이름만 부르는 것
慣わし: custom, 习惯, 풍습
応対: answering, 応対, 응대
差しさわり: negative effect, 障碍, 지장
ビジネス: business, 商务, 비지니스
入社: entering a company, 进入公司, 입사

クロージング・トーク

　ぼくの母はとてもきびしいです。いつもいろいろなことをさせられます。今日は、学校から帰ってすぐに料理を手伝わされました。お風呂掃除もさせられました。それだけではなく、もちろん毎日、勉強もさせられています。母は何でもぼくにさせるけど、させられるぼくは大変です。

23 推量・伝聞

スタート・トーク

次のような場面で、2人の会話はどうなるでしょうか。＿＿＿に適切な表現を書いて、会話を完成させてください。

① 今入ってきた人、見て。
外は a.＿＿＿＿＿＿＿だよ。
どうしよう。
私、かさ持って来てない。

② そうだ。朝、駅で誰かが話しているのを聞いたんだけど、夜もずっと
b.＿＿＿＿＿＿＿よ。

③ ホント？
じゃ、かさ、買わなきゃ。

この課の表現

推量　「～ようだ」「～みたいだ」「～そうだ」「～らしい」
伝聞　「～そうだ」「～らしい」「～とのことだ」

確認

【推量・伝聞とは】

「推量」とは、何かを見たり聞いたりして、物の状態や人の気持ちを予想することである。本当にそうかどうかは分からない。「伝聞」とは、他の人から聞いた話を、別の人に話すことである。

推量: guess, 推量, 추량
伝聞: hearsay/rumor, 传闻, 전문
状態: situation, 状态, 상태
予想する: to predict/anticipate, 预想, 예상하다

【推量】

(1) ～ようだ

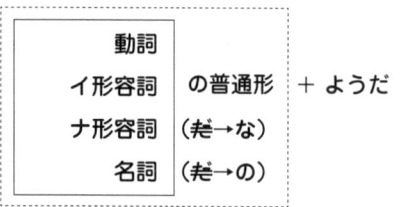

```
動詞
イ形容詞    の普通形      ＋ ようだ
ナ形容詞   (だ→な)
名詞      (だ→の)
```

220

	動詞	イ形容詞	ナ形容詞	名詞
肯定	行くようだ	おもしろいようだ	便利だようだ →便利なようだ	事故だようだ →事故のようだ
否定	行かないようだ	おもしろくないようだ	便利じゃないようだ	事故じゃないようだ

※「〜ようだ」の活用は、ナ形容詞と同じである。

〜ようだ	〜ように	〜ような	〜ようで

意味 その場の状況から(実際に見たり聞いたり触ったりして)感覚的、直感的に判断すること。断定はできないがそう思っていることを表す。

→「〜ようだ」は書き言葉でも話し言葉でもよく使われる。話し言葉で使われるときは、フォーマルな場面が多い。

・車の到着が遅れております。高速道路で事故があったようです。

・立秋が過ぎても夏のような暑さが続いておりますが、いかがお過ごしでしょうか。

・この場所から見ると、ビルが傾いているように見える。

状況: circumstance, 状況, 상황
実際に: in actuality, 実際上, 실제로
感覚的に: with the senses, 感覚的, 감각적으로
直感的に: intuitively, 直感的, 직감적으로
判断する: to determine, 判断, 판단하다
断定する: to make a decision, 断定, 단정하다

書き言葉 →p.245
話し言葉 →p.251
フォーマルな場面 →p.252

(2) 〜みたいだ

```
動詞
イ形容詞       の普通形  + みたいだ
名詞／ナ形容詞   (だ)
```

	動詞	イ形容詞	ナ形容詞	名詞
肯定	行くみたいだ	おもしろいみたいだ	便利だみたいだ →便利みたいだ	事故だみたいだ →事故みたいだ
否定	行かないみたいだ	おもしろくないみたいだ	便利{じゃ／では} ないみたいだ	事故{じゃ／では} ないみたいだ

※「〜みたいだ」の活用は、ナ形容詞と同じである。

〜みたいだ	〜みたいな	〜みたいに	〜みたいで

意味 「〜ようだ」と同じで、その場の状況から(実際に見たり聞いたり触ったりして)感覚的、直感的に判断すること。

→「〜みたいだ」は話し言葉で使うことが多い。

・車が動かないね。事故みたいだね。

・ねえ、疲れてるみたいに見えるんだけど、大丈夫?

23 推量・伝聞

(3) ～そうだ

```
動詞　のマス形（ま+す+）
イ形容詞　の基本形（+い+）     ＋ そうだ
ナ形容詞　　　　（+な+）
```

「いい」→「よさそうだ」　　「ない」→「なさそうだ」
「名詞＋そうだ」はないが、「名詞＋じゃなさそうだ」は使える。

	動詞	イ形容詞	ナ形容詞
肯定	倒れま+す+そうだ →倒れそうだ	おもしろそうだ	便利+な+そうだ →便利そうだ
否定	倒れなさそうだ	おもしろくなさそうだ	便利じゃなさそうだ

※「～そうだ」の活用は、ナ形容詞と同じである。
　～そうだ　　～そうな　　～そうに　　～そうで

意味1　今現在、目で確認できる様子や状態について述べる。

🔗 形容詞や状態を表す「～ている」と結びつくことが多い。

→ 見た目から想像するが、想像する内容が本当かどうかは分からないときに使う。実際にそうであるということがはっきり分かる場合には「そうだ」は使えない。

・［○］おいしそうな料理がたくさんある。

・［×］あの人は背が高そうだ。→［○］高い。

・あの人は体格がいいから、何かスポーツをやって(い)そうだ。

◆ 否定の形＝「～なさそうだ」

・この料理はおいしくなさそうだ。

・あの人は、服装や態度からするとまじめじゃ／ではなさそうだ。

・あの人のまっすぐな目から考えると、うそはついて(い)なさそうだ。

意味2　目の前にある状態を確認し、人の動作や物の変化が起こる直前の様子について述べる。

```
動詞 ＋ そうだ     ※ 動詞にのみつく
```

・ボールが落ちそうだ。

・木が倒れそうだ。

・川があふれそうだ。

◆ 否定の形＝「～ないだろう」（ただし、「～しない」という状態を現在の様子と考える場合、「～なさそう」を使うこともできる。）

・今日のこのくらいの台風なら、この木は倒れないだろう。
　　　　　　　　　　　　　　　倒れなさそうだ。

現在: the present moment, 現在, 현재

様子: outward appearance, 状況, 모습

結びつく: to tie together, 結合, 연결되다

見た目: appearance, 外表, 겉보기, 외관

想像する: to imagine, 想象, 상상하다

変化: change, 変化, 변화

直前: directly before, 正要…的时候, 직전

意味3 目で確認できることから、物や天気などの状態の変化について述べる。人（自分）がやろうとしている動作ができるかどうか、やる前に予測する。どちらも少し時間が経ってから起こることについて述べる。

予測する：to predict, 预测, 예측하다

| 動詞 + そうだ | ※ 動詞にのみつく |

→ 人の動作の場合、前の動詞は可能形か可能の意味を表す自動詞を使う。

・雨が弱くなってきた。もうすぐ<u>やみそうだ</u>。

・このくらいの問題なら、5分で<u>解けそうだ</u>。

・この記事なら、そんなに難しくないから私にも<u>読めそうだ</u>。

◆ 否定の形＝「そうにない」

・雨が激しく降っている。当分<u>やみそうにない</u>。

・この問題は難しいから、5分では<u>解けそうにない</u>。

・この記事は専門的な内容が多いから、私には<u>読めそうにない</u>。

（4）～らしい

| 動詞 |
| イ形容詞 | の普通形 ＋ らしい |
| 名詞／ナ形容詞 | (~~だ~~) |

	動詞	イ形容詞	ナ形容詞	名詞
肯定	行くらしい	おもしろいらしい	便利~~だ~~らしい →便利らしい	事故~~だ~~らしい →事故らしい
否定	行かないらしい	おもしろくないらしい	便利{じゃ／では}ないらしい	事故{じゃ／では}ないらしい

※「～らしい」の活用は、イ形容詞と同じである。

| ～らしい | ～らしく | ～らしくて |

意味 いろいろな状況から客観的に判断した内容を伝えるだけで、話し手はその内容に確信を持っていない。また、その内容について責任がないと感じたときに使う。

客観的 ➡ ? p.246
確信：conviction, 确信, 확신

・彼はさっきから机の中を見たり、かばんの中を見たりしている。何かを探している<u>らしい</u>。

・あの人は誰かを待っている<u>らしく</u>、何度も時計を見ている。

■推量の「～ようだ」「～みたいだ」「～そうだ」「～らしい」のまとめ

	意　味	例　文
ようだ	見たり聞いたり、感じたりしたことから、直感で判断する。フォーマルな会話や書き言葉で使う。	車が動きませんね。事故の**ようです**ね。
みたいだ	見たり聞いたり、感じたりしたことから、直感で判断する。カジュアルな会話で使う。	車が動かないね。事故**みたいだ**ね。
そうだ	**意味1** 話し手が感じたこと。その場で、見てすぐに想像できることを言う。しかし、実際は本当にそうかどうかは分からない。	肯定: ・このケーキはおいし**そうだ**。 ・あの人、まじめ**そうな**人だね。 ・スポーツをやってい**そうだ**。 否定: ・あの人、まじめじゃ**なさそう**だね。 ・うそはついてい**なさそうだ**。
	意味2 すぐに起こる状況の変化について述べる。	肯定: ・ボールが落ち**そうだ**。 ・木が倒れ**そうだ**。 否定: ・このボールは落ち**ないだろう**。 　落ち**なさそうだ**。 ・この木は倒れ**ないだろう**。 　倒れ**なさそうだ**。
	意味3 やってみる前に、できるかどうかを予想する。	肯定: ・このくらいの問題なら、5分で解け**そうだ**。 ・この量なら、一人で食べられ**そうだ**。 否定: ・この問題は、5分では解け**そうにない**。 ・この量は、一人では食べられ**そうにない**。
らしい	客観的な根拠から考える。考えた内容が正しいかどうかは分からない。	彼はさっきから机の中を見たり、かばんの中を見たりしている。何かを探している**らしい**。

フォーマルな会話: formal conversation, 正式的会话, 포멀한 회화

カジュアルな会話: casual conversation, 休闲的会话, 캐주얼한 회화

【伝聞】

(5) ～そうだ

| 動詞／イ形容詞／ナ形容詞／名詞 |　の普通形　＋　そうだ |

	動　詞	イ形容詞	ナ形容詞	名　詞
肯定	行くそうだ	おもしろいそうだ	便利だそうだ	事故だそうだ
否定	行かないそうだ	おもしろくないそうだ	便利じゃないそうだ	事故じゃないそうだ

意味　聞いたことを、はっきりした根拠を持って、そのまま他の人に伝える。

→ 「～そうだ」自体は変化せず、前の動詞（行く）が変化する。

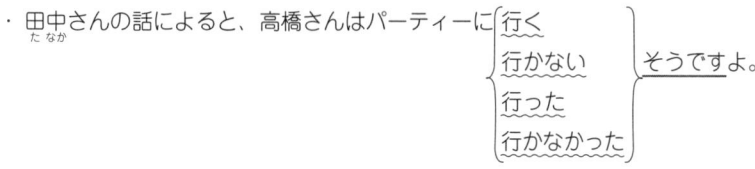

・田中さんの話によると、高橋さんはパーティーに { 行く / 行かない / 行った / 行かなかった } そうですよ。

根拠がある: to be well-grounded, 有根据, 근거가 있다

自体: itself, 自身, 자체

(6) ～って、～んだって

| 動詞／イ形容詞／ナ形容詞／名詞　の普通形　＋　って |

| 動詞／イ形容詞
名詞／ナ形容詞 | の普通形
(だ→な) | ＋　んだって |

	動　詞	イ形容詞	ナ形容詞	名　詞
～って	行くって	おもしろいって	便利だって	事故だって
～んだって	行くんだって	おもしろいんだって	便利なんだって	事故なんだって

意味　話し言葉で聞いたことを他の人に伝えるときに使う。

→ 「～って」は、「～と聞いた」「～という話だ」が短くなった形である。「～らしいって」のように、「～らしい」と一緒に使うことができる。

→ 「～って聞いた」「～って話だ」のように、動詞や名詞が後ろに来ることができる。

・田中さんの奥さん、料理が上手なんだって。

・田中さん、来月結婚するって聞いたけど、本当かな。

(7) ～らしい

| 動詞／イ形容詞
名詞／ナ形容詞 | の普通形
(だ) | ＋　らしい |

意味　聞いたことを伝えるが、伝える人はその根拠に確信が持てないことを表す。

・うわさによると、田中さんは来月結婚するらしいですよ。

(8) 〜とのことだ

| | 動詞／イ形容詞／ナ形容詞／名詞 | の普通形 ＋ とのことだ |

	動詞	イ形容詞	ナ形容詞	名詞
肯定	行くとのことだ	おもしろいとのことだ	便利だとのことだ	事故だとのことだ

意味 話し手の言葉をそのまま伝える。報告、連絡のときに使うことが多い。聞いた内容をそのまま伝えるので、推量や命令などの形や、丁寧体と一緒に使う。

報告：report, 报告, 보고

- 大雨による影響で、電車に遅れが出ているとのことだ。
- ［○］詳しいことについては、また相談しましょうとのことです。

  ［×］詳しいことについては、また相談しましょうそうです。

  ［×］詳しいことについては、また相談しましょうらしいです。

→ 「〜とのことだ」の前に名詞、ナ形容詞を使う場合、その形は普通形だが、現在のことについて話すとき、「だ」をつけないこともある。

・山で遭難していた2人が救助されました。2人とも無事とのことです。

練習1

▶ 次の a. と b. のうち、ふさわしいほうを選んでください。

1. 雨も風もひどくなった。台風が（　　　）ようだ。

   a. 近づいて　　　b. 近づいている

2. 〈外から本屋の中を見て〉

   A：探してる雑誌、ここにはあるかな？

   B：んー、ちょっと見た感じ、ここは専門書ばかりだから雑誌は（　　　）そうだね。

   a. ない　　　b. なさ

3. この本はあまり難しくないから、2日あれば（　　　）そうだ。

   a. 読む　　　b. 読め

4. 今朝のニュースによると、週末は（　　　）そうだよ。

   a. 晴れ　　　b. 晴れる

5. A：涙が止まらない。

   B：私は花粉症じゃないからわからないんですけど、花粉症の人はこの時期、マスクをしたり、めがねをかけたり、病院に行ったり…（　　）ようですね。

   a. 大変の　　　b. 大変な

6. 最近、田中さんは暗い顔をしている。どうやら何か悩んでいる（　　）。

   a. らしい　　　b. そうだ

7. A：頭痛、大丈夫？

   B：うん。少し休んだらよくなってきた（　　）。

   a. らしい　　　b. みたい

8. 田中さんが一番好きな食べ物は、カレーライスだ（　　）。

   a. そうだ　　　b. らしい

9. 〈メモ〉山田さんへ。5時ごろ、リンさんから電話がありました。

   帰ったら電話ください（　　）。

   a. そうです　　b. とのことです

10. A：ねえ、聞いた？あの会社、倒産する（　　）ってうわさだよ。

    B：え、ホント？

    a. らしい　　　b. とのことだ

さらにレベルアップ

【一緒に使われる表現】

① 推量の「～そうだ」「～らしい」と一緒に使われる表現

　「今にも」「どうやら」などの副詞とよく一緒に使われる。

→「今にも」は、これからすぐに起こる変化を表すので、「動詞のマス形＋そうだ」と一緒に使う。

「どうやら」は、はっきり分からないことを表すので、推測の表現「～ようだ」「～みたいだ」「～そうだ」「～らしい」のすべての表現と一緒に使える。

・あの女の子は今にも泣き出しそうです。

・どうやら犯人はここから逃げたらしい。

今にも: at any moment, 即将, 지금이라도

どうやら: it appears like, 似乎, 아무래도

推測: guess, 推測, 추측

23 推量・伝聞

② 伝聞の「～そうだ」「～とのことだ」と一緒に使われる表現

🔗「～によると」「～の話では」など、どこからの情報かを表す表現がよく一緒に使われる。

- 田中さんによると、奥さんは料理が上手だそうだ。
- 田中さんの話では、10時には到着するだろうとのことだ。

情報：information, 情报, 정보

③ 伝聞の「～らしい」と一緒に使われる表現

🔗「うわさだけど」「はっきり分からないんだけど」など、不確かな意味を表す表現が一緒に使われることがある。

- うわさだけど、山下さんが家を買ったらしい。
- はっきり分からないんだけど、うちのアパート、来年から家賃が上がるらしいんだ。

うわさ：rumor, 传闻, 소문
不確かな意味：uncertain meaning, 不确定, 불확실한 의미

【推量の表現が使えない場合】

④「～らしい」が使えない場合

「～らしい」は、自分自身に関すること（体調など）には使えない。

- [×] 私、最近疲れてるらしい。
- [○] 疲れてるみたい。

体調：bodily condition, 身体状况, 몸상태

【接続の形の注意点】

⑤「～そうだ」の前の動詞

自分の意志で行う動作の場合、動作動詞はそのまま使えないので、可能形にする。他の人の動作について述べる場合は、動作動詞の辞書形を使うことができる。

- [×] 今お腹がいっぱいだけど、甘いものなら食べそうだ。

  [○] 今お腹がいっぱいだけど、甘いものなら ┌ 食べられそうだ。〈自分の可能性の推測〉
  └ 食べられる。〈可能形〉

  [○] 佐藤さんは、若いし体も大きいからたくさん食べそうだ。
  〈他人の可能性の推測〉

- [×] このぐらいの薄さの本なら、一晩で読みそうだ。

  [○] このぐらいの薄さの本なら、一晩で ┌ 読めそうだ。〈自分の可能性の推測〉
  └ 読める。〈可能形〉

  [○] 佐藤さんは、本を読むのが速いから、この本なら一晩で読みそうだ。
  〈他人の可能性の推測〉

接続 ➡❓p.249
動作動詞 ➡❓p.250

【他の用法】

⑥「〜ようだ」「〜みたいだ」の他の用法

「〜ようだ」「〜みたいだ」は何かを別のものに例えて言う場合にも使える。

🔗 副詞「まるで」を一緒に使うことが多い。

・これが寮ですか。広いし、きれいだし、まるでホテルのようですね。

・今日、女の子みたいな男の子を見たよ。

⑦「〜らしい」の他の用法

「〜らしい」には、そのものの特徴をよく表すという意味の使い方もある。

・最近、桜も咲いて春らしくなってきた。

・あの人は男らしい人だ。

用法: directions, 用法, 용법

例える: to compare/to give a metaphor, 比喩, 예를 들다, 비유하다

まるで: quite/considerably, 恰似, 마치

特徴: characteristic, 特征, 특징

練習2

▶ 次の a.〜d. の中で、最もふさわしいものを選んでください。

1. 山本さんはいつも(　　　)そうなかばんを持っていますね。
   a. 重い　　　b. 重いの　　　c. 重　　　d. 重く

2. 田中さんは最近元気がないって聞いてたけど、会ってみたら、思ったより(　　　)そうだったから安心した。
   a. 元気　　　b. 元気だ　　　c. 元気な　　　d. 元気の

3. あのレストランは(　　　)だそうですよ。テレビで紹介されたから、この街の人はみんな知っているんですって。
   a. 有名じゃない　　　b. 有名じゃなさ　　　c. 有名　　　d. 有名な

4. 大変！昨日からの大雨で、今にも川が(　　　)そうだ。
   a. あふれる　　　b. あふれた　　　c. あふれ　　　d. あふれなさ

5. A：山田さん、社長から伝言で、3時に社長室に(　　　)とのことです。
   B：あ、すぐ行きます。ありがとう。
   a. 来る　　　b. 来た　　　c. 来い　　　d. 来よう

6. 親戚の子は、この人形が好き(　　　)、取り上げると泣くんです。
   a. だそうで　　　b. ようで　　　c. だみたいで　　　d. らしくて

7. 昨日から体調が悪かったんですが、熱が出てきた(　　)なんです。今日はこれで早退してもよろしいでしょうか。

　　a. そう　　　b. みたい　　　c. らしい　　　d. とのこと

8. A：あ、大変。靴のひもが(　　)よ。

　　B：本当だ。早く直さなきゃ。ちょっと待ってて。

　　a. ほどけるらしい　　b. ほどけるそうだ　　c. ほどけるようだ　　d. ほどけそうだ

9. A：この島のどこかに宝物が埋まっている(　　)よ。

　　B：え！本当？

　　A：誰も見つけた人はいないんだけどね。

　　a. そうだ　　b. らしい　　c. とのことだ　　d. ようだ

10. 台風は、明日の午後には、日本列島を離れるだろう(　　)。

　　a. そうです　　b. らしいです　　c. とのことです　　d. みたいです

文作り

▶ この課の項目（推量・伝聞）を使って文を作ってください。

1. A：田中さん、今、部屋にいるかなあ。

　　B：音がしない…。＿＿＿＿＿＿＿＿＿＿＿＿みたいだね。

2. 今日は風が強いね。あそこ見て。

　　干してある洗濯物が＿＿＿＿＿＿＿＿そうだけど、大丈夫かな。

3. A：どうしたの？その犬。

　　B：わかんないけど、ついて来るんだ。首輪もないし、どうやら＿＿＿＿＿＿＿＿らしい。

4. 親：どうしてお化粧するの！高校生なんだから、＿＿＿＿＿＿＿＿しなさい！

5. 〈車で移動している〉

　　今日は車が少ないから、このまま行けばあと20分で＿＿＿＿＿＿＿＿そうだ。

6. a.＿＿＿＿＿＿＿＿はまるでb.＿＿＿＿＿＿＿＿＿＿＿＿＿＿＿＿。

7. ニュースによると、＿＿＿＿＿＿＿＿＿＿＿＿＿＿＿＿＿＿＿＿＿＿。

8. まだ分からないんだけど、＿＿＿＿＿＿＿＿＿＿＿＿＿＿＿＿＿＿＿＿＿＿＿。

9. a.＿＿＿＿＿＿から連絡が入りました。b.＿＿＿＿＿＿＿＿＿＿＿＿＿＿＿＿とのことです。

10.〈クラスメートに、その人の国のことを聞いて、書いてください〉

　　a.＿＿＿＿＿さんの話によると、b.＿＿＿＿＿＿＿＿では c.＿＿＿＿＿＿＿＿＿＿＿＿＿そうです。

間違い探し

▶ 次の文には間違いがあります。間違っているところに＿＿＿＿＿を引いて、正しく直してください。

1. A：この袋の中身は何でしょうか？

　　B：うーん、この大きさと手触りから考えると、ハンカチらしいですね。

2. この仕事量ならたいしたことないから、私一人でできるようです。

3. 山下さんに聞いたんですが、スミスさんは日本語が上手そうですよ。

4. 木村さんによると、駅前のお店はおいしいそうではないよ。

5. 昨日の夜から何も食べていなくて、お腹がすいて死ぬようだ。

用例見つけた！ 下の文章に、この課で勉強した項目（推量・伝聞）が、使われています。どのように使われているか意味を考えながら、次の文章を読んでみましょう。

　昔から、くしゃみをしたらうわさされている、とよく言われている。これは、迷信の一種であろうが、全国的に広がっている事から、かなり信ぴょう性の高い迷信ではないだろうか。
　くしゃみをした数で、どんなうわさかも分かるらしい。よく信じられている説は
1回だと、ほめられている（良いうわさ話をされている）。
2回だと、そしられている（悪口を言われている）。
3回だと、ホレられている（誰かに好かれている）。
4回以上は、ホントの風邪である。

「くしゃみの不思議」より
http://www.niji.or.jp/home/spectrum/FU/fushigi02.html　2010.3.21

くしゃみ：a sneeze, 喷嚏, 재채기
迷信：superstition, 迷信, 미신
一種：one type of, 一种, 일종
全国的：throughout the country, 全国的, 전국적
信ぴょう性：credibility, 可靠性, 신빙성
説：opinion, 说法, 설
そしる：to speak ill of, 诽谤, 비방하다
悪口：slander/ to say bad things of, 坏话, 욕
ほれる：to fall in love, 爱慕, 반하다

クロージング・トーク

　ぬれたかさを持った人がお店に入ってきた。外が見えないから分からないけど、雨が降っているようだ。その人は、肩までぬれているし髪もぼさぼさだから、風も強そうだ。友だちの話によると、今夜は台風が来るそうだから、今日は早く帰ろう。

24 判断・義務

スタート・トーク

次のような場面で、2人の会話はどうなるでしょうか。＿＿＿に適切な表現を書いて、会話を完成させてください。

① あ、財布が落ちてる。

② ホントだ。結構大きい財布だね。中身がたくさんありそう…。

③ 落とした人は、きっと
a.＿＿＿＿＿＿＿＿＿
ね。

④ そうだね。こういう場合、やっぱりこの財布、交番に
b.＿＿＿＿＿＿＿＿＿だよね。

この課の表現

判断　「～かもしれない」「～だろう／でしょう」「～にちがいない」「～はずだ」
義務　「～べきだ」「～なければならない」

確認

【判断】

(1) ～かもしれない

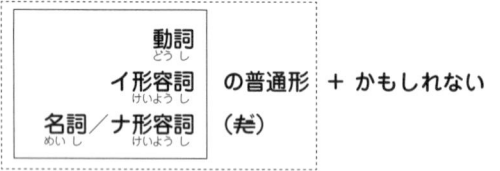

| 動詞 |
| イ形容詞 | の普通形 ＋ かもしれない |
| 名詞／ナ形容詞 | (だ) |

動詞	イ形容詞	ナ形容詞	名詞
行くかもしれない	おもしろいかもしれない	便利かもしれない	事故かもしれない

意味　「～かどうかはっきり分からない」「～である／～になる可能性が少しある」という意味。

◎「もしかしたら／もしかすると」「ひょっとすると」とよく一緒に使う。

・あれ、テレビがつかない。もしかしたら故障かもしれないな。

判断: judgment, 判断, 판단

もしかしたら: perhaps, 或许, 어쩌면

もしかすると: perhaps, 或许, 아마도

ひょっとすると: perhaps/possibily, 或许, 자칫하면

（2）〜だろう／でしょう

```
┌─────────────┐
│   動詞      │
│  イ形容詞   │  の普通形   ＋ だろう／でしょう
│ 名詞／ナ形容詞│   (だ)
└─────────────┘
```

動詞	イ形容詞	ナ形容詞	名詞
行くだろう	おもしろいだろう	便利だろう	事故だろう

意味「たぶんそうだと思う」「〜である／〜になる可能性が高い」という意味。
→「〜だろう」は普通体、「〜でしょう」は丁寧体で使う。

○○「たぶん」「おそらく」「きっと」と一緒に使うことが多い。

・この試合は、Ａチームが勝つだろう。

・〈病院で〉
　医者：随分回復しましたね。おそらくあと２、３日で退院できるでしょう。

（3）〜にちがいない

```
┌─────────────┐
│   動詞      │
│  イ形容詞   │  の普通形   ＋ にちがいない
│ 名詞／ナ形容詞│   (だ)
└─────────────┘
```

動詞	イ形容詞	ナ形容詞	名詞
行くにちがいない	おもしろいにちがいない	便利にちがいない	事故にちがいない

意味「強く〜だと思う」という意味。現時点の話し手の主観による判断を表す。強い主観を表すため、使える場面や相手は限られる。論評などの書き言葉に使うことが多いが、話し言葉では主観的なことを言うときに使うこともある。

○○「きっと」「絶対」など強調の意味を表す表現と一緒に使うことが多い。

・あの２人はいつも一緒に行動している！　２人はきっと付き合っているにちがいない。

→ 理由を推測して「〜からにちがいない」という言い方もできる。

・彼女が仕事をやめたのは、結婚が決まったからにちがいない。

---

24 判断・義務

現時点: present point in time, 现在, 현시점
論評: comments, 评论, 논평
書き言葉 ➡ ❓p.245
話し言葉 ➡ ❓p.251
主観的 ➡ ❓p.248

推測する: to guess, 推測, 추측하다

(4) ～はずだ

```
動詞
イ形容詞   の普通形    ＋ はずだ
ナ形容詞   (だ→な)
名詞      (だ→の)
```

	動詞	イ形容詞	ナ形容詞	名詞
肯定	行くはずだ	おもしろいはずだ	便利なはずだ	事故のはずだ
否定	行かないはずだ	おもしろくないはずだ	便利じゃないはずだ	事故じゃないはずだ

意味1 論理的に考えてその結論である、または、その結論になることを当然だと思っているという意味。

→ そう思う客観的な理由・原因、根拠があるときに使う。

- A：田中さんは、車の運転できるかな。
- B：ああ、普段、車に乗っているって言ってたから、できるはずだよ。

意味2 自分の行動から考えると、当然そうなるだろう、当然その状態だろうと思っていたのに、そうではなくて、「変だ」と思う気持ちを表す。

- さっき、ポケットに切符を入れたから、入っているはずなんだけど…。

【根拠・確信の強さ】

弱い ←――――――――――――――――――→ 強い
　　かもしれない ＜ だろう ＜ にちがいない／はずだ

論理的: logical, 逻辑的, 논리적

結論: conclussion, 结论, 결론

客観的 ➡ p.246

【義務】

(5) ～べきだ

```
動詞の辞書形 ＋ べきだ
```

※3グループの「する」→「すべきだ／するべきだ」

意味1 「一般的には～するのが当然だ」「～するのが正しい」「～しなければならない」「～したほうがいい」の意味。

- 目的達成のために、みんなで協力するべきだ。
- この本はぜひ読んでおくべきだ。

義務: obligation, 义务, 의무

意味2 「ある状況になったので、その状況なら必ず」という意味を表す。個人的な考えではなく、一般的・常識的な考えを表すときに「～べきだ」を使う。

⚭ 「～からには」「～以上は」「当然」と一緒に使うことが多い。

・やると言ったからにはやるべきだ。
・引き受けた以上は、最後まで責任を持つべきだ。
・借りた物は当然返すべきだ。

◆ 否定の形＝「～べきではない」

意味 「～するのはよくない」という意味を表す。

・人の悪口を言うべきではない。

個人的な: individual, 个人的, 개인적인
常識的な: common, 常识的, 상식적인

(6) ～なければならない

| 動詞／イ形容詞 | のナイ形 | ＋ なければならない |
| ナ形容詞／名詞 | (~~ない~~) | |

動詞	イ形容詞
行かなければならない	赤くなければならない

ナ形容詞	名詞
便利{で／じゃ}なければならない	事故{で／じゃ}なければならない

ナイ形 ➡ 凡例

意味 話し手自身、もしくは、他の人の行為について、当然必要だと思うことを表す。社会的なモラルを表すこともできる。

・大人は子どもを守らなければならない。

→ 同じ意味を表す表現に「～なくてはならない／～なくてはいけない」という言い方がある。

⚭ 「必ず」「～(時間)まで(に)」と一緒に使うことが多い。

・今日の5時までに宿題を出さなければならない。

→ 話し言葉では、「～なければ」が「～なきゃ」になる。「～ならない／いけない」は省略することがある。

・あ、授業に遅れそう！早く行かなきゃ。

自身: themself/one's self, 自身, 자신
もしくは: or, 或者, 또는
行為: deed, 行为, 행위
モラル: moral, 道德, 윤리, 도덕

省略する: to abbreviate, 省略, 생략하다

練習1

▶ 次の a. と b. のうち、ふさわしいほうを選んでください。

1. この足跡から考えると、犯人は（　　）ちがいない。
   a. 男に　　　b. 男の

2. ちょっとのどが痛い。（　　）かもしれないな。
   a. 風邪　　　b. 風邪だ

3. このぐらいの問題なら、10分あれば（　　）だろう。早くやってしまおう。
   a. できる　　b. できた

4. 子どものバス料金は、確か（　　）はずだ。
   a. 半額な　　b. 半額の

5. 社員が残業をしたら、会社は残業代を（　　）べきだ。
   a. 払い　　　b. 払う

6. 今日はお客さんが来るので、5時までに（　　）なければならない。
   a. 帰ら　　　b. 帰

7. 一度決めたことは、簡単に（　　）。
   a. 変えないべきだ　　　b. 変えるべきではない

8. A：何で昨日無断で休んだの？休むときは上司に一言連絡する（　　）だよ。
   B：うん、そうだよね。さっき課長にも叱られたよ。
   a. はず　　　b. べき

9. A：今日の講演会、何時からだっけ？
   B：確か、授業が終わってから始まるって言ってたから、5時（　　）よ。ちょっとプログラム見てみようか。
   a. にちがいない　　　b. のはずだ

10. 明日は、9時発の新幹線に乗るので、朝6時には（　　）。
    a. 起きるべきだ　　　b. 起きなければならない

さらにレベルアップ

①「～かもしれない」の他の意味

「～かもしれない」をコミュニケーションの場で使うと、相手に配慮して相手の話を完全には否定しないという気持ちが含まれる。相手の話も一部認めるが、それとは違う自分の意見や主張を述べる。

- 私は、規則は必要だと思いますが、そう思わない人もいる<u>かもしれません</u>。
- A：この計画はうまくいくんでしょうか。私はやめたほうがいいと思います。
  B：確かにうまくいく可能性は低い<u>かもしれません</u>。でもやってみたいんです。

> コミュニケーション: communication, 交流, 커뮤니케이션
> 配慮する: to consider, 照顧, 배려하다
> 主張: opinion/assertion, 主張, 주장하다

②「～はずだ」を使った表現のバリエーション

「～はずだ」のバリエーションには「～ないはずだ」「～はずがない」「～ないはずがない」がある。

> バリエーション: variation, 変化, 변형

■～はずだ	～すると強く確信している。	
彼から「出席」の返事を受けたから、彼は、今日のゼミに来る<u>はずだ</u>。		来る
■～ないはずだ	～しないと強く確信している。 (そうではないことを当然だと考える)	
彼から「欠席」の返事を受けたから、彼は、今日のゼミに来<u>ないはずだ</u>。		来ない
■～はずがない	絶対～しないと強く確信している。 (論理的に考えて、その結果である、またはその結果になることは考えられないという意味)	
彼は、先週、帰国したんだから、今日のゼミに来る<u>はずがない</u>。		絶対来ない
■～ないはずがない	絶対～すると強く確信している。 (強い肯定「絶対そうなる」という意味)	
彼は、今日のゼミの発表者だから、来<u>ないはずがない</u>。		絶対来る

> 絶対: absolutely, 絶対, 절대

③「～はずだった」の意味

「～はずだ」が、過去形「～はずだった」になると、「当然～するという計画（予定）だったが、実際にはそうならなかった」という意味になる。

- 今日はパーティーに行く<u>はずだった</u>が、急な用事ができて行けなかった。
- 当初の予定では、ここに道路ができる<u>はずだった</u>のに、計画は中止になった。

④「〜べきだ」が使えない場合

「〜べきだ」は一般的な常識として、または、社会で多くの人に共通に考えられていることを主張する場合に使い、個人的なこと、自分のことには使えない。

- [×] 私は今日病院へ行くべきだ。

→しかし、自分のことでも「〜べきだった」と後悔する場合には使える。

- [○] あのとき、もっと勉強しておくべきだった。

⑤ 〜べき ＋ 名詞

「〜べき」の後ろに名詞を続けるときは、「〜べき＋名詞」になって、「〜しなければならない」という意味になる。

- 自分の やるべきことをきちんとやる。[○]

    やるべきなこと[×]、やるべきのこと[×]

- 彼女には、見習うべきところがたくさんある。[○]

    見習うべきなところ[×]、見習うべきのところ[×]

常識: common sense, 常识, 상식
共通に: communally, 共通, 공통으로
後悔する: to regret, 后悔, 후회하다

練習 2

▶ 次の a.〜d. の中で、最もふさわしいものを選んでください。

1. 雨が（　　　）かもしれないから、かさを持って行ったほうがいいよ。

    a. 降った　　b. 降って　　c. 降り　　d. 降る

2. 私はこの商品が売れることを確信しています。これほどすばらしい商品がこんな安い値段なら、（　　　）ですよ。

    a. 売れるはずがない　　b. 売れないはずがない

    c. 売れるべきではない　　d. 売れないべきではない

3. 今日初めて会ったのに、ひと目見て好きになってしまった。この人はきっと私の運命の人（　　　）。

    a. にちがいない　　b. はずだ　　c. かもしれない　　d. べきだ

4. A：食べ物を買ってきたんですが、多いですか。

    B：多くないと思いますよ。みんなよく食べるから、このぐらいなら大丈夫（　　　）。

    a. なべきだ　　b. のようだ　　c. でしょう　　d. のはずだ

5. A：このグラスにお湯を入れても大丈夫かな。
　　B：大丈夫だと思うけど、もしかしたら割れる(　　)から、こっちのコップに入れて。
　　　a. かもしれない　　b. にちがいない　　c. はずだ　　d. だろう

6. 庭に植えた花がメチャメチャになってる！きっとまたあの猫(　　)！
　　　a. かもしれない　　b. にちがいない　　c. はずだ　　d. だろう

7. A：今、郵便局、開いてるかな。
　　B：えっと、今は2時半だよね。郵便局は5時までだから、開いてる(　　)よ。
　　　a. だろう　　b. はずだ　　c. かもしれない　　d. みたいだ

8. 私は今日3時までに、事務室に(　　)。
　　　a. 行くべきだ　　b. 行くべきではない　　c. 行かなければならない　　d. 行ってはいけない

9. 団体行動をしているときは、一人だけ勝手な行動をとる(　　)。
　　　a. べきだ　　b. べきではない　　c. なければならない　　d. はいけない

10. 問題を解決するためには、もっと広い視点から考えてみる(　　)。
　　　a. かもしれない　　b. だろう　　c. はずだ　　d. べきだ

✏️ 文作り

▶ この課の項目（判断・義務）を使って文を作ってください。

1. 医者：風邪ですね。a._____ば、b._____でしょう。

2. 彼は「a._____」と言っているけど、b._____から、c._____にちがいない。

3. a._____から、b._____はずがない。

4. このまま a._____ば、b._____かもしれない。

5. A：a._____は b._____か。
　　B：ええ、確か c._____はずですよ。そう聞いています。

6. 地球の環境を守るために、一人ひとりが_____べきだ。

7. 台風が近づいているときには、＿＿＿＿＿＿＿＿＿＿＿＿＿＿＿＿＿べきではない。

8. 女性だけが家事をするなんておかしい！　男性も＿＿＿＿＿＿＿＿＿＿＿＿＿＿＿＿＿。

9. A：明日、映画でも見に行きませんか。

　　B：すみません、明日はちょっと…。来週までに＿＿＿＿＿＿＿＿＿＿＿＿＿＿＿なければならないんです。

10. 試験のときは、＿＿＿＿＿＿＿＿＿＿＿＿＿＿なければならない。

◾️間違い探し

▶ 次の文には間違いがあります。間違っているところに＿＿＿＿＿を引いて、正しく直してください。

1. 今日は、絶対雨が降るかもしれないから、かさを持って行こう。

2. 木村：山下さんはアルバイトしていないんですか。

　　山下：ええ。今年受験するので、一生懸命勉強するべきですから。

3. A：次のバスは何時にここに到着しますか。

　　B：渋滞などがなければ、8時には到着するべきです。

4. あれ？かさがない。今朝かばんに入れたから、あるにちがいないんだけど、どうしてないんだろう。

5. あ、そうだ、思い出した。来るときに乗ったバスで荷物を整理したから、きっとあのときに忘れたはずだ。

用例見つけた！

下の文章に、この課で勉強した項目（判断・義務）が、使われています。どのように使われているか意味を考えながら、次の文章を読んでみましょう。

　　結婚しなくてもよいと思う40代から上の人の割合は減りますが、全回答者の44％が「しなくてもよい」と答えています。この理由の一つとして、多くの女性の働く意志があげられます。
　　一昔前は夫が働き、妻は家で家事や子育てをするのが一般的でした。しかし、調査によると、回答者の半数近くが今は夫婦で家事を分担すべきと答え、また3分の1が同じ程度の収入を稼ぐべきだとも思っています。近年のカップルは、役割分担を平等にすべきとの意識が強まっているようです。
　　結婚への意識が薄れる反面、97％の人が家族の絆は重要と答えています。この統計を支えているのは、結婚するまで親と住むことを今も受け入れる日本の社会です。2008年度の総務省の調査によると、20から34歳の46％、35から44歳の15％が親と同居しています。
　　20代、30代の8割が「家族はやすらぎを与えてくれている」と答えています。また回答者の43％の人が「友達家族」を理想の形だと思っています。26％が「それぞれが自由に過ごせばよい」と答える一方、67％が「家族はできるだけ一緒に過ごしたほうがよい」と答えています。
　　日本の平均結婚年齢は、2008年で男性が30.2歳、女性が28.5歳です。遅い結婚は「結婚しなくてもよい」という傾向と関係がありそうです。この調査結果は人口を増やそうとしている日本政府を悩ませそうです。

「結婚をしなくてもよい若者が増加」より
Hir@gana Times（2010.6）pp.18-19

回答者: respondents, 回答者, 회답자
一昔前: a while back, 很早以前, 옛날, 10년전
家事: household affairs, 家务, 집안일
一般的: typical, 一般的, 일반적
分担する: to share work, 分担, 분담하다
同じ程度: to a similar extent, 差不多, 같은 정도
収入: income, 收入, 수입
稼ぐ: to earn, 賺, 벌다
役割: role, 比例, 역할
平等: equal, 平等, 평등
薄れる: to weaken, 变薄, 희미해지다, 흐려지다
絆: bond, 羁绊, 유대, 결속
統計: statistics, 统计, 통계
総務省: Ministry of Internal Affairs and Communications, 总务省, 총무성
同居: living together, 同居, 동거
理想: ideal, 理想, 이상
平均: average, 平均, 평균
政府: government, 政府, 정부
悩ませる: to trouble, 使烦恼, 고민시키다

24 判断・義務

クロージング・トーク

　　今日友だちと歩いているとき、財布が落ちているのを見つけた。落とした人はきっと困っているだろう。落とした人が取りに来るかもしれない、と思ったけど、そのままにしておくのは危ないので交番に届けた。やはり、こういう場合は交番に届けるべきだと思う。

文法用語解説

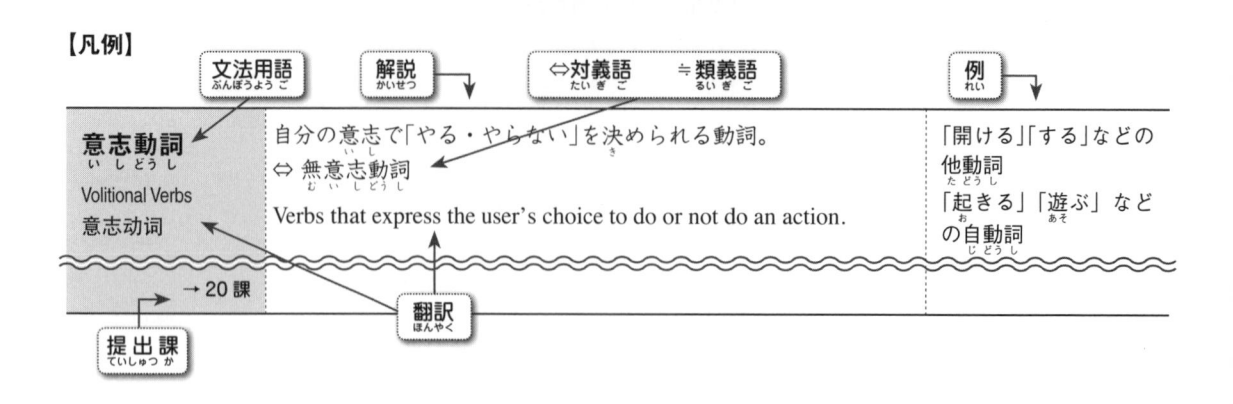

【凡例】

- 文法用語
- 解説
- ⇔対義語 ≒類義語
- 例

意志動詞
Volitional Verbs
意志动词

自分の意志で「やる・やらない」を決められる動詞。
⇔ 無意志動詞

Verbs that express the user's choice to do or not do an action.

「開ける」「する」などの他動詞
「起きる」「遊ぶ」などの自動詞

→ 20課

提出課

翻訳

い

意志動詞 Volitional Verbs 意志动词 의지동사 → 20課	自分の意志で「する・しない」を決められる動詞。 ⇔ 無意志動詞 Verbs that express the user's choice to do or not do an action. Compare with Non-Volitional Verbs. 表示能用自己的意志来决定「做・不做」的动词。⇔ 无意志动词 자신의 의지로「한다・하지 않는다」를 결정할 수 있는 동사. ⇔ 무의지동사	「開ける」「する」などの他動詞 「起きる」「遊ぶ」などの自動詞
移動動詞 Movement Verbs 移动动词 이동동사 → 2、6、19課	ある場所からある場所へ移動するという意味を持つ動詞。 Verbs that express movement from one place to another. 表示从一个场所移动到另一个场所的动词。 어떤 장소에서 다른 장소로 이동하는 의미를 가지는 동사.	行く、来る、帰る、戻る
依頼表現 Expressions of Request 依赖表现 의뢰표현 → 13、22課	他の人に何かを頼むときに使う表現。 Expressions used when asking someone to do something. 向别人委托什么事情时所使用的表现方法。 다른 사람에게 어떤 일을 부탁할 때 쓰는 표현.	〜てもらえませんか 〜ていただけませんか

う

ウチとソト In Group and Out Group 「内」和「外」 안과 밖 → 13、14、15課	自分、そして自分と同じグループ(家族・会社・親しい仲間など)に含まれる集団をウチ、それ以外をソトとする考え方。 A way of thinking that creates a distinction between close associates and those one is not so familiar with. One's self and those who one associates with (one's family, company, close friends, etc) make up one's In Group. All others fall into one's Out Group. 包括自己在内的群体(家人、公司、好朋友等)称作「内」, 此外的群体称作「外」。 자신, 그리고 자신과 같은 그룹(가족, 회사, 친한 동료등)에 포함되는 집단을 안, 그 이외를 밖이라고 하는 생각 방식.	

か

書き言葉（かきことば） Language Used in Writing 书面语 문어체 → 4、6、23、24課、 コラム 1、4	文字で内容を伝えるときに使う言葉。本書では作文やレポート、報告書（ほうこくしょ）などのような正式な文書で使われる言葉のことを指（さ）す。そのため、省略（しょうりゃく）や短縮（たんしゅく）などの表現は使わない。 ≒話し言葉 Words used when expressing material in written form. This textbook uses these words when providing official writings like essays, reports, notices, etc. For such works abbreviations are not used. Compare with Language Used When Speaking. 用文字来表达内容时所使用的语言。本书中指作文，小论文，报告书等正式文件中使用的语言。因此，不能使用省略，短缩等表达方法。 ≒口语 문자로 내용을 전달할 때 사용하는 표현. 본 교과서에서는 작문이나 레포트, 보고서 등과 같은 정식적인 문서에서 사용되고 있는 표현을 가리킨다. 그렇기 때문에, 생략이나 단축형 등은 사용하지 않는다. ≒구어체	〜だ、〜である、非常（ひじょう）に
過去完了（かこかんりょう） Completion of an Action in the Past 过去完成 과거완료 → 12課	過去のある時点（じてん）で、すでに終わっていること。 Expressing an action that was completed at a past point in time. 表示在过去的某一个时刻，动作或事情已经完结了。 과거의 어떤 시점에서, 이미 끝나 있는 것.	
可能動詞（かのうどうし） Potential Verbs 可能动词 가능동사 → 6、8、12課	「できる」という意味を表す動詞。 A verb that expresses the action can be done. 有「能够」的意思的动词。 「할 수 있다」는 의미를 나타내는 동사.	できる、分かる、見える、聞こえる、話せる、乗れる
感覚動詞（かんかくどうし） Sensory Verbs 感官动词 감각동사 → 4、7課	自分の体（五感）で感じるという意味を持つ動詞。 Verbs that express things perceived by the five senses. 表示用自己的身体(五感)来感觉到的动词。 자신의 몸(오감)으로 느낀다는 의미를 가지는 동사.	見る、聞く、嗅（か）ぐ、触（さわ）る、感じる
漢語（かんご） Kan-go: Words originating from China 汉语 한어 → 15課	中国から来た漢字の語彙。音読（おんよ）みで表される。 Words that originate from China and are expressed in kanji. These words are read by their on-yomi readings. 由中国的汉字组成的汉语。用音读法来读。(注：日语中的汉语是指语种的一种，除此之外还有和语，外来语和混种语。与中文的汉语含义不同。) 중국에서 온 한자의 어휘. 음독으로 나타낸다.	電話、出席、連絡

完全否定 かんぜんひてい Negative Form 完全否定 완전부정 → 16 課	動詞、形容詞、名詞に「ない」がついて、完全に「そうではない」という意味を表す表現。 Negative forms of verbs, adjectives and nouns that denote nonexistence or non-action. The negative form is indicated by the addition of「ない」to the verb, adjective and noun endings. 「ない」接在动词，形容词，名词后面，表示「不是这样」的意思。 동사, 형용사, 명사에「ない」가 붙어서, 완전히「그렇지 않다」는 의미를 나타내는 표현.	食べる → 食べない
慣用表現 かんようひょうげん Idiomatic Expressions 惯用表现 관용표현 → 7、9、11、18 課	2つ以上の言葉が一緒に使われて、その全体としてある1つの意味を表す表現。 Expressions with a meaning that cannot be derived directly from the conjoined meanings of the two or more words from which it is formed. 使用两个以上的单词，其整体表示一个特定意思的表现方法。 두 개 이상의 말이 함께 쓰여서, 그 자체로서 어떤 하나의 의미를 나타내는 표현.	ついてくる・ついていく（7課） 食事もせずに（9課） 勝手ながら（11課） 落ち込む・落ちつく（18課）

き

疑問詞 ぎもんし Interrogative Words 疑问词 의문사 → 1、17 課	質問文で、質問の焦点となっている人や物や事柄を指す言葉。 Words that indicate a question is being asked about the subject. 疑问句中，表示作为疑问焦点的人或物或事的单词。 의문문에서, 질문의 초점이 되어 있는 사람이나 물건, 사항 등을 나타내는 표현.	いつ、どこ、何、誰、どんな
逆接 ぎゃくせつ Contradictory Conjunction 逆接 역접 → 11、17 課、コラム 4	前件から一般的に予想される内容と、後件の内容が異なること。 A word that indicates the contents in the first half of a sentence contradicts the contents in the latter half of the sentence. (Words like but, however, etc.) 指根据前面发生的事情所作的一般预想和后面的情况不相同。 전항으로부터 일반적으로 예상되는 내용과 후항의 내용이 다른 것.	
客観的 きゃっかんてき Objective 客观的 객관적 → 5、23、24 課	自分、あるいはある特定の立場での考えから離れた一般的な物事のとらえ方・考え方。⇔主観的 A way of considering a situation that removes any personal or specific view points to form a general observation. Compare with Subjective. 脱离个人，或者某个特定的立场，对于事物一般性的看法和观点。⇔主观的 자신, 혹은 어떤 특정한 입장에서의 생각에서 동떨어진 일반적인 사물의 생각 방식. ⇔주관적	

け

継起（けいき）
Successive Events
继起
계기
→ 9課

ある動作とある動作が連続すること。
When multiple actions occur in succession.
指一个动作和另一个动作连续发生。
어떤 동작과 어떤 동작이 연속되는 것.

図書館へ行って勉強する。
靴を脱いで部屋に入る。

敬語（けいご）
Kei-go: Polite Style Language
敬语
경어
→ 14課

人間関係や場面に配慮して、相手に敬意を表すときに使う表現。
Polite language used to show respect for the addressee or the situation.
根据人际关系、场合，对对方表达敬意时使用的表现方法。
인간 관계나 장면에 배려해서, 상대방에게 경의를 나타낼 때 쓰는 표현.

継続動詞（けいぞくどうし）
Continuing Verbs
持续动词
계속동사
→ 10課

「～ている」をつけて、その動作が続いていることを表す動詞。
Verbs expressing that an action is still continuing. These verbs use the「～ている」form.
使用「～ている」，表示动作还在持续进行的动词。
「～ている」를 붙여서, 그 동작이 계속되고 있는 것을 나타내는 동사.

読んでいる、食べている、勉強している

現在完了（げんざいかんりょう）
Present Completion
现在完成
현재완료
→ 12課

現時点で、ある動作や出来事が終わっていること。
When an action or deed has been completed at the present point in time.
表示在现在，某个动作或某件事已经结束。
현시점에서, 어떤 동작이나 일이 끝나 있는 것.

こ

後件（こうけん）
Consequence
后件
후행절
→ 17課

一般的な因果関係(XのでY)などの表現で、「結果(Y)」を表す部分を指す。「原因(X)」は前件である。 ≒前件
In a basic cause and effect relationship expression (XのでY [because of X, Y]) the consequence indicates the effect or result Y. Cause X is the antecedent. Compare with Antecedent.
在一般的因果关系(XのでY)等表现中,「结果(Y)」的部分表示后件。「原因(X)」是前件。≒前件
일반적인 인과 관계(XのでY)등의 표현에서,「결과(Y)」를 나타내는 부분.「원인(X)」은 전행절이라고 한다. ≒전행절

し

思考動詞（しこうどうし）
Cognition Verbs
思考动词
사고동사
→ 4、8、22課

頭の中で思ったり、心の中で感じたりしたことを表すときに使う動詞。
Verbs used to express perceived ideas and feelings.
表达脑中所想，心中所感时使用的动词。
머리 속에서 생각하거나, 마음 속에서 느낀 것을 나타낼 때 사용하는 동사.

考える、思う

247

用語	説明	例
事実的条件 じじつてきじょうけん Factual Condition 事实条件 사실적 조건 →17課	文の前半と後半が仮定の意味ではなく、事実であることを表している表現。 An expression indicating facts between the first half and last half of a sentence without expressing assumptions or suppositions. 句子的前半和后半不是假设，而是陈述事实的表现方法。 문장의 전반과 문장의 후반이 가정의 의미가 아니라, 사실이나 이미 일어난 일을 나타내는 표현.	角を曲がったら信号がある。
修飾する しゅうしょく Modifier 修饰 수식하다 →3、10課	ある言葉の前に付いて、その言葉の意味を詳しく説明したり特定したりすること。 A modifier comes before the word that is modified and adds a more detailed description about it. 加在某个单词之前，对这个单词进行详细说明或特别规定。 어떤 말이나 의미를 상세하게 설명하거나 한정하는 표현.	日本人が<u>好きな</u>食べ物 これは<u>日本人が好きな</u>食べ物に関する調査です。
主観的 しゅかんてき Subjective 主观的 주관 →5、24課、コラム8	自分、あるいはある立場だけの物事のとらえ方・考え方。 ⇔客観的 A way of considering a situation from a personal or specified perspective. Compare with Objective. 只从个人，或者某个立场出发来表达对于事物的观点和看法。 ⇔客观的 자신, 또는 어떤 입장만의 사물에 대한 이해, 사고 방식. ⇔객관적	
縮約形 しゅくやくけい Contraction 缩约形 단축형 →コラム1、2	カジュアルな話し言葉で使うために、話しやすく短縮した表現。 A shortened, easy to say phrase used in casual conversation. 在非正式场合中为了说话方便，将句子缩短的一种表达方法。 캐주얼한 회화체에서 사용하기 위해서, 간편하게 말할 수 있도록 단축시킨 표현.	準備しとく。 レポート出さなきゃ。 忘れちゃった。
主語 しゅご Subject 主语 주어 →3、4、6、10、13、14、15、17、19、21、22課	「何がどうする」「何がどうである」ということを表す文の「何」にあたる部分。 In a sentence describing what something does or how something is, the subject is the 'something' of that sentence. 「什么东西做什么」「什么东西怎么样」等句中「什么东西」的部分为主语。 「무엇이 어떻게 하는가」「무엇이 어떤가」라고 하는 것을 나타내는 문장의「무엇」에 해당하는 부분.	<u>私は</u>学生だ。 <u>花は</u>赤い。 <u>犬が</u>走る。
主題 しゅだい Theme 主题 주제 →10課	ある文で中心に取り上げられている内容、話題。 The content or topic that can be picked out as the focus of the sentence. 句子中担当中心内容、话题的部分。 어떤 문장에서 중심적으로 표현하는 내용, 화제.	

述語 じゅつご Predicate 谓语 술어 → 4、10 課	文の最後にあり、物の性質や動作を表す部分。 The final part of the sentence expressing the characteristics or movement of the subject. 在句子的最后，表示物体的性质或者动作的部分。 문장의 끝에 있으며, 물건의 성질이나 동작을 나타내는 부분.	私は学生だ。 花は赤い。 犬が走る。
瞬間動詞 しゅんかんどうし Instantaneous Verbs 瞬间动词 순간동사 → 10、11 課	ある動作をしていない状態からし終えた状態までの時間があまりかからない動詞。「〜ている」をつけると、その動作が終わり、動作の結果が続いている状態であることを表す。 Verbs that express actions that are completed over a very short period of time. Using the 「〜ている」 form indicates that the action has been completed and the thing affected continues in the resulting state. 表示一个动作从开始到结束并不需要很多时间的动词。加上「〜ている」时，表示这个动作结束，动作的结果还在持续的状态。 어떤 동작을 하지 않은 상태에서 끝난 상태까지의 시간이 별로 걸리지 않는 동사. 「〜ている」를 붙이면, 그 동작이 끝나고, 동작의 결과가 남아 있는 상태인 것을 나타낸다.	結婚する、座る、立つ、壊れる
状態動詞 じょうたいどうし State of Being Verbs 状态动词 상태동사 → 6、10、12 課	ものの状態を表す動詞。 Verbs expressing the state or condition of something. 表示事物状态的动词。 사물의 상태를 나타내는 동사.	似る、できる、ある

せ

接続 せつぞく Conjunction 接续 접속 → 5、8、9、11、23 課	2つ以上の言葉をつなげること、またつながること。 Two or more words that can be combined to express a new concept. 把两个以上的单词连接在一起。 두개 이상의 말을 연결하는 것, 또는 연결되는 것.	雨が降るだろうから、 行かないで、 食べられそうだ
前件 ぜんけん Antecedent 前件 전행절 → 17 課	一般的な因果関係(XのでY)などの表現で、「原因(X)」を表す部分を指す。「結果(Y)」は後件である。　≒後件 In a basic cause and effect relationship expression (because of X, Y), the antecedent indicates the 'cause' X. The effect Y is the consequence. Compare with Consequence. 在一般的因果关系(XのでY)等表现中,「原因(X)」是前件。「结果(Y)」的部分表示后件。≒后件 일반적인 인과 관계(XのでY)등의 표현에서, 「원인(X)」을 나타내는 부분. 「결과(Y)」는 후항이라고 한다. ≒후행절	

249

た

代名詞(だいめいし)
Representative Nouns
代名词
대명사
→ 1課

具体的(ぐたいてき)な名詞の代わりになる名詞。前後(ぜんご)関係で意味がはっきり分(わ)かる場合、同じ名詞の繰(く)り返(かえ)しを避(さ)けるために使う言葉。

Nouns that take the place of a fundamental noun. When the initial and final relationship is completely understood, a representative noun is used to avoid repeating the same noun unnecessarily.

代替具体名词来使用的名词。在根据前后关系准确明白其意义的情况下，为避免重复出现同样的名词时而使用的词语。

구체적인 명사를 대신해서 쓰는 명사. 전후관계에서 의미가 확실한 경우, 같은 명사의 반복을 피하기 위해서 사용하는 말.

私は昨日新しいパソコンを買(か)った。それ(パソコン)はとても使いやすい。

私は昨日、またかばんを買った。気に入ったの(かばん)を見るとどうしても欲しくなる。

て

テンス（絶対(ぜったい)・相対(そうたい)）
Tense (Absolute, Relative)
时态(绝对・相对)
텐스 , 시제
（절대・상대）
→ 12課

動作をするときの時間との関係、現在(げんざい)・過去(かこ)・未来(みらい)を表す表現。

Expressions that determine the relationship between time and the occurrence of the verb's present, past, future.

动作的进行与时间的关系，表示现在、过去或未来。

동작을 할 때의 시간과의 관계, 현재・과거・미래를 나타내는 표현.

昨日食べた。
今食べている。
明日(あした)食べる。

伝達動詞(でんたつどうし)
Transmission Verbs
传达动词
전달동사
→ 4課

話の内容(ないよう)や情報(じょうほう)などを人から人へ伝(つた)える意味を持つ動詞。

Verbs that express the passing of information from one person to another.

表示话的内容、情报等由一个人向另一个人传达时所使用的动词。

어떤 말의 내용이나 정보를 다른 사람에게 전달하는 의미를 가지는 동사.

話す、言う、伝える

と

動作性名詞(どうさせいめいし)
Action Nouns
动作性名词
동작성명사
→ 6、11課

名詞だが、机、かばんのような「物」を表すのではなく、動作を表している名詞。3グループの動詞で「する」を取(と)ったものが多い。

Despite being a noun, action nouns do not represent 'things,' but instead expression actions. These nouns mostly belong to Group 3 する Verbs.

虽说是名词,但不是表示像桌子、包那样的「物品」,而是表示动作的名词。Ⅲ类动词中使用「する」的动词比较多。

명사이지만, 책상, 가방과 같은「물건」을 나타내는 것이 아니라, 동작을 나타내는 명사. 3그룹의 동사에서「する」를 뺀 것이 많다.

勉強、食事、運転

動作動詞(どうさどうし)
Action Verbs
动作动词
동작동사
→ 4、8、10、11、
12、18、19、23課

動(うご)き、動作を表す動詞。

Verbs that express actions or movement.

表示动作、行动的动词。

동작을 나타내는 동사.

食べる、読む、勉強する

に

二重敬語 にじゅうけいご Double Kei-go/ Doubly Polite 双重敬语 이중경어 → 15課	通常、敬語表現は1つの言葉に対して1つだけ使うが、2つ使っているもの。最近は丁寧に表現しようとして2つ使っている人もいるが本来は使いすぎである。 Double Kei-go is when polite language is used twice for one word when normally Kei-go should be used only once for one word. Recently, there has been an increase in the number of people using double Kei-go in attempt to be polite, but this is actually overuse. 通常，敬语表现对于一个词语只使用一次，但是双重敬语却使用两次。近来为了表现得更为礼貌，使用双重敬语的人也有，但是这是一种过度使用。 통상적으로, 경어표현은 하나의 표현에 대해서는 한가지만 사용하지만, 두가지 표현을 사용한 것. 최근에는 정중하게 표현하기 위해서 두가지 경어를 쓰는 사람도 있지만, 그것은 원래 지나치게 사용하는 표현이다.	[×] お読みになっていらっしゃる [○] お読みになっている [○] 読んでいらっしゃる
二重否定 にじゅうひてい Double Negative 双重否定 이중부정 → 16課	「ない」を2つ使っていること。 When the negative form 「ない」 is used twice in a sentence. 使用两个「ない」。 「ない」를 2개 사용하는 것.	〜ないことはない 〜ないこともない

は

働きかけ はたら Influence 作用 (상대방을 향한) 동작 → 19課	ある人からある人(物)へ動作をすること。 Transferring an action from person to person (or thing) 一个人对于另一个人(物)施展动作。 어떤 사람이 어떤 사람(물건)을 향해 동작을 하는 것.	
話し言葉 はな ことば Language Used When Speaking 口语 구어체 → 4、6、9、10、13、14、16、20、23、24課、コラム1、2、4	話すときの言葉で、友だちや知り合いなど親しい人と話す場合のカジュアルな表現。 ≒書き言葉 Words used in casual conversation with friends, acquaintances, or those one is close to. Compare with Language Used in Writing. 口头表达时所使用的语言，对于朋友、认识的人、亲密的人使用，是非正式的表达方式。 ≒书面语 말할 때 사용하는 표현으로, 친구나 아는 사람등 친한 사람과 말할 때 사용하는 평상적인 표현. 캐주얼한 표현 ≒문어체	〜だよ どこ行くの？ とっても 忘れちゃった
反事実的条件 はんじじつてきじょうけん Non-Factual Condition 反事实条件 반사실적 조건 → 17課	事実ではない内容を仮定して表す表現。 Provisions examining the potential outcome of conditions that do not exist at the time of expression. 假设并不是事实的表现方法。 사실이 아닌 내용을 가정해서 나타내는 표현.	お金があれば旅行できるのに。

ふ

用語	説明	例
フォーマルな場面（ばめん） Formal Situations 正式场合 격식있는 장면 → 4、8、11、14、15、23課、コラム1	個人的ではなく、多くの人が関係している公式の場面。 Public situations involving many people, not just the individual. 不是个人的，而是关系到多人的正式场合。 개인적인 일이 아니라, 많은 사람이 관계되어 있는 공식적인 장면.	仕事、会議、儀式、講演
付帯状況（ふたいじょうきょう） Subsequent Condition 附带情况 부대상황 → 9、11課	何かをするときの状態、どんな状態で動作をしているかを表す表現。 Expressions describing the conditions under which an action is performed. 表示在什么状态下做动作。 무슨 일을 할 때의 상태, 어떤 상태에서 동작을 하고 있는 지를 나타내는 표현.	横になって本を読む。 音楽を聞きながら本を読む。
部分否定（ぶぶんひてい） Partial Negative 部分否定 부분부정 → 16課	全部ではなく一部を否定すること。 When only part of a sentence is negative, not the sentence as a whole. 不是全部否定而是否定一部分。 전부가 아닌 일부를 부정하는 것.	値段が高いものが必ずしもいいものとは言えない。
文末表現（ぶんまつひょうげん） Sentence Endings 文末表現 문말표현 → 14課	1文が終わる、最後の部分の表現。 The verb form at the end of a sentence. 一句话的结尾、最后部分的表現方法。 한 문장이 끝나는 마지막 부분의 표현.	〜です 〜ます 〜てください 〜ましょう

へ

用語	説明	例
変化動詞（へんかどうし） Transition Verbs 变化动词 변화동사 → 7、8課	人や物の変化を表す動詞。 Verbs expressing change associated with people or things. 表示人或物变化的动词。 사람이나 물건의 변화를 나타내는 동사.	増える、減る、変わる、便利になる
並列（へいれつ） Listing 并列 나열 → 9、11課	あるもの、あるいはあることが2つ以上、並ぶこと。 The listing of two things/actions or more. Emphasis and order of words depends on the listing type. 两样以上的东西或两件以上事情合并在一起。 어떤 물건, 혹은 어떤 일을 두 개이상 나열하는 것.	肉と野菜 食べたり飲んだり 広くて安い かばんだの、洋服だの

ほ

補助動詞 (ほじょどうし)
Auxiliary Verbs
辅助动词
보조동사
→ 14課

2つの動詞をテ形で接続した場合、後ろに来る動詞で、元の意味がなくなっているもの。

When two verbs are joined using テ-form and the word that comes at the end loses its original meaning.

两个动词用テ形连接在一起,后面的动词失去原来的词义。

두 개의 동사를 te형으로 접속시킨 경우, 뒤에 오는 동사이며, 원래의 의미가 없어 진 것.

買っておくの「おく」
食べてみるの「みる」
教えてもらうの「もらう」

む

無意志動詞 (むいしどうし)
Non-Volitional Verbs
无意志动词
무의지동사
→ 6課

自分の意志で「する・しない」を決められない動詞。
⇔意志動詞

Verbs that do not express the choice to do or not do an action. Compare with Volitional Verbs.

不能用自己的意志来决定「做・不做」的动词。⇔意志动词

자신의 의지로「한다・하지 않는다」를 결정할 수 없는 동사.
⇔의지동사

「開く」などの自動詞、できる、分かる

も

目的語 (もくてきご)
Object
宾语
목적어
→ 4、10課

ある動作を受ける対象(物や人)を表す部分。

The part of a sentence that receives the actions (person or thing).

承受某个动作的对象(物或人)。

어떤 동작을 받는 대상(물건이나 사람)을 나타내는 부분.

本を読む。
ご飯を食べる。

れ

連体詞 (れんたいし)
Pre-noun Adjectival
连体词
연체사
→ 1課

いつも後ろに名詞がつくもの。形容詞とはちがって、形が変わらない。

A word that is always followed by a noun. Differing from an adjective its form does not change before the noun.

其后面一直跟着名词。和形容词不同,连体词的形态不发生变化。

항상 뒤에 명사가 붙는 것. 형용사와 다른 점은 형태가 바뀌지 않는 점이다.

この本
そんな話

わ

和語 (わご)
Wa-go: Traditionally Japanese Words
和语
화어 (일본고유어)
→ 15課

もともと日本にあった言葉。ひらがな表記が含まれるものが多いが、漢字語でも訓読みのものは和語である。

Words originating from Japan. The most common form of Wa-go words are those whose written form includes hiragana. However, Words written in kanji but read with kun-yomi readings are also Wa-go.

日本固有的语言。大多数是用平假名来表示,即使有汉语也是用训读法来读。

원래 일본에 있었던 고유한 말. 히라가나 표기가 포함되는 것이 많지만, 한자어라도 훈독을 하는 것은 화어이다.

道、苦しい、伝える

索引

*は主要文型以外の用語を指す。

あ

ア系　[1課]	2, 3, 4, 8
あげる　[13課]	118
(～て)あげる　[13課]	124
～あとで　[12課]	111

い

行く　[7課]	60
いただく　[13課]	119
～一方で　[11課]	99
～入れる　[18課]	173

う

うかがう　[14課]	131, 133

お

お＋名詞　[15課]	140
お～ください　[15課]	139
*お～しましょうか　[13課]	123
*お～します　[13課]	123
お～する／いたす　[15課]	139, 143
お～なさる　[15課]	138
お～になる　[15課]	138
～終わる　[18課]	171

か

XかYか　[11課]	100
～かける　[18課]	173
*～がっている　[6課]	56
～がてら　[11課]	103
～かどうか　[11課]	100
可能形　[6課]	51
可能動詞　[6課]	52
～かもしれない　[24課]	234, 239
から（助詞）　[2課]	14
*～からか　[5課]	45
*～からこそ　[5課]	45
XからY　[5課][9課]	41, 84
*からだ　[5課]	44
*～からといって　[5課][16課]	45, 152
*～からにちがいない　[24課]	235
*～からには　[5課]	45
～がる　[6課]	56

き

～切る　[18課]	171

く

*～くする　[8課]	70
くださる　[13課]	119
*～くなる　[8課]	71
来る　[7課]	60
くれる　[13課]	119

け

敬語　[14課]	128, 129, 131, 132
謙譲語　[14課]	130, 131
謙譲表現　[15課]	139

こ

ご＋名詞　[15課]	140
ご～ください　[15課]	139
コ系　[1課]	2, 3, 4, 5
ご～する／いたす　[15課]	139, 143
こと　[4課]	36
～ことがある　[4課]	34

〜ことができる　[4課][6課]		34, 52
〜ことから　[4課]		36
〜ことだ　[4課]		36
*〜ことにした　[8課]		71
〜ことにしている　[8課]		71
〜ことにする　[4課][8課]		34, 71
*〜ことになった　[8課]		72
〜ことになっている　[8課]		72
〜ことになる　[4課][8課]		34, 71, 74
〜ことはない　[4課]		36
〜ことはない／〜こともない　[16課]		150, 152
〜ことを　[4課]		33
ご〜なさる　[15課]		138
〜込む　[18課]		172

さ

*〜さえXばY　[17課]		166
さしあげる　[13課]		118
*〜(さ)せていただきたいんですが　[22課]		211
*〜(さ)せていただきます　[22課]		211
*〜(さ)せていただく／くださる　[22課]		215
*〜(さ)せていただけませんか　[22課]		211
*〜(さ)せてください　[22課]		211
*〜(さ)せてもらう／くれる　[22課]		215
〜される　[22課]		212

し

*Xし　[11課]		104
XしYし　[11課]		100
指示詞　[1課]		2, 7
自動詞　[19課]		181, 182, 185, 186

す

XずにY　[9課]		82

(〜も)〜ずに　[9課]		84
する　[8課][19課]		70, 180

せ

〜せられる／させられる　[22課]		212
〜せる／させる　[22課]		210

そ

〜そうだ（推量）　[23課]		222, 223, 224, 227
〜そうだ（伝聞）　[23課]		225, 228
*〜そうにない　[23課]		223
ソ系　[1課]		2, 3, 4, 8
尊敬語　[14課]		129, 131
尊敬表現　[15課]		138

た

〜た　[12課]		109, 110, 114
〜たい　[6課]		53
*〜たがっている　[6課]		54
*〜(だ)からといって　[16課]		152
〜たがる　[6課]		53, 56
Xだけで(は)なくYも　[11課]		99
*〜たことがある　[4課]		34
〜出す　[18課]		173, 175
〜たために　[6課]		55
他動詞　[19課]		181, 182, 185, 186
〜たとき　[12課]		112
〜たところ　[12課]		112, 114
XだのYだの　[11課]		101
*〜たのに　[17課]		166
〜(た)ばかり　[12課]		112, 114
XためにY　[6課]		50
XたらY　[17課]		159, 163, 166
*〜たらどうですか　[17課]		166
〜だろう　[24課]		235

つ

XついでにY　[11課]	103
〜続ける　[18課]	171
〜って（伝聞）　[23課]	225
〜って＋名詞　[10課]	91
〜っていう＋名詞　[10課]	91

て

XてY　[5課][9課]	40, 46, 80, 83, 84
で　[2課]	12, 14, 15, 17
〜てあげる　[13課]	120, 123
〜てある　[20課]	193, 196
〜ていかない　[7課]	64
〜ていく　[7課]	61, 64
〜ていた　[12課]	109, 110, 114
〜ていただきたい　[6課]	54
*〜ていただきたいんですが　[13課]	121
〜ていただく　[13課][15課]	121, 143
*〜ていただけましたか　[15課]	143
*〜ていただけますか　[13課]	121
*〜ていただけませんか　[13課]	121
〜ていたとき　[12課]	114
丁寧表現　[14課][15課]	133, 140
〜ている　[12課][20課]	109, 114, 192
〜ているとき　[12課]	114
〜ているところ　[12課]	112
〜ておいた　[20課]	196, 197
〜ておく　[20課]	193, 197
〜てから　[12課]	111
〜てきた　[7課][8課]	61, 62, 75
*〜てきている　[7課]	62
〜てください　[8課]	74
*〜てくださいますか　[13課]	122
*〜てくださいませんか　[13課]	122
〜てくださる　[13課]	121
〜てくる　[7課]	61, 62, 64
〜てくれない　[13課]	124
*〜てくれますか　[13課]	122
*〜てくれませんか　[13課]	122
〜てくれる　[13課]	121, 124
〜（で）ございます　[15課]	140
〜てこない　[7課]	64
〜てさしあげる　[13課]	120, 123
〜てしまう　[20課]	194
〜てしまった　[20課]	194
〜でしょう　[24課]	235
〜てほしい　[6課]	54
*〜ても／でも　[16課]	152
〜てもらいたい　[6課]	54
*〜てもらいたいんですが　[13課]	121
〜てもらう　[13課][21課]	121, 124, 206
*〜てもらえますか　[13課]	121
*〜てもらえませんか　[13課]	121
〜てやる　[13課]	120

と

XとY　[17課]	161, 164, 166
と（助詞）　[2課]	13, 16
〜という＋名詞　[10課]	90, 93
XとかYとか　[11課]	101
〜とき　[12課]	111
ド系　[1課]	2
〜ところ　[12課]	112
〜として　[3課]	25
〜としての＋名詞　[3課]	25
〜とのことだ　[23課]	226, 228
〜とは言えない／〜とも言えない　[16課]	149, 152, 153
〜とは限らない／〜とも限らない　[16課]	149, 152

な

*〜ないことがある　[4課]	34
*〜ないことだ　[4課]	36
〜ないことにする　[4課][8課]	34, 71
〜ないことになる　[4課][8課]	34, 71
〜ないことはない／〜ないこともない　[16課]	151
*〜ないだろう　[23課]	222
XないでY　[9課]	82, 83
*〜ないとは言えない／〜ないとも言えない　[16課]	150
*〜ないとは限らない／〜ないとも限らない　[16課]	149
*〜ないはずがない　[24課]	239
*〜ないはずだ　[24課]	239
XながらY　[11課]	102
〜ながら　[11課]	104
XなくてY　[9課]	82, 83, 84
*〜なくてはならない／〜なくてはいけない　[24課]	237
*〜なくなる　[8課]	75
〜なくもない　[16課]	152
*〜なければ、〜ない　[17課]	162
〜なければならない　[24課]	237
*〜なさそうだ　[23課]	222
X(の)ならY　[17課]	162, 164
〜なり〜なり　[11課]	101
なる　[8課][19課]	71, 181

に

XにY　[6課]	51
に（助詞）　[2課]	12, 13, 14, 16
〜に関して　[3課]	23, 27
〜に関する＋名詞　[3課]	23
XにしろYにしろ　[11課]	100

*〜にする　[8課]	70
XにせよYにせよ　[11課]	100
〜に対して　[3課]	24, 27
〜に対する＋名詞　[3課]	24
〜にちがいない　[24課]	235
〜について　[3課]	23
〜についての＋名詞　[3課]	23
〜にとって　[3課]	25, 27
〜にとっての＋名詞　[3課]	25
*〜になる　[8課]	71
〜によって　[3課]	24, 27
〜による＋名詞　[3課]	24

ぬ

〜ぬく　[18課]	175

の

の（名詞化）　[4課]	33, 36
〜のが／〜のを　[4課]	33
〜のがす　[18課]	173
〜のために　[6課]	55
XのでY　[5課][9課]	42, 44, 84
XのにY　[5課]	43, 45
Xのに対してY　[11課]	99
〜のは〜だ　[4課]	33

は

XばY　[17課]	159, 162, 166
XばかりかYも　[11課]	99
〜は〜ことだ　[4課]	33
〜始める　[18課]	171
*〜はずがない　[24課]	239
〜はずだ　[24課]	236, 239
〜はずだった　[24課]	239
〜反面　[11課]	99

へ

～べきだ ［24課］	236, 240
*～べきではない ［24課］	237
～べき＋名詞 ［24課］	240

ほ

| *（～を）ほしがっている ［6課］ | 54 |
| *（～を）ほしがる ［6課］ | 53 |

ま

まいる ［14課］	131, 133
～まえに ［12課］	110
～間違える ［18課］	173
まで ［2課］	14, 17
までに ［2課］	14, 17
XままY ［11課］	102

み

| ～みたいだ ［23課］ | 221, 224, 229 |

め

| 名詞修飾 ［10課］ | 88, 89, 90, 92, 93 |

も

| もの ［4課］ | 34, 36 |
| もらう ［13課］ | 119 |

や

| XやらYやら ［11課］ | 101 |
| やる ［13課］ | 118 |

よ

| ～ようだ ［23課］ | 220, 224, 229 |
| XようにY ［6課］ | 51 |

～ようにしている ［8課］	73, 75
～ようにしてください ［8課］	74
～ようにする ［8課］	72, 75
*～ように～てください ［6課］	55
～ようになった ［8課］	75
～ようになっている ［8課］	73
～ようになる ［8課］	73, 75

ら

～らしい（推量） ［23課］	223, 224, 227
～らしい（伝聞） ［23課］	225, 228
～らしい（特徴） ［23課］	229

る

| ～る ［12課］ | 109 |

れ

| ～れる／られる（受身） ［21課］ | 202 |
| ～れる／られる（尊敬） ［15課］ | 142 |

わ

| ～忘れる ［18課］ | 173 |

を

| を ［2課］ | 13, 16 |

ん

| ～んだって ［23課］ | 225 |

提出課順リスト

第1課
ア系
コ系
指示詞
ソ系
ド系

第2課
から（助詞）
で
と（助詞）
に（助詞）
まで
までに
を

第3課
〜として
〜としての＋名詞
〜に関して
〜に関する＋名詞
〜に対して
〜に対する＋名詞
〜について
〜についての＋名詞
〜にとって
〜にとっての＋名詞
〜によって
〜による＋名詞

第4課
こと
〜ことがある

〜ことができる
〜ことから
〜ことだ
〜ことにする
〜ことになる
〜ことはない
〜ことを
*〜たことがある
*〜ないことがある
*〜ないことだ
〜ないことにする
〜ないことになる
の（名詞化）
〜のが／〜のを
〜のは〜だ
〜は〜ことだ
もの

第5課
XからY
XてY
XのでY
XのにY

第6課
*〜がっている
可能形
可能動詞
〜がる
〜ことができる
〜たい
*〜たがっている
〜たがる
〜たために
XためにY
〜ていただきたい
〜てほしい

〜てもらいたい
XにY
〜のために
*（〜を）ほしがっている
*（〜を）ほしがる
XようにY
*〜ように〜てください

第7課
行く
来る
〜ていかない
〜ていく
〜てきた
*〜てきている
〜てくる
〜てこない

第8課
*〜くする
*〜くなる
*〜ことにした
〜ことにしている
〜ことにする
*〜ことになった
〜ことになっている
〜ことになる
する
〜てきた
〜てください
*〜なくなる
〜ないことにする
〜ないことになる
なる
*〜にする
*〜になる
〜ようにしている

〜ようにしてください
〜ようにする
〜ようになった
〜ようになっている
〜ようになる

第9課
から
XずにY
(〜も)〜ずに
XてY
XないでY
XなくてY
ので

第10課
〜って＋名詞
〜っていう＋名詞
〜という＋名詞
名詞修飾

第11課
〜一方で
XかYか
〜がてら
〜かどうか
*Xし
XしYし
Xだけで(は)なくYも
XだのYだの
XついでにY
XとかYとか
XながらY
〜ながら
〜なり〜なり
XにしろYにしろ
XにせよYにせよ

Xのに対してY
XばかりかYも
〜反面
XままY
XやらYやら

第12課
〜あとで
〜た
〜たとき
〜たところ
〜(た)ばかり
〜ていた
〜ていたとき
〜ている
〜ているとき
〜ているところ
〜てから
〜とき
〜ところ
〜まえに
〜る

第13課
あげる
いただく
*お〜しましょうか
*お〜します
くださる
くれる
さしあげる
〜てあげる
*〜ていただきたいんですが
〜ていただく
*〜ていただけますか
*〜ていただけませんか
*〜てくださいますか

*〜てくださいませんか
〜てくださる
〜てくれない
*〜てくれますか
*〜てくれませんか
〜てくれる
〜てさしあげる
*〜てもらいたいんですが
〜てもらう
*〜てもらえますか
*〜てもらえませんか
〜てやる
もらう
やる

第14課
敬語
謙譲語
尊敬語
丁寧表現

第15課
尊敬表現
謙譲表現
丁寧表現
お＋名詞
お〜ください
お〜する／いたす
お〜なさる
お〜になる
ご＋名詞
ご〜ください
ご〜する／いたす
ご〜なさる
*〜ていただく
*〜ていただけましたか
〜(で)ございます

～れる／られる（尊敬）

第16課
～ことはない／～こともない
*～(だ)からといって
*～ても／でも
～とは言えない／
　　～とも言えない
～とは限らない／
　　～とも限らない
～ないことはない／
　　～ないこともない
*～ないとは言えない／
　　～ないとも言えない
*～ないとは限らない／
　　～ないとも限らない
～なくもない

第17課
*～さえXばY
*～たのに
XたらY
*～たらどうですか
XとY
*～なければ、～ない
X(の)ならY
XばY

第18課
～入れる
～終わる
～かける
～切る
～込む
～出す
～続ける
～ぬく

～のがす
～始める
～間違える
～忘れる

第19課
自動詞
する
他動詞
なる

第20課
～てある
～ている
～ておいた
～ておく
～てしまう
～てしまった

第21課
～れる／られる（受身）
*～てもらう

第22課
～せられる／させられる
～せる／させる
～される
*～(さ)せていただきたいん
　ですが
*～(さ)せていただきます
*～(さ)せていただく／
　くださる
*～(さ)せていただけませ
　んか
*～(さ)せてください
*～(さ)せてもらう／くれる

第23課
～そうだ（伝聞）（推量）
*～そうにない
～って（伝聞）
～とのことだ
*～ないだろう
*～なさそうだ
～みたいだ
～ようだ
～らしい（伝聞）（推量）（特徴）
～んだって

第24課
～かもしれない
*～からにちがいない
～だろう
～でしょう
*～ないはずがない
*～ないはずだ
*～なくてはならない／
　　～なくてはいけない
～なければならない
～にちがいない
*～はずがない
～はずだ
～はずだった
～べきだ
*～べきではない
～べき＋名詞

主要参考文献

庵功雄・松岡弘・中西久実子・山田敏弘・高梨信乃(2000)『初級を教える人のための日本語文法ハンドブック』スリーエーネットワーク

庵功雄・清水佳子(2003)『日本語文法演習　時間を表す表現—テンス・アスペクト』スリーエーネットワーク

石橋玲子(2007)『中上級日本語表現文型例文集』凡人社

市川保子(2005)『初級日本語文法と教え方のポイント』スリーエーネットワーク

市川保子(2005)『中級日本語文法と教え方のポイント』スリーエーネットワーク

市川保子(2010)『日本語誤用辞典』スリーエーネットワーク

小川誉子美・三枝令子(2004)『日本語文法演習　ことがらの関係を表す表現—複文』スリーエーネットワーク

グループ・ジャマシイ編著(1998)『日本語文型辞典』くろしお出版

友松悦子・和栗雅子・宮本淳(2000)『どんなときどう使う日本語表現文型200』アルク

友松悦子・和栗雅子(2004)『短期集中　初級日本語文法　総まとめポイント20』スリーエーネットワーク

友松悦子・和栗雅子(2007)『中級日本語文法　要点整理ポイント20』スリーエーネットワーク

名古屋YMCA教材教材作成グループ(2004)『中級レベルわかって使える日本語』スリーエーネットワーク

名古屋YMCA教材教材作成グループ(2004)『中級レベルわかって使える日本語　練習問題』スリーエーネットワーク

藤田直也(2002)『日本語文法　学習者によくわかる教え方』アルク

松本節子・佐久間良子(2008)『初級から中級への日本語ドリル　文法』The Japan Times

森田良行・村木新次郎・相沢正夫(1989)『ケーススタディ　日本語の語彙』おうふう

著者紹介

許　明子（ホ　ミョンジャ）

最終学歴	九州大学大学院比較社会文化研究科博士後期課程修了（博士、比較社会文化）
現　職	名古屋大学言語教育センター教授
著　書	「依頼場面における日韓両言語の談話構成について」『日本語・日本語教育の研究』（共著）（2013）スリーエーネットワーク、「日韓対照研究と日本語教育」『日本語教育研究への招待』（共著）（2010）くろしお出版、『日本語と韓国語の受身文の対照研究』（2004）ひつじ書房
担当執筆課	1課，2課，3課，5課，6課，7課，8課，11課，12課，16課，17課，18課，19課，20課

宮崎　恵子（みやざき　けいこ）

最終学歴	筑波大学大学院修士課程地域研究研究科修了
現　職	流通経済大学非常勤講師、青山学院大学非常勤講師、明治大学非常勤講師
担当執筆課	4課，9課，10課，13課，14課，15課，21課，22課，23課，24課

レベルアップ日本語文法
中級

2013年10月25日　第1刷 発行
2024年11月26日　第6刷 発行

[著者]　許 明子・宮崎 恵子

[発行]　くろしお出版
〒102-0084　東京都千代田区二番町4-3
Tel：03・6261・2867　　Fax：03・6261・2879
URL：http://www.9640.jp　Mail：kurosio@9640.jp

[印刷]　シナノ書籍印刷

○ 英語翻訳
　　Maret, Elizabeth Lauren
○ 中国語翻訳
　　洪 燕
○ イラスト
　　須山 奈津希
○ 装丁デザイン
　　松好 那名
○ 本文デザイン
　　市川 麻里子

ⓒ 2013 Myeongja Heo, Keiko Miyazaki, Printed in Japan
ISBN 978-4-87424-597-2 C0081

乱丁・落丁はお取り替えいたします。本書の無断転載・複製を禁じます。

凡例(はんれい)

■ 動詞(どうし) (verb)

文法用語 grammatical term	例 example	接続例 example of how to connect the grammar point in a sentence
辞書形(じしょけい) (dictionary form)	書く、食べる、勉強する	書くことができます
マス形 (-masu form)	書きます、食べます、勉強します	食べながら歩きます
ナイ形 (-nai form)	書かない、食べない、勉強しない	食べないようにします 書かなければなりません
テ形 (-te form)	書いて、食べて、勉強して	食べてからお風呂に入ります
タ形 (-ta form)	書いた、食べた、勉強した	書いたことがあります
普通形(ふつう) (plain form)	食べる、食べない、食べた、食べなかった	私は毎日朝ご飯を食べるが、兄は食べない
丁寧形(ていねい) (polite form)	食べます、食べません、食べました、食べませんでした	私は毎日朝ご飯を食べますが、兄は食べません
バ形 (-ba form)	書けば、食べれば、勉強すれば	勉強すれば分かります
意向形(いこう) (-yoo form)	書こう、食べよう、勉強しよう	書こうと思います
肯定形(こうてい) (affirmative form)	食べる、食べた、食べます、食べました	パンを食べる
否定形(ひてい) (negative form)	食べない、食べなかった、食べません、食べませんでした	パンを食べない
ル形 (-ru form)	書く、書かない、食べる、食べない	毎日、日記を書く
過去形(かこ) (past form)	書いた、書かなかった、食べた、食べなかった	昨日、日記を書いた
1グループ (group1)	書く、聞く、話す、読む、働く	書かない、聞きます、話そう
2グループ (group2)	寝る、見る、食べる、入れる、起きる	寝ない、見ます、食べよう
3グループ (group3)	来る、する	来ない、します、勉強しよう

■ 名詞(めいし) (noun)

文法用語	例	接続例
基本形(きほん) (basic form)	雨、休み、犬、りんご	明日は休みだ
ナイ形	雨じゃ(では)ない、休みじゃ(では)ない	休みじゃないので、学校へ行く 休みじゃないので、学校へ行く
テ形	雨で、休みで	今日は雨で、風も強い
タ形	雨だった、休みだった	昨日は一日中、雨だった
普通形	雨だ、雨じゃ(では)ない、雨だった、雨じゃ(では)なかった	昨日は雨だったので、どこへも行かなかった
丁寧形	雨です、雨じゃ(では)ありません、雨でした、雨じゃ(では)ありませんでした	昨日は雨でしたので、どこへも行きませんでした
バ形	雨であれば、休みであれば	休みであれば、ピクニックに行く
肯定形	雨だ、雨だった、雨です、雨でした	今日は雨だ
否定形	雨じゃ(では)ない、雨じゃ(では)なかった、雨じゃ(では)ありません、雨じゃ(では)ありませんでした	今日は雨じゃない

模範解答
もはんかいとう

1 指示詞

スタート・トーク
a. その　　b. この箱／この中／ここ／これ　　c. その

練習1
1. a　　2. a, a　　3. b　　4. b　　5. a
6. b　　7. b　　8. a　　9. a　　10. a

練習2
1. a　　2. d　　3. d　　4. c　　5. b
6. b　　7. c　　8. a　　9. b　　10. b

文作り

1. 去年、友だちとa. 沖縄を旅行しました。(①ここ・②そこ・③あそこ)では、b. 海で泳いだり、沖縄料理を食べたりしました。とても楽しかったです。

2. 私の友だちにa. 田中さんがいます。b. 彼／その人はc. とてもやさしくて親切な人です。日本の生活について教えてくれます。

3. 日本人の好きな食べ物について調査をしました。a. その結果、好きな食べ物のベスト3は、b. すし、c. 刺身、d. ラーメンということが分かりました。一方、納豆は20位になっていました。やはりすしは日本人が一番好きな食べ物だということが分かりました。

4. 昨日、インド料理のレストランへ行きました。a. そこで、カレーを食べました。b. そのあと、映画館へ行きました。3D映画で話題になった『スペース・ウォーズ』という映画を見ました。友だちにc. その映画のことを話したら、「ああ、私も見た。d. あの映画、おもしろいよね。」と言っていました。友だちと映画の話をして楽しかったです。

5. A：今、a. ここ(こちら)は雨が降っていますが、b. そこ(そちら)はどうですか。
B：c. ここ(こちら)は、とてもいいお天気ですよ。

6. A：あのう、すみません。ちょっとおたずねしますが、バス停はa. ここから遠いですか。
B：いいえ、すぐb. そこですよ。c. あそこに高いビルが見えるでしょう。バス停はd. その／あのビルの前にありますよ。

7. 生きるか死ぬか、それが問題だ。

間違い探し

1. 来週、スカイツリーの前で会いましょう。あのとき(→そのとき)、借りていた本を持っていきますね。

【解説】代名詞の用法で、「そのとき」を使います。「そのとき」とは「スカイツリーの前で会ったとき」を指します。
➡ まずは確認 (3)参照

2. B：ほんとだ。そんなに(→こんなに)人が多いと思わなかった。

【解説】現場指示の用法です。二人が同じ場所にいて、その場所の程度を説明しているので、「こんなに」を使います。
➡ まずは確認 (1)③、④参照

3. B：たくさんありますね。どちら(→どれ)にしましょうかね。

【解説】たくさんある中で1つを選ぶときは「どれ」を使います。どちらは2つの中で1つを選ぶときに使います。
➡ レベルアップ (2)①参照

4. 私は小学生のとき、沖縄に行ったことがあります。あのとき(→そのとき)、はじめて海で泳ぎました。

【解説】文脈指示の用法で、「そのとき」を使います。話し手だけが知っていて、聞き手は知らないことなので、「あのとき」は使えません。➡ まずは確認 (2)②参照

5. B：あれ(→それ)はいいですね。ご両親も喜ぶでしょうね。

【解説】代名詞の用法で、「それ」を使います。「それ」は、「国へ帰って仕事をすること」をさします。
➡ まずは確認 (3)参照

2 助詞

スタート・トーク
a. に　b. を　c. を　d. で　e. で　f. に　g. に

練習1
1. b　2. b　3. b　4. b　5. a
6. b　7. a　8. b　9. a　10. a

練習2
1. までに　2. まで　3. まで、までに　4. までに
5. まで　6. までに　7. までに　8. まで

練習3
1. に、で　2. に　3. で　4. で　5. に
6. で　7. に　8. に　9. に　10. で

練習4
1. に　2. と　3. と　4. に　5. と

練習5
1. c　2. a　3. b　4. a　5. a
6. c　7. d　8. d, d　9. b　10. d

練習6
1. で　2. で　3. を　4. に　5. に

間違い探し

1. 私は2008年までに(→まで)国の大学でコンピュータを勉強していました。

【解説】ある一定の期間、続けて動作(勉強する)を行ったことを表しているので、「まで」を使います。
→ レベルアップ ④参照

2. 来月に(→来月)アメリカに行くつもりです。

【解説】「昨日、去年、今日、明日、来週、来月、来年」などのように相対的に変わる時間には助詞「に」をつけません。
→ まずは確認 (3)②参照

3. 私はどこにも(→でも)寝られます。

【解説】「寝る」という動作を行う場所を表しているので、「どこでも」になります。→ まずは確認 (1)②参照

4. もっと大きい声に(→で)話してください。

【解説】「話す」方法を表しているので、「大きい声で」になります。→ まずは確認 (8)②参照

5. あそこのいすで(→に)座って、本を読んでいる人が誰か分かりますか。

【解説】「いす」は動作を行う場所ではないので、「で」は使えません。動作の対象になる場所を表すので、「に」を使います。
→ まずは確認 (7)参照

6. 宿題が終わるまでに(→まで)、遊びに行ってはいけませんよ。

【解説】「宿題をする」動作がある時間、続くことを表しているので、「まで」を使います。→ レベルアップ ④参照

3 複合助詞

スタート・トーク
a. 男らしさ・女らしさ　　b. 日本青少年研究所
c. 日本、韓国、アメリカ、中国の高校生

練習1
1. a　2. b　3. a　4. a　5. b
6. b　7. b　8. a　9. b, b　10. a

練習2
1. b　2. d　3. d　4. a　5. c
6. b　7. b, b　8. d　9. a　10. b

文作り
1. a. かぶきの歴史について知りたかったら、b. 中村さんに聞いてください。あの人はとても詳しいですよ。
2. a. この商品についてのb. ご意見は、ホームページにお寄せください。
3. デパートの店員は、a. お客さんに対してb. 親切に応対しなければならない。
4. 日本語の難しさは学習者の母語によって違う。
5. 国によって文化や生活様式が違う。
6. 彼はa. 父親としてb. 夫として、家庭を大切にしている。
7. 最近の若者にとって、a. 携帯電話はb. 友だち作りに欠かせないものだ。
8. a. 新しい医療制度に対するb. 国民の評価はc. 人によって違う。
9. a. 環境に関する問題はb. 世界中の人にとって大事な問題である。
10. a. 台風によるb. 洪水の影響はc. 町中に広がった。

間違い探し
1. これは日本人の健康状態について(→ついての)調査です。

【解説】後ろに続いている「調査」を修飾しているので、「ついての」を使わなければなりません。または、「これは日本人の健康状態について調べた調査です」でもいいです。
➡ まずは確認 (1)②参照

2. これはNHKにとって(→によって)平成22年度に行われた調査です。

【解説】受身文の動作主は「によって」で表します。
➡ レベルアップ ①参照

3. この論文は私の研究に対して(→にとって)とても重要である。

【解説】あるものの評価を表すときは「～にとって」を使います。ここでは「この論文」の「私の研究」における評価を表すので「にとって」を使います。
➡ まずは確認 (5)①、レベルアップ ②参照

4. 彼は私にとって(→に対して)いつも親切に接してくれる。

【解説】相手が私に向かって動作を行ったことを表すときは「私に対して」を使います。「私にとって～」は、「～」であると評価した結果を表すときに使います。
➡ まずは確認 (3)①、レベルアップ ②参照

5. 田中さんは歴史が専門だから、その国の歴史に対して(→について)よく知っている。

【解説】「知る／考える／調べる」などの思考活動の動詞、「話す／聞く／書く」などの言語活動を表す動詞は「について」を使います。➡ まずは確認 (1)①参照

6. 留学生として(→にとって)日本の生活で一番大変なのは食べ物である。

【解説】「留学生」の立場で「日本の生活」がどうなのかを述べているので、「留学生にとって」を使います。その人の立場で、どう考えているのか、どう評価しているかを表すときは「にとって」を使います。➡ まずは確認 (5)①参照

4 の・こと・もの

スタート・トーク
a. ゴルフをする　　b. 本を読む

練習1
1. a	2. b	3. b	4. b	5. a
6. a	7. a	8. b	9. b	10. a

練習2
1. a	2. c	3. c	4. c	5. c
6. b	7. a	8. b	9. d	10. b

文作り

1. 私の夢は、自分の会社をつくることです。

2. 私がどんなにつらくてもがんばるのは、夢を叶えるためです。

3. 今年の目標は、運転免許をとることです。

4. 私は、料理を作るのがあまり好きじゃない。

5. 実験に使った物は、みなさん自分で片付けてください。

6. a. 田中さんは、いつも b. 笑っているけど、ときどき c. 怒ることがある。

7. 明日から健康のために、毎日30分歩くことにします。

8. みんなで相談した結果、次の会議は来月開くことになった。

9. 私は来年、休学してフランスに留学することを考えている。

10. さっきね、a. リサさんとジョンさんが b. 映画館に入るのを見たよ。

間違い探し

1. B：田中さんが来ること(→の)を待ってるんです。

【解説】「待つ」のように、その場で行う動作は「の」を使います。→ **まずは確認** (2)④参照

2. 私はフランス語を話すの(→こと)ができます。

【解説】可能を表す「できる」は、「ことができる」のように、ひとまとまりの表現として使います。
→ **まずは確認** (3)③参照

3. すみません。ちょっとお聞きしたいもの(→こと)があるんですが、今よろしいですか。

【解説】「聞く」は相手に質問するという意味なので、質問する内容は目に見えません。この場合、「こと」を使います。
→ **レベルアップ** ①参照

4. あ、リサさん。実はリサさんに渡したいこと(→物)があるんです。

【解説】「渡す」はプレゼントなどの具体的な物を相手にあげるという意味なので「物」が正しいです。
→ **まずは確認** (4)①参照

5. コンピュータを使えば、遠くの国の人と会話するの(→こと)ができます。

【解説】可能の意味を表す表現は「ことができる」を使います。
→ **まずは確認** (3)③参照

5 原因・理由

スタート・トーク
a. 送ったのに　b. 疲れて／疲れてたから

練習1
| 1.b | 2.a | 3.a | 4.a | 5.b |
| 6.b | 7.b | 8.b | 9.b | 10.a |

練習2
| 1.c | 2.c | 3.a | 4.c | 5.a |
| 6.b | 7.d | 8.d | 9.c | 10.a |

文作り

1. 田中先輩は<u>後輩にやさしいので</u>、研究室でとても人気があります。

2. 外はとても<u>a. 寒いから</u>、<u>b. コートを着て出かけたほう</u>がいいよ。

3. この授業は実験が多くて、とても大変です。／この授業は宿題がいっぱいで、とても大変です。

4. 弟は、<u>熱があるのに</u>、<u>サッカーをしています</u>。

5. A：先生、<u>a. ゼミの資料をコピーしたいので</u>、<u>b. このコピー機を使ってもよろしいでしょうか</u>。

6. 田中さんは<u>a. 熱があると言っていたから</u>、<u>b. 今日の打ち合わせには来られないかもしれない</u>。

7. 毎日<u>a. 1時間走っているのに</u>、<u>b. ちっともやせません</u>。

8. 今日は遠くまでわざわざ来てくれて、どうもありがとう。

9. 父が<u>a. たばこをやめたのは</u>、<u>b. 子どもと約束したから</u>です。

10. このごろ<u>a. 忙しくて</u>、全然<u>b. 遊びに行けません</u>。

間違い探し

1. 宿題を忘れた<u>ので</u>(→忘れて)、すみません。

【解説】後ろに「すみません」のおわびの表現が来るときは「～て(で)」の形を使います。➡ レベルアップ ③参照

2. 先生、病院へ行きたい<u>んですから</u>(→ので)、午後の授業を休んでもいいでしょうか。

【解説】後ろに丁寧な表現を使っているので、理由を説明するときは「～ので」を使います。➡ レベルアップ ①参照

3. この本はおもしろい<u>だから</u>(→から／ので)、読んでみてください。

【解説】イ形容詞は普通形が「から」に接続するので「だ」はつきません。「から」か「ので」を使います。また、「この本はおもしろい。だから、読んでみてください」のように2つの文を使う場合、後ろの文に「てください」があるので、「だから」より「ですから」のほうが自然です。
➡ まずは確認 (2)、(3)参照

4. 何回も連絡した<u>でも</u>(→のに)、先生から返事がない。

【解説】「返事が来る」ことを予想していたが、予想通りにならなかったときは「のに」を使います。
➡ まずは確認 (4)①、②参照

5. 先週、クラスを休んだので、宿題を<u>もらいません</u>(→もらえませんでした)。

【解説】「クラスを休む」という理由で、「宿題をもらうことができなかった」という結果を表しているので、「もらえませんでした」を使います。時制は過去を使います。「もらいません」は自分の意志で「もらわない」と決めたことを表します。
➡ まずは確認 (3)①参照

6. 部屋が<u>暑くて</u>(→暑いので)、クーラーをつけてください。

【解説】原因を表すテ形の後ろは「てください」の依頼表現は使えません。依頼するときは「～ので、～てください」を使います。➡ レベルアップ ①参照

6 目的・可能・願望
スタート・トーク
a. できる　b. ひける　c. 楽器ができる
d. ひける　e. 教え

練習1
1. a　2. b　3. a　4. a　5. a
6. b　7. a　8. b　9. b　10. a

練習2
1. b　2. c　3. d　4. c　5. d
6. d　7. a　8. b　9. c　10. b

文作り
1. このカメラなら、素人でも素晴らしい写真が撮れます。
2. a.ピアノが上手にb.なるように、毎日練習しています。
3. 将来日本の会社で働くために、毎日、日本語を勉強しています。
4. ちょっと教室へ荷物を取りに、行ってきます。
5. 昨日は会議が延びたために、パーティーに参加できませんでした。
6. a.忘れないように、b.メモしておいてください。
7. 今現在、世界で最も速い人は、100メートルを9秒台で走れる。
8. 日本料理は大好きだが、納豆だけはどうしても食べられない。
9. 彼女は日本人だが、長い間韓国に住んでいたので韓国語が話せる。
10. 太郎君は新しいサッカーボールを買いたがっている。

間違い探し
1. 日曜日は夜はダメだけど、昼間なら時間があるから会う（→会える）よ。

【解説】「日曜日の昼間なら」の条件で会うことが可能であることを表しているので可能形を使います。
➡ まずは確認 (4)②参照

2. ここから富士山が見えられる。（→見える）

【解説】「見える」は無意志動詞で可能形を作ることができません。「見える」には「見ることができる」という可能の意味を表す場合もあります。➡ まずは確認 (4)④参照

3. 田中さんは彼女と別れて、とても悲しい（→悲しがっている）。

【解説】相手や他の人の感情表現を断定することはできません。相手や他の人の現在の感情、希望などは「〜がる／がっている」を使います。➡ レベルアップ ⑤参照

4. 先生、来週は学会で北海道へ行くので、日本語の授業に来ません（→来られません）。

【解説】ある理由があって結果的に「授業に来られない」と決まったこととして表しています。このような場合、後ろの文には可能の否定表現を使います。➡ まずは確認 (4)②参照

5. 木村先輩は新しいものが好きらしく、新しいパソコンが出ると、すぐほしがります（→ほしくなるようです）。

【解説】「〜がる」は批判的なニュアンスがあるので、目上の人に使うのは失礼です。推量の意味の「ようだ」を使って表現します。➡ レベルアップ ⑥参照

7 いく・くる

スタート・トーク
a. 来て　b. 来た　c. 帰った　d. 戻ってくる
e. 来る　f. 戻ってくる　g. 行って

練習1
1. a　2. a　3. a, a, a　4. b　5. a
6. b　7. a　8. a　9. a　10. b

練習2
1. c　2. d　3. b　4. c　5. b
6. c　7. d　8. a　9. c　10. a, c

文作り

1. B：ええ、少しずつ<u>分かってきました</u>。

2. B：ええ、いろいろな店も増えて、ずいぶん便利に<u>a. なってきました</u>。これからもっと<u>b. 発展していく</u>だろうと思います。

3. 先生は席を外しています。3時すぎには<u>帰ってくる</u>と思います。

4. 今日は宿題を<u>やってこなかった</u>ので、先生にしかられた。

5. 環境問題は今後もさらに<u>深刻になっていく</u>だろうと思います。

6. 研究を続けるのは大変ですが、これからも<u>続けていきたい</u>と思っています。

7. あ、財布忘れた。ちょっとここで待ってて。<u>取ってくる</u>から。

8. 最近、ずいぶん<u>暖かくなってきました</u>ね。

9. <u>a. 日本の経済</u>は徐々に<u>b. よくなってきています</u>。

10. <u>a. 日本の景気</u>はこれからも<u>b. ますますよくなっていく</u>だろうと思います。

間違い探し

1. 妻：はーい、すぐ<u>来る</u>（→行く）からちょっと待ってね。

   【解説】妻は今いる場所を離れて、相手に近づくという意味を表しているので、「行く」を使います。
   ➡ **まずは確認**（1）参照

2. 最初、日本語の勉強は大変でしたが、最近、おもしろくなって<u>きます</u>（→きました）。

   【解説】過去から現在までの変化は「〜てくる」で表しますが、現時点で変化を知覚したことを表すときは「〜てきた」を使います。➡ **まずは確認**（5）参照

3. 公園を散歩していたら、突然、知らない人が私に声を<u>かけた</u>（→かけてきた）ので、びっくりした。

   【解説】「知らない人が私に向かって声をかけた」という意味で、方向を表しているので、「声をかけてきた」のように「〜てくる」を使います。➡ **まずは確認**（2）参照

4. A：あっ、見て見て、あそこ。富士山が見えて<u>きます</u>（→きました）。

   【解説】富士山はすでに見えていますので、「見えてきました」のように「〜てきた」を使います。「見えてきます」はまだ見えていないが、そろそろ見えるという意味になります。
   ➡ **まずは確認**（5）参照

5. 母：いいよ。でも、これからは、家に友だちを<u>連れる</u>（→連れてくる）ときは、前もって電話してね。

   【解説】「外から家へ」という移動を表しているので、「連れてくる」が正しいです。
   ➡ **まずは確認**（2）、**レベルアップ**③参照

8 する・なる

スタート・トーク
a. ようにして／ことにして
b. ことにして／ようにして
c. 読めるようになりました

練習1
1. a 2. a 3. a 4. b 5. b
6. a 7. a 8. b 9. a 10. b

練習2
1. d 2. b 3. c 4. d 5. b
6. c 7. a 8. d 9. a 10. a

文作り
1. 来年4月から日系企業で働くことになりました。
2. さっきまで動いていたパソコンが急に動かなくなった。
3. この洗濯機、高いですね。もう少し安くしてもらえませんか。
4. 今の部屋はせまいので、もっと広い部屋にひっこすことにしました。
5. どうしようかと迷いましたが、10月に入学試験を受けることにしました。
6. 私は健康のために、できるだけエスカレーターを使わないようにしています。
7. 今週からパソコンで自分の成績が見られるようになりました。
8. 私は日本語の勉強のために、毎日新聞を読むことにしています。
9. 2010年に日本へ来たので、今年で3年間日本にいることになる。
10. 最近、a.寒くなってきたので、b.朝、起きられなくなりました。

間違い探し
1. 昨日は熱がありました。早く家に帰って休んだので、今日はよくに(→よく)なりました。

【解説】「いい」はイ形容詞なので「よくなる」が正しい形です。
→ まずは確認 (2)参照

2. 来年の3月に大学を卒業することにしました(→なりました)。

【解説】一般的に、卒業は個人の意志で決めるのではなく、大学の校則や勉学の状況によって決まることが多いので、「ことにする」ではなく「ことになる」を使ったほうがいいです。
→ まずは確認 (5)②参照

3. 卒業したら日本の会社で働きたいので、日本語の勉強を続けることになりました(→しました)。

【解説】「日本語の勉強を続ける」は自分の意志で決められるので「ことにしました」を使います。
→ まずは確認 (3)①、②参照

4. 入社試験に合格したので、来月からA会社で働くように(→ことに)なりました。

【解説】会社で働けるのは、入社試験に合格して決まったことだという意味ですから、「働くことになった」を使います。もし、以前は働かなかった人が、何かをきっかけに働くように変化したことを表すときは「働くようになりました」と表現します。→ まずは確認 (5)②参照

5. 日本では、2011年7月24日からアナログテレビが見られないように(→見られなく)なりました。

【解説】「ようになる」の否定形は「〜ないようになる」ではなく、「〜なくなる」なので、「見られなくなる」が正しいです。
→ レベルアップ ⑤参照

9 テ形と否定形

スタート・トーク
a. 痛くて　　b. 出ないで　　c. うちに帰った

練習1
1.a,b	2.b	3.b	4.a	5.a
6.b	7.a	8.a	9.a	10.a

練習2
1.d	2.a	3.b	4.a	5.d
6.b	7.b	8.a	9.b	10.c

文作り

1. B：昨日は、えっと、朝 a.部屋を掃除して、午後は b.買い物に出かけました。

2. 古い友人から電話がかかってきて／テストが満点で嬉しかった。

3. 私は目玉焼きを食べるとき、a.しょうゆを b.かけて食べます。

4. B：いえ、先週は体調が悪かったので出かけないで／出かけずにうちで寝ていました。

5. 今回の試合で優勝することができなくて／行きたかったレストランが休みで残念です。

6. B：えっと、a.清水寺で紅葉を見て、b.夜は温泉に入るつもりです。

7. 紀子ちゃんはいつも人の話を聞かないで／聞かずに、自分のことばかりしゃべる。

8. a.入学試験の面接のとき、緊張して b.上手に話せなかった。

9. B：中村さんね、あそこの、いすに座って携帯電話で話している人ですよ。

10. この文章を覚えましたか。では、本を見ないで／見ずに言ってみてください。

間違い探し

1. 足が痛いで(→痛くて)歩けない。

【解説】「痛い」は「歩けない」の理由を表すので「痛くて」を使います。イ形容詞のテ形は「～くて」になります。
→ まずは確認 (1)③参照

2. 太郎は、勉強も しなくて(→しないで／せずに)、ずっと遊んでいる。

【解説】「勉強しない。その代わり、遊ぶ」という意味で、継起の否定形「ないで」「ずに」を使います。
→ まずは確認 (3)①参照

3. インターネットがつながらないで(→なくて)、メールが送れなかった。

【解説】「メールが送れなかった」原因・理由を表すので、「なくて」を使います。→ まずは確認 (2)①参照

4. 田中さん、いつも私を 手伝って(→手伝ってくれて)ありがとう。

【解説】お礼は話し手の感情なので、田中さんの手伝う動作が私に向かっていることを表現しなければなりません。第三者から話し手に動作が向けられたことを表す授受表現「てくれる」と一緒に使ってください。→ まずは確認 (1)③参照

5. 急に停電になったとき、何も見えないで(→見えなくて)怖かった。

【解説】「怖かった」と感じた原因・理由を表すので「なくて」を使います。→ まずは確認 (2)①参照

10 名詞修飾

スタート・トーク
a. 白と黒のもようのある大きな　b. テリー

練習1
1. b　2. a　3. b　4. a　5. b
6. b　7. b　8. b　9. a　10. a

練習2
1. c　2. a　3. a　4. c　5. b
6. a　7. b　8. c　9. c　10. d

文作り
1. 私は a. 近くの郵便局で b. 80円の切手を買いました。
2. 私の国には、お正月、目上の人から お金をもらう/お金をもらうという習慣があります。
3. 私は、日本の「東京ラブストーリー」という(ドラマ)/映画を見たことがあります。
4. A：白い水玉のもようがある細長いかさです。
5. 将来は a. 広くて/きれいで、b. 庭がある家に住みたいです。
6. A：私の国には a. すき焼きという料理があります。
   A：b. 牛肉と豆腐と野菜を煮込んで作る料理です。
7. A：私の国には a. 女性の日という日があります。
   A：b. 女性に感謝の気持ちを伝える日です。
8. 山本：うん、会ったことあるよ。背が高くてハンサムな人だよ。
9. 私が通っていた高校には、パーマをかけてはいけないという規則がありました。
10. 私はおいしいものを 食べる/食べているときに一番幸せを感じます。

間違い探し
1. A市は、先週の台風で、大きいな(→大きな)被害を受けました。

【解説】「大きいな」という表現はありません。「被害」が大きいという場合は程度を表しており、実際の大きさを言っているのではないので、「大きい」ではなく「大きな」を使います。
→ レベルアップ ②参照

2. B：何の種類ですか。「野菜」と言っても、多い(→多くの/たくさんの)種類がありますよね。

【解説】「多い+名詞」では使えません。「多くの、たくさんの+名詞」にする必要があります。→ レベルアップ ②参照

3. 健康のために、毎回、栄養のバランスがとれる(→とれた/とれている)食事をしてください。

【解説】ものの状態や性質を表すときはタ形かテイル形を使うので、「とれた」「とれている」を使います。
→ まずは確認 (3) ②、③参照

4. キムさんは、実験が忙しいの(→という)理由で、最近日本語のクラスを休んでいる。

【解説】「理由」の内容について説明しているので「という」が正しいです。→ まずは確認 (4)、レベルアップ ④参照

5. 山下さんは(→が/の)住んでいるところは東京です。

【解説】「山下さんが住んでいる」は「ところ」を説明しています。その場合、「山下さんは」のように「は」は使えません。「が」か「の」です。→ レベルアップ ③参照

11 並列(へいれつ)

スタート・トーク
a. のついでに　　b. し　　c. 飲(の)みながら

練習1
1. a　　2. b　　3. b, b　　4. a, a　　5. a
6. a, a　　7. a, a　　8. b　　9. b　　10. a

練習2
1. b　　2. c　　3. c　　4. a　　5. a, a
6. d, d　　7. c　　8. c　　9. b　　10. b

文作り
1. 日本は a. 人口が減っているのに対して、私の国は b. 人口が増えている。
2. 夏休みに a. 国へ帰るか b. 日本にいるか、まだ決めていません。
3. 私の彼氏は親切なだけではなく、とてもかっこいい。
4. 学期末になると a. レポートやら、b. 期末テストやら、やらないといけないことが多くて、大変だ。
5. 私の母は a. 駅に迎えに来てくれるし、b. 朝早く起きてお弁当を作ってくれるし、とてもやさしいです。
6. 私は a. クラシック音楽を聴きながら、b. 本を読むのが好きです。
7. 娘は毎日 a. バイトだの、b. 友だちと約束があるだの、忙しいと言って、家事の手伝いをしない。
8. a. 窓を開けたまま、b. 寝るのはよくないと思います。
9. a. 新しい服を買ったが、あまり着ないまま、b. 着られなくなってしまった。
10. a. 散歩に行くついでに、b. コンビニに行ってきました。

間違い探し

1. 兄はスポーツが好きに(→好きなのに)対して、弟は本を読むのが好きだ。

【解説】「対して」は「のに」と一緒に使います。「好き」はナ形容詞なので、「好きなのに」になります。
→ 確認 (1) 参照

2. 来月、国へ帰りますか(→帰るか)、日本にいますか(→いるか)、まだ決めていません。

【解説】「XかYか」は丁寧形には接続できません。普通形を使ってください。→ 確認 (3) 参照

3. 母はイタリアに海外旅行に行って、バッグなり(→だの)、靴なり(→だの)、買い物ばかりしていた。

【解説】同じ種類の物(ここではイタリアで買い物した物)は「だの」を使います。特に、「XだのYだの」は話し手の不快感を表したり、相手を非難するときに使います。
→ 確認 (7) 参照

4. 彼は彼女にプロポーズができなかった(→できない)まま、別れてしまった。

【解説】「プロポーズができない」状態が残っていることを表すので、「できないまま」を使います。「~まま」の否定形は「なかったまま」ではなく、「ないまま」だけです。
→ 確認 (10) 参照

5. 郵便局に行き(→行った)ついでに、切手も買ってきました。

【解説】「ついでに」は動詞の場合、普通形に接続します。同じ意味を表す「がてら」はマス形に接続します。
→ 確認 (11) 参照

12 時の表現

スタート・トーク
a. おいしかった　b. 食べる　c. 来る　d. 終わっ

練習1
1. b　2. b　3. a　4. b　5. a
6. a　7. a　8. b　9. b　10. b

練習2
1. c　2. a　3. b　4. b　5. c
6. b　7. b　8. a　9. d　10. d

文作り
1. 父は毎晩、寝るまえに、お酒を1杯飲みます。
2. 留学したいなら、その国についてよく調べてから決めたほうがいい。
3. あ、ちょっと待ってて、すぐ行く。今着替えているところだから。
4. 先週 a. 買ったばかりの b. かさをなくしてしまいました。
5. 私の国では、a. 電話を切るときに、b.「失礼します」と言います。
6. 試験が a. 始まってからは、b. 携帯電話を使ってはいけません。
7. B：いや、a. 今日は忙しくて、b. ごはんを食べる時間がなかったよ。
8. 駅前の映画館でやっているあの映画、もう見た？
9. 昨日の晩、雨が降ったみたいだね。道路がぬれているよ。
10. 私は毎日、2時間日本語の勉強をしています。

間違い探し
1. 日本では、靴を脱いだあとで（→脱いでから）、部屋に入ります。

【解説】「靴を脱ぐ→家に入る」という2つの動作は連続して起こる動作の順番を表すので、「てから」を使います。
→ 確認 (5)参照

2. 地震がくる（→きた）ときは、すぐに外に飛び出してはいけません。

【解説】未来のことを仮定して表現するときはタ形を使います。「〜た場合」という意味です。
→ 確認 (6)②参照

3. B：田中さんは、今、食堂でご飯を食べます（→食べています）。

【解説】現在、やっている動作の進行を表す表現なので「〜ている」を使います。→ 確認 (1)①参照

4. B：いいえ、出しませんでした。（→まだです。／まだ出していません。）

【解説】現在まだ完了していないことを表すときは「まだ〜ていない」を使います。「出しませんでした」と言うと、これからあとも出す気持ちはないことを表します。
→ さらにレベルアップ ②参照

5. あ、あそこにスカイツリーが見えてくる（→見えてきた）。高いねー。

【解説】スカイツリーが見えるようになったという変化を表す「〜てくる」を使っていますが、その変化を知覚したり発見したりしたことを表すときは「タ形」を使います。「見えてきた」のように使ってください。
→ 確認 (2)②参照

13 授受表現

スタート・トーク
a. あげたんです　b. 作ってくれた／焼いてくれた

練習1
1. b　2. a　3. b　4. a　5. b
6. a　7. b　8. b　9. b　10. a

練習2
1. b　2. d　3. b,b　4. b　5. b
6. d　7. d　8. c　9. b　10. a

文作り
1. B：ええ。これは祖母にもらった指輪なんです。
2. あっ、いけない！家の植木に水をやるのを忘れてきちゃった。
3. A：今年、お正月に実家に帰ったとき、もう大学生なのに、両親がお年玉をくれたんです。びっくりしましたよ。
4. B：ええ、ホストファミリーに、①京都に連れていってもらいました。②京都を案内してもらいました。
5. 昨日、小学校へ行って、子どもたちに私の国の言葉を教えてあげました。
6. 客：出発まで時間がないので、ちょっと急いでいただけませんか／急いでくださいませんか。
7. もし結婚するなら、家事をやってくれる／手伝ってくれる人と結婚したい。
8. レポートが進まなくて困っていたところ、先生が参考になる論文を貸してくださった／紹介してくださったのでとても助かった。
9. B：そうですね。休みが取れれば、親を旅行に連れていってあげたいです。
10. 母：このゴミ、ゴミ捨て場に持っていってくれ／捨ててきてくれない？

間違い探し

1. すみません。ちょっと写真を撮っていただきませんか。（→いただけませんか）

【解説】依頼表現の場合、「～いただけますか／いただけませんか、～もらえますか／もらえませんか」のように可能形にしてください。→ 確認(2)②ii参照

2. 国の家族が私に荷物を送りました。（→送ってくれました）

【解説】私が家族から恩恵を受けるので「～てくれる」を使ってください。→ 確認(2)③i参照

3. 学生：そうなんですか。よろしかったら、北京の町をご案内してあげます。（→ご案内いたします／ご案内いたしましょうか）

【解説】目上の人には、「～てあげる／さしあげる」は使いません。「お～する」、あるいは、「お～しましょうか」を使ってください。敬語を使って「ご案内してさしあげます」にしても、失礼になるのでよくありません。
→ 確認(2)①、さらにレベルアップ①参照

4. 自転車が壊れて、田中さんが困っていたので、田中さんに(→の)自転車を直してあげました。

【解説】「自転車」は、田中さんの所有物なので、「田中さんの自転車」のように助詞を「に」ではなく「の」に変えてください。
→ 確認(2)①参照

5. 私の論文の日本語をチェックしていいですか。（→いただけませんか）

【解説】「～してください」の意味で「～していいですか」は使えません。相手に依頼する場合、「～していただけませんか、～してもらえませんか」を使ってください。

【補足】例えば、「A：これに書いてもいいですか」では、Aさんが「書く」という動作をします。「A：Bさん、これに書いていただけませんか」では、Bさんが「書く」という動作をします。→ 確認(2)②ii参照

14 尊敬語・謙譲語

スタート・トーク
a. いらっしゃいます　　b. うかがって

練習1
1. b　2. a　3. b　4. b　5. a
6. a　7. b　8. a　9. b　10. b

練習2
1. b　2. d　3. d　4. a　5. d
6. c　7. c　8. b　9. a　10. b

文作り
1. 学生：パーティーの会場は「ベル」ですが、ご存じですか。

2. 学生：先生、明日なんですが、1時に研究室にうかがってもよろしいでしょうか。

3. 部下：部長、次の打ち合わせですが、いつにいたしましょうか／なさいますか。

【補足】部下が自分で手配する場合は「いたしましょうか」、部長がする場合は「なさいますか」です。

4. 私：あの、お仕事は、何をしていらっしゃるんですか／なさっているんですか。

5. 学生：先生、今朝、何時ごろこちらにいらっしゃったんですか。

6. 学生：えっと、お名前だけは a. 存じています／うかがったことがありますが、b お目にかかったことはありません。

7. 中村：はい、私も、さっき川野さんがおっしゃった意見に賛成です。

8. B：そうですか。最近は何をご覧になったんですか。

9. 後輩：ちょっとこの機械の使い方についてうかがい／教えていただきたいんですが…。

10. A：これ、ハワイのお土産で、チョコレートです。どうぞ、みなさんで召し上がってください。

間違い探し

1. 先輩、昨日のパーティーで何を召し上がった（→召し上がりましたか）？

【解説】敬語を使う場合は、全体のバランスにも注意してください。「召し上がる」は「食べる」の尊敬語です。しかし、「召し上がった」は普通体なのでバランスが悪くなっています。敬語を使う場合は、他の表現も丁寧にしてください。
→ さらにレベルアップ ③参照

2. このパンフレット、お目にかかっても（→拝見しても）よろしいでしょうか。

【解説】話している人は、パンフレットを見たいと思っていて、許可をとろうとしています。「私が見る」ので、「見る」の謙譲語を使います。「お目にかかる」は「見る」ではなく、「会う」の謙譲語です。→ 確認 「特別な形の敬語」参照

3. 明日の会議の時間が変わったと聞きましたが、ご存じました（→ご存じでした）か。

【解説】「ご存じだ」は「知っている」の尊敬語です。「ご存じ」は名詞なので「ご存じます」のように動詞としては使えません。→ 確認 「特別な形の敬語」参照

4. 日本のお酒を買って、国の父にさしあげます（→あげます）。

【解説】家族内では敬語を使いません。
→ さらにレベルアップ ②参照

5. 私は田中さんが申した（→おっしゃった）ことに賛成です。

【解説】「申す」という動詞は「言う」の謙譲語です。私が言ったのではなく、田中さんが言ったので、尊敬語を使ってください。→ 確認 「特別な形の敬語」参照

15 尊敬表現・謙譲表現・丁寧表現

スタート・トーク
a. どうぞお使いください

練習1
1. スミス先生はいつも日本語でお話しになります。
2. スミス先生は毎日7時にお帰りになります。
3. スミス先生、コピー機をお使いになりますか。
4. 何かありましたら、こちらの番号にご連絡ください。
5. 資料は後ろにあります。みなさま各自お取りください。
6. よろしければご利用ください。

練習2
1. 今日決まったことは私から木村さんにお伝え(いた)しました。
2. 明日、この本を田中先生にお返し(いた)します。
3. 昨日、東京でとった写真を先生にお見せ(いた)しました。
4. 旅行のスケジュールは来週お知らせ(いた)します。
5. 調査した内容について、私からご報告(いた)します。
6. まず、今回の講師の先生をご紹介(いた)します。
7. こちらでご用意(いた)します。

練習3
1. 今日は、みなさんに大切な(お)知らせがあります。
2. ここに必要事項を記入してください。まず、(お)名前、(お)年、(お)ところ、です。(ご)住所はアパート名までお願いします。それから、(ご)職業もよろしければお書きください。何かありましたら、こちらから(ご)連絡します。
3. あの、(お)忙しいところすみません。ちょっと(お)時間よろしいでしょうか。…以上ですが、何か(ご)質問はありますでしょうか。…これで、アンケートは終わりです。(ご)協力ありがとうございました。
4. 来週のパーティーに(ご)招待したいんですが、(ご)都合はいかがですか。
5. 今日は、パーティーに(お)招きいただき、ありがとうございます。
6. (お)料理が(お)上手ですね。どれもとてもおいしいです。いつも(お)食事は、(ご)自分でお作りになるんですか。
7. (ご)兄弟は何人いらっしゃるんですか？
8. 今後とも、(ご)指導のほど、よろしくお願いいたします。

練習4
1. c 2. b 3. b 4. c
5. d 6. b 7. a 8. d

文作り
1. ジョン：あ、まだでした。すみません。今、お支払い(いた)します。
2. B：わあ！これ、田中さんがお作りになったんですか。
3. 店員：いらっしゃいませ。お客様、コートはこちらでお預かり(いた)します。
4. 係りの人：(お・ご)旅行の(お・ご)申し込みですか。こちらに(お・ご)名前と(お・ご)住所をお書きください／ご記入ください。
5. 次は3階、婦人服売り場でございます。
6. 駅員：電車が参ります。線の内側までお下がりください。

【補足】「お待ちください」を使う場合、助詞は「～で、お待ちください」になる。「お立ちください」を使う場合、助詞は「～に、お立ちください」になる。

7. B：え、ご主人は、週末もお仕事なさるんですか／お仕事なさっているんですか。
8. A：次回の会議について、日にちが決まりましたらすぐご連絡(いた)します／お伝え(いた)します。

間違い探し

1. 昨日は、一日中、小説をお読みしました(→読みました)。

   【解説】敬語(この場合は謙譲語)は相手に敬意を表すために使うので、一人でする動作のときには必要ありません。「読む」という動作を相手のためにしたのではありませんし、自分が持っている本に敬意を表す必要はありません。
   ➡ 確認(2)参照

2. こちら割引チケットです。ご自由にお取りしてください(→お取りください)。

   【解説】相手に勧める尊敬の表現は、「お(マス形)〜ください」です。テ形ではありません。「お取りして」と言った場合、「お(マス形)する」が謙譲表現になります。相手の動作を低く言うことになるので、失礼です。➡ 確認(1)参照

3. 学生：失礼します。先生、リンと申します(→リンです／リンでございます)。

   【解説】「名前＋と申します」は自己紹介のときに使う表現です。つまり、初めて会った時だけです。２回以上会うときやお互いに知っているときは丁寧表現の「でございます」を使います。➡ 確認(3)参照

4. 学生：先生、昨日メールをお送りしたんですが、ご確認なさいましたか(→…／確認していただけましたか／ご確認いただけましたか)。

   【解説】「ご確認なさいましたか」は必要ありません。あるいは、目上の相手を主語にするのではなく、自分を主語にして(謙譲語にして)、「ご確認いただけましたか」とすれば大丈夫です。➡ さらにレベルアップ⑤参照

5. 学生：先生、この雑誌をご覧になりたいですか(→ご覧になりますか)。よろしかったら、どうぞ。

   【解説】目上の人に、「〜たいですか」と希望を尋ねるのは失礼になります。敬語を使って言っても失礼なのは同じです。希望を聞きたい場合は「〜ますか」と尋ねます。
   ➡ さらにレベルアップ⑤参照

6. 学生：先生、何をご覧になっていらっしゃる(→ご覧になっている／見ていらっしゃる)んですか。

   【解説】「ご覧になる」は「見る」の尊敬語です。「〜ていらっしゃる」は「〜ている」の尊敬語です。二つの尊敬語が使われることを「二重敬語」と言いますが、普通は、敬語は一つで十分です。最近は敬語が多ければ丁寧、という考えもあって、二重敬語を使っている人がいますが、これは使いすぎです。
   ➡ さらにレベルアップ②参照

16 否定表現

スタート・トーク
a. ことはないですよ

練習1
| 1.a | 2.b | 3.b | 4.a | 5.b |
| 6.a | 7.a | 8.a | 9.a | 10.b |

練習2
| 1.c | 2.b | 3.c | 4.a | 5.a |
| 6.b | 7.c | 8.a | 9.b | 10.d |

文作り

1. 私は料理を作らない／料理が作れないこともないんですが、外食することが多いです。
2. このまま地球温暖化が進むと、人類が滅びないとは限らない／とは言えない。
3. 平日の新幹線はすいているから、そんなに急ぐことはない。
4. 塾に通ったからといって、試験に合格するとは限りません。
5. 彼は立派な人ですが、欠点がないとは言えません。
6. B：忙しいのは忙しいんですが、デートする時間がないこともありません。
7. 日本での生活はa.慣れてきましたが、b.国へ帰りたいと思わないこともない。
8. a.学校から宿舎までは近いから、わざわざb.バスに乗ることはない。
9. 留学生だからといって日本について知らないとは限らない／とは言えない。
10. 料理が作れないからといって、家事ができないとは限らない／とは言えない。

間違い探し

1. みんな大きい会社に就職したいと思っているけど、「大きい会社がいい会社」ではない（→だとは限らない／だとは言えない）。

【解説】「ではない」と言うと、すべての大きい会社はいい会社ではない、という意味（完全否定）になります。大きい会社でもよくない会社もあるという部分否定の形にしてください。
→ 確認 (1)①、(2)①参照

2. B：大丈夫ですよ。まだやぶれていないから、はきます（→はけます／はけないことはないです）よ。

【解説】まだはけるという可能性を表します。「はける」のように可能形で表すか、「ないことはない」を使って「はけないことはない」で表します。相手の意見である「はけない」を否定したくないときは「はけないことはない」を使ったほうがいいです。→ 確認 (4)参照

3. いい大学を出ても、いい仕事を見つけない。
（→を見つけられるとは限らない／とは言えない）
（→が見つかるとは限らない／とは言えない）

【解説】まず、「仕事を見つける（他動詞）」「仕事が見つかる（自動詞）」に助詞と動詞をそろえてください。そして、完全否定ではなく部分否定にします。
→ 確認 (1)①、(2)①参照

4. A：でも、絶対転ばないんじゃない（→とは限らない／とは言えない）し気をつけてね。

【解説】「転ばない」という自信があっても、それは100パーセントではないという意味で、部分否定を使います。
→ 確認 (1)②、(2)②参照

5. B：食べられないじゃない（→ことはない）ですが、あまり好きじゃないんです。

【解説】「がんばれば食べられる。でも、好きじゃない。」「まあまあ食べられる。」という意味で、「ないことはない」を使います。→ 確認 (4)参照

17 仮定表現

スタート・トーク
a. 読んだら／読めば　　b. あったら／あれば　　c. なら
d. 読んだら　　e. 読んだら

練習1
1. b　2. a　3. a　4. b　5. b
6. b　7. b　8. a　9. b　10. b

練習2
1. c　2. b　3. c　4. c　5. a
6. d　7. b　8. c　9. c　10. b

文作り
1. この機械を<u>使えば／使うと</u>、もっと早く作業が終わるだろうと思います。
2. そんなに甘いものばかり<u>食べていると／食べていたら</u>、すぐに太ってしまいますよ。
3. バランスのとれた食事を<u>とらないと／とらなければ</u>、病気になってしまいますよ。
4. この仕事にそんなに文句が<u>a. あるなら</u>、<u>b. やめたほう</u>がいいと思います。
5. このボタンを押すと、お湯が出ますので、気をつけてくださいね。
6. <u>夏休みになったら</u>、ハワイに行きたいと思っています。
7. 明日、<u>a. 田中さんに会ったら</u>、<u>b. これを渡して</u>ください。
8. もしあのとき、あの人に出会っていなかったら、<u>今の会社には就職できなかった</u>かもしれない。
9. 私は<u>a. 夏休みになると</u>、必ず<u>b. 国へ帰って両親と過ごします</u>。
10. <u>a. 愛さえ</u> <u>b. あれば</u>、<u>c. どんなに大変でもがんばっていける</u>。

間違い探し
1. <u>もし</u>(→×)3月になったら、国へ家族に会いに帰りたいと思っています。

【解説】実現することがはっきり分かるときは「もし」を使いません。3月になるのは決まっていることなので「もし」と一緒に使いません。➡ さらにレベルアップ ①参照

2. B：パソコンを<u>買えば</u>(→買うなら)、秋葉原がいいんじゃない？

【解説】Aの「パソコンを買いたい」という話を受けて、Bが勧めるときは「なら」を使います。これは「なら」の特別な使い方です。➡ 確認 [仮定表現とは](4) 参照

3. もっと早く間違いに気がつい<u>ていると</u>(→ていたら／ていれば)、こんな失敗はしなかったのに。

【解説】反事実的条件を表すときは「たら」もしくは「ば」を使います。後悔するという意味を表す場合、文末には「のに」を使うことが多いです。➡ さらにレベルアップ ③参照

4. 梅雨が<u>明ければ</u>(→明けたら／明けると)、暑くなるよね。いやだなぁ。

【解説】当然の結果を表すときは「たら」を使います。また、自然の原理や状態を表すときは「と」を使いますので、「明けると」も使えます。➡ 確認 [仮定表現とは] (2)、(3)参照

5. 授業が終わって外に<u>出たなら</u>(→出たら／出ると)、雪が降っていた。

【解説】「雪が降っていた」事実に気がついたことを表す表現なので「たら」か「と」を使います。後ろには存在、事実、発見の意味を表す表現が来ることが多いです。
➡ 確認 [仮定表現とは] (2)、(3)、さらにレベルアップ ② 参照

18 複合動詞

スタート・トーク
a. 終わった　b. 始めた　c. 終わる

練習1
1. a　2. a　3. b　4. a　5. b
6. b　7. a　8. a　9. b　10. a

練習2
1. a　2. b　3. c　4. d　5. c
6. b　7. c　8. a　9. c　10. c

練習3
1. かけて　2. 始めた　3. 入れられ
4. 切っ　5. 込んで

文作り
1. 電車を乗り間違えて(乗り過ごして)、目的地と反対方向に行ってしまった。
2. 多くの人にパソコンが使われ始めたのは、90年代に入ってからのことだ。
3. 親しい友人であっても、個人の生活に深く入り込みすぎないように、注意しなければならない。
4. 事故にあっても、あわてないで、落ちついて行動してください。
5. 道の曲がり角から、急に子どもが飛び出してきた。
6. 忘れ物をしたのを思い出して、家に戻ってきた。
7. 海開きのセレモニーが終わると、子どもたちがみんな海へ飛び込んだ。
8. スポーツジムに行き始めて／通い始めてから、体の調子がとてもいい。
9. 彼は彼女に100回以上もプロポーズを断られ続けたのにあきらめない。
10. この映画を見て、感動のあまり、涙があふれ出して止まらなかった。

間違い探し

1. コンビニにあるATMで、お金を振り入れる(→振り込む)ことができます。

【解説】「振り込む」は「銀行や郵便局を通してお金を払う」という意味です。銀行、郵便局、ATMなどで使います。1つの言葉として覚えてください。➡ 確認 (5)参照

2. スマートフォンを使い出した(→使い始めた)ばかりなので、まだ慣れていない。

【解説】「〜出す」は予想していなかったことが急に始まったことを表すときに使います。話し手が意志を持ってスマートフォンを買って使っているので、「使い始めた」を使います。➡ 確認 (1)①参照

3. こんなにたくさんの料理、一人では食べ終われ(→食べ切れ)ません。

【解説】「全部食べられない」という意味です。「全部・完全に〜する」を表す「切る」を使って、可能形にしてください。
➡ 確認 (2)①参照

4. 彼は苦しい状況から抜け込む(→抜け出す)ために、必死でがんばっている。

【解説】「〜込む」は「中に入る」という意味ですから、この場合反対の意味になります。苦しい状況から出たいので、「〜出す」を使います。➡ 確認 (3)③参照

5. 親は子どもをしかる前に、何が問題なのか、子どもに問い出す(→問いかける)ことが大事だ。

【解説】親から子どもへの動作の方向を表すので「〜かける」を使います。質問するという意味です。
➡ 確認 (3)①参照

19 自動詞と他動詞

スタート・トーク
① a. 割れてる　b. 割った

練習1
1. a. 止める, b. 止まる　　2. a. 汚す, b. 汚れる
3. a. 切る, b. 切れる　　4. a. 出す, b. 出る
5. a. 割る, b. 割れる

練習2
| 1.b | 2.a | 3.a | 4.a | 5.b |
| 6.a | 7.b | 8.a | 9.a | 10.b |

練習3
| 1.b | 2.d | 3.c | 4.b | 5.d |
| 6.b | 7.d | 8.a | 9.b,c | 10.d |

練習4
1. A:割れて, B:割った　　2. A:かかって, B:かけた
3. A:動かし　　4. 母1:起きた, 母2:起こして
5. A:して　　6. B:出た, A:集まっ
7. B:破って　　8. B:落ちて, B:折れて, A:倒れて
9. A1:焼けた, 切って, A2:入れて, B:わかし
10. うつら

文作り
1. 母親：勉強するときは、テレビを消しなさい。
2. 母親：ケーキが焼けましたよ。
3. B：そうなの？いい部屋が見つかって、よかったね。
4. 明日はゼミがあって授業に出られませんので、スピーチの日にちを変えて(変更して)くださいませんか。
5. A：この荷物、鈴木さんに渡してください。
6. あ、シャツのボタンがとれた／落ちた。
7. あっ。ジュースがこぼれそうだよ。
8. 私の国では、熱を a. 出した ときは、b. ホットレモンティーを飲む習慣があります。
9. A：七回転んでも八回起き上がる、つまりあきらめないという意味です。
10. おかしいな。何度携帯に電話を a. かけても b. つながらない。

間違い探し

1. 24時間で地球を(→が)1回まわします(→まわります)。
【解説】地球が自分の力で回転(自転)することであるため、自動詞「まわる」を使います。→ 確認 (2)②参照

2. なべに野菜を入って(→入れて)ください。
【解説】料理の説明で、人の動作に注目しているため、他動詞「入れる」を使います。→ 確認 (2)①参照

3. 部長、会議の時間ですが、どうして変えた(→変わった)んですか。
【解説】目上の人(部長)の動作に注目して他動詞を使った質問をすると、目上の人の動作を非難する表現になるため、失礼に感じられます。自動詞を使って、会議の時間に注目した表現がより丁寧です。→ さらにレベルアップ ⑤参照

4. ここに自転車を止まら(→止め)ないでください。
【解説】自転車を持っている人に注意しています。自転車を持っている「人」(動作主)の行動について言っているので、他動詞を使います。→ 確認 (2)①参照

5. このビンのふたは固くて、なかなか開け(→開か)ない。
【解説】ふたの様子に注目しているので自動詞を使います。「開く」の否定形は「開かない」です。「できない」という意味で、可能形を作りたくなるかもしれませんが、この場合、自動詞は可能形が作れません。→ 確認 (2)②参照

20 結果・状態

スタート・トーク
a. 冷えて b. 冷やして c. ある d. 冷えて
e. 冷やして

練習1
1. b 2. b 3. a 4. a 5. b
6. b 7. a 8. a 9. b 10. a

練習2
1. b 2. b 3. c 4. a 5. d
6. c 7. d 8. b 9. d 10. a

文作り

1. 掲示板に a.スケジュールが b.はってありますから、確認してください。

2. a.先生に相談に行く前に、b.アポイントメントをとったほうがいいですよ。

3. A：起きたら時計が止まってたの！今から出かけても間に合わないかも。
   B：時計が壊れていたんだね。先生には私から伝えておくから、心配しないで。

4. A：どうしよう！携帯電話、バスの中に忘れてきちゃった。／子どもがビー玉を飲んじゃった。

5. A：あれ、スープに虫が入っていますよ。

6. A：あっ、あそこに財布が落ちていますよ。

7. お客さんが来る前に、パーティーの準備をやって／終わらせてしまおうと思います。

8. あれ？おかしいな。さっき閉めたはずなのに、またドアが開いている。

9. B：あっ、ここに名前が書いてありますよ。

10. しばらく休憩時間がないので、今、トイレに行っておいてください。

間違い探し

1. 冷蔵庫に入ってある（→入っている／入ってる／入れてある）食べ物はなんでも食べていいよ。

   【解説】「入る（自動詞）＋ている」の形で、食べ物の状態を表しますので、「〜ている」を使います。「人の動作に注目した」場合、「入れる（他動詞）＋てある」の形で、「入れてある」にしてもいいです。
   → 確認 (1), (2), さらにレベルアップ ①参照

2. 私、韓国語が読めないんだけど、これ、何て書いている（→書いてある）の？

   【解説】「書く」は他動詞なので「〜てある」と一緒に使って、字が書かれている状態を表します。→ 確認 (2)参照

3. あ、もう授業が始めています（→始まっています）よ。

   【解説】ここで注目しているのは「授業」なので「自動詞＋ている」を使います。→ 確認 (1)参照

4. 各テーブルには、名前が書いてあるプレートが置いています（→置いてあります）から、自分の名前のところに座ってください。

   【解説】「置く」は他動詞なので「〜てある」と一緒に使って、プレートを置いた結果が残っていることを表します。
   → 確認 (2)参照

5. 先生、お借りした本を汚しました（→汚してしまいました）。

   【解説】相手に対する申し訳ない気持ちを表すためには「〜てしまう」を使います。ここで、「〜てしまった」を使わないと意図的に本を汚したという意味になって、失礼な印象を与えます。→ 確認 (4)③参照

21 受身

スタート・トーク
a. 女の人に足を踏まれ{る/た}　b. 先生に叱られ{る/た}

練習 1
1. a　2. b　3. a　4. b　5. b
6. a　7. b　8. b　9. a　10. b

練習 2
1. c　2. b　3. d　4. d　5. b
6. a　7. b　8. c　9. b　10. d

文作り
1. 友だちにコップを割られた。
2. 蚊に腕を刺された／腕を蚊に刺された。
3. 彼に映画に誘われた。
4. 一晩中子どもに泣かれて、寝られなかった。
5. ビートルズの曲は、今でも世界中で聴かれている／愛されている／歌われている／演奏されている。
6. 各国の代表が集まって、環境問題についての会議が開かれる／開かれた／行われる／行われた。
7. 留守中に空き巣に入られたみたいで、旅行から帰ってきたら、家の中がメチャメチャだったんです。
8. 私は幼いころ、両親ではなく、祖母に育てられた／育ててもらった。
9. 子どもに、大切にしていた本を汚されて／破られて／なくされて、困ってしまった。
10. みなさんもだまされないようにくれぐれも気をつけてください。

間違い探し
1. けがをしながらも、最後まで戦う彼女の姿に感動された(→感動した)。

【解説】受身を使う場合、相手から主語に動作が向けられたことを表します。「感動した」は相手の動作が主語に向けられたことを表すのではないので、受身にする必要はありません。「感動する」だけで彼女から働きかけを受けたことを表すことができます。→ 確認 [受身とは]、(1)参照

2. でも、友だちにお金を貸されて(→貸してもらって)助かった。

【解説】後ろに「助かった」という言葉があることからも分かりますが、相手の行為に感謝の気持ちがあります。「友だちに」なので「~てもらう」を使います。
→ さらにレベルアップ ④参照

3. 大学に来る途中、知らない人が私に道を聞いた(→私は知らない人に道を聞かれた)。

【解説】一つの文の中では主語をそろえるので、この文の主語を「私」一人にします。「私が大学に来る」「私が道を聞かれる」のように視点をそろえて、後ろの文に受身を使ってください。→ さらにレベルアップ ②参照

4. 私は日本に来る前、国でも日本人の先生に日本語を教えられました(→教えてもらいました)。

【解説】受身は被害を表すことが多いので、嬉しいときには「~てもらう」を使います。→ さらにレベルアップ ④参照

5. 私の自転車はどろぼうに盗まれた。(→私は、どろぼうに自転車を盗まれた。／私は、自転車をどろぼうに盗まれた。)

【解説】「私の自転車」とは言いません。「私」を主語にしてください。→ 確認 (2)参照

22 使役・使役受身

スタート・トーク
a. 手伝わせる／させる　　b. 手伝わされる／させられる

練習1
1. b　2. b　3. a　4. a　5. a
6. a　7. b　8. b　9. b　10. a

練習2
1. c　2. d　3. d　4. c　5. c
6. b　7. a　8. d　9. b　10. d

文作り

1. すみません。熱があるので、授業を休ませて／早退させてください。

2. 彼女はいつも彼氏に荷物を持たせて／高い物を買わせているんだって。

3. 昨日は社長に遅くまで残業させられた／働かされたから疲れちゃったよ。

4. 彼女とデートをすると、いつも荷物を持たされる／車で送らされる。

5. 子どものころ、よく両親にお風呂の掃除をさせられた。

6. ちょっとした一言で、友人を怒らせてしまった。

7. ごめん！ちょっとそのパソコンを使わせてくれない？

8. 私が試験に落ちたせいで、家庭教師の先生をがっかりさせた。

9. 私の両親はとても厳しいので、①私に自由に車を運転させてくれない。②私を自由に出かけさせてくれない。

10. 司会：そろそろ会議を始める時間ですが、電車の事故でまだお越しでない方がいらっしゃるので、本日のこれからのスケジュールを変更させていただきます。

間違い探し

1. 部長、私は(→に)、仕事を担当させてください。

【解説】後ろに使役形が使われており、丁寧に依頼しています。「担当する」動作をする人は「私」なので、助詞は「に」を使います。➡ 確認 ◆使役文の形、(1)②参照

2. 私はあがり症なのに、みんなの前で話さされた(→話させられた)。

【解説】1グループでも「話す」のように「す」で終わる場合は、短い形が作れません。
➡ 確認 ◆使役受身文の形 参照

3. これ以上お母さんを心配させられないで(→心配させないで)よ。あなたはもう二十歳でしょ。

【解説】お母さんが娘に言っているので、お母さんが「心配する」、娘が「心配させる」という関係になります。そのため、娘の動作「心配させる」を「心配させないで」にします。
➡ 確認 (1)③参照

4. すみません。もう30分も待たせて(→待たされて)いるんですけど、料理はまだですか。

【解説】私(客)が待っているので、使役受身を使います。「待たせて」だと、相手(店員)が待っているという意味になります。➡ 確認 (2)①参照

5. 父は昔、女性に人気があったそうだが、同じ話を何度も聞かせて(→聞かされて)うんざりだ。

【解説】「私は聞きたくないのに父が何度も話したので、仕方なく聞くことになり、うんざりしている」という意味なので、私を主語にして使役受身を使います。
➡ 確認 (2)①参照

23 推量・伝聞

スタート・トーク
a. 雨みたい／雨が降って(い)るみたい

【補足】「雨のよう／雨が降っているよう」でも同じ内容を表すが、友だちとの会話なので、「みたい」を使う。

b. 雨らしい／雨が降るらしい

【補足】駅で知らない人が話しているのを聞いたので、「そうだ」より「らしい」のほうがふさわしい。

練習1
1. b 2. b 3. b 4. b 5. b
6. a 7. b 8. a 9. b 10. a

練習2
1. c 2. a 3. c 4. c 5. c
6. d 7. b 8. d 9. b 10. c

文作り
1. B：音がしない…。いない／出かけている／出かけた／留守みたいだね。
2. 干してある洗濯物が落ち／飛んでいき／飛ばされそうだけど、大丈夫かな。
3. B：首輪もないし、どうやら捨て犬／道に迷った／お腹がすいているらしい。
4. 親：高校生なんだから、高校生らしくしなさい！
5. 今日は車が少ないから、このまま行けばあと20分で着きそうだ。
6. a. この人形はまるで b. 本物／生きているみたいだ。
7. ニュースによると、今沖縄に台風が来ているそうだ。
8. まだ分からないんだけど、あの会社、倒産するらしいよ。
9. a. 社長から連絡が入りました。b. 会議は9時からにしようとのことです。
10. a. カレンさんの話によると、b. ブラジルでは c. ほとんど雪が降らないそうです。

間違い探し
1. B：うーん、この大きさと手触りから考えると、ハンカチらしい（→ハンカチみたい／ハンカチのよう）ですね。

【解説】手で触った感触なので「らしい」ではなく「みたいだ／ようだ」を使います。→ 確認 (1)、(2)参照

2. この仕事量ならたいしたことないから、私一人でできるよう（→できそう）です。

【解説】仕事量を見て、一人でできるかどうか推測したので「そう」を使います。→ 確認 (3) 意味3参照

3. 山下さんに聞いたんですが、スミスさんは日本語が上手そう（→上手だそう）ですよ。

【解説】他の人から聞いた話です。伝聞の「そう」の前がナ形容詞の場合、普通形の「上手だ」になります。
→ 確認 (5)参照

4. 木村さんによると、駅前のお店はおいしいそうではない（→おいしくないそうだ）よ。

【解説】「によると」があるので、木村さんに聞いた内容です。伝聞の「そうだ」は、それ自体は変化せず、「そうだ」の前が変わります。否定の場合、「ないそうだ」です。
→ 確認 (5)参照

5. 昨日の夜から何も食べていなくて、お腹がすいて死ぬようだ（→死にそうだ）。

【解説】自分のことですが、「もうすぐ事態が変化する(もうすぐ死ぬ＝とてもお腹がすいている)」と言いたいので、「そうだ」を使います。→ 確認 (3)参照

24 判断・義務

スタート・トーク
a. 困っているだろう／探しているだろう
b. 届けるべき

練習1
1. a 2. a 3. a 4. b 5. b
6. a 7. b 8. b 9. b 10. b

練習2
1. d 2. b 3. a 4. c 5. a
6. b 7. b 8. c 9. b 10. d

文作り

1. 医者：風邪ですね。a.薬を飲め／ゆっくり休めば、b.治る／よくなるでしょう。

   【補足】「風邪が治る」ですから、自動詞です。「治す」（他動詞）は間違いです。

2. 彼は「a.知らない」と言っているけど、b.いつもと様子が違うから、c.何か知っているにちがいない。

3. a.この秘密は誰にも言っていないから、b.山田さんが知っているはずがない。

4. このままa.雨が続け／雪が降り続けば、b.川があふれる／電車が止まるかもしれない。

5. A：a.来週の授業はb.休講ですか。
   B：ええ、確かc.その／休講のはずですよ。そう聞いてます。

6. 地球の環境を守るために、一人ひとりが今の生活を見直すべきだ。

7. 台風が近づいているときには、海や川に近づくべきではない。

8. 女性だけが家事をするなんておかしい！男性もやるべきだ。

9. B：すみません、明日はちょっと…。来週までにレポートを書かなければならないんです。

10. 試験のときは、携帯の電源を切らなければならない。

間違い探し

1. 今日は、絶対雨が降るかもしれない（→絶対雨が降る／雨が降るかもしれない）から、かさを持って行こう。

   【解説】「絶対」はそうなる可能性が高く、「かもしれない」は低いので、この2つを一緒に使うことはできません。
   → 確認 [判断](1)参照

2. 山下：ええ。今年受験するので、一生懸命勉強するべきです（→しなければなりません）から。

   【解説】自分の個人的な動作には「べき」は使えません。自分自身の行為には「〜なければならない」で必要性を表します。
   → さらにレベルアップ ④参照

3. B：渋滞などがなければ、8時には到着するべきです（→はずです／でしょう）。

   【解説】そうなることが当然である結果を予測していますから、「はず」です。「べき」はしなければならない意志的な動作を表す動詞と一緒に使います。→ 確認 [判断](2)、(4)参照

4. あれ？かさがない。今朝かばんに入れたから、あるにちがいない（→はずな）んだけど、どうしてないんだろう。

   【解説】「はず」は、自分の行動から考えると、当然そうだろうと思っていたのに、予想したことと違って、「変だな」と思う気持ちを表します。→ 確認 [判断](4)意味2参照

5. 来るときに乗ったバスで荷物を整理したから、きっとあのときに忘れたはずだ（→にちがいない）。

   【解説】「はず」は基本的に、「〜した結果、〜になる」という関係が論理的に説明できる場合に使います。この問題の場合は、主観的な判断なので「〜にちがいない」を使います。
   → 確認 [判断](3)参照

コラム

コラム4 (p.97)
(1) でも　　(2) しかし　　(3) ところが

コラム5 (p.157)
a. ③　　b. ①　　c. ②

コラム6 (p.179)
1. めったに　　2. さっぱり／全然／ちっとも／なかなか
3. なかなか

コラム7 (p.191)
1. もしかすると　　2. 万一　　3. たとえ

コラム8 (p.201)
1. きっと　　2. ぜひ　　3. ぜひ